Christian Jakob
Endzeit

Christian Jakob

END
ZEIT

**Die neue Angst vor dem
Weltuntergang und der
Kampf um unsere Zukunft**

Ch.Links VERLAG

Auch als 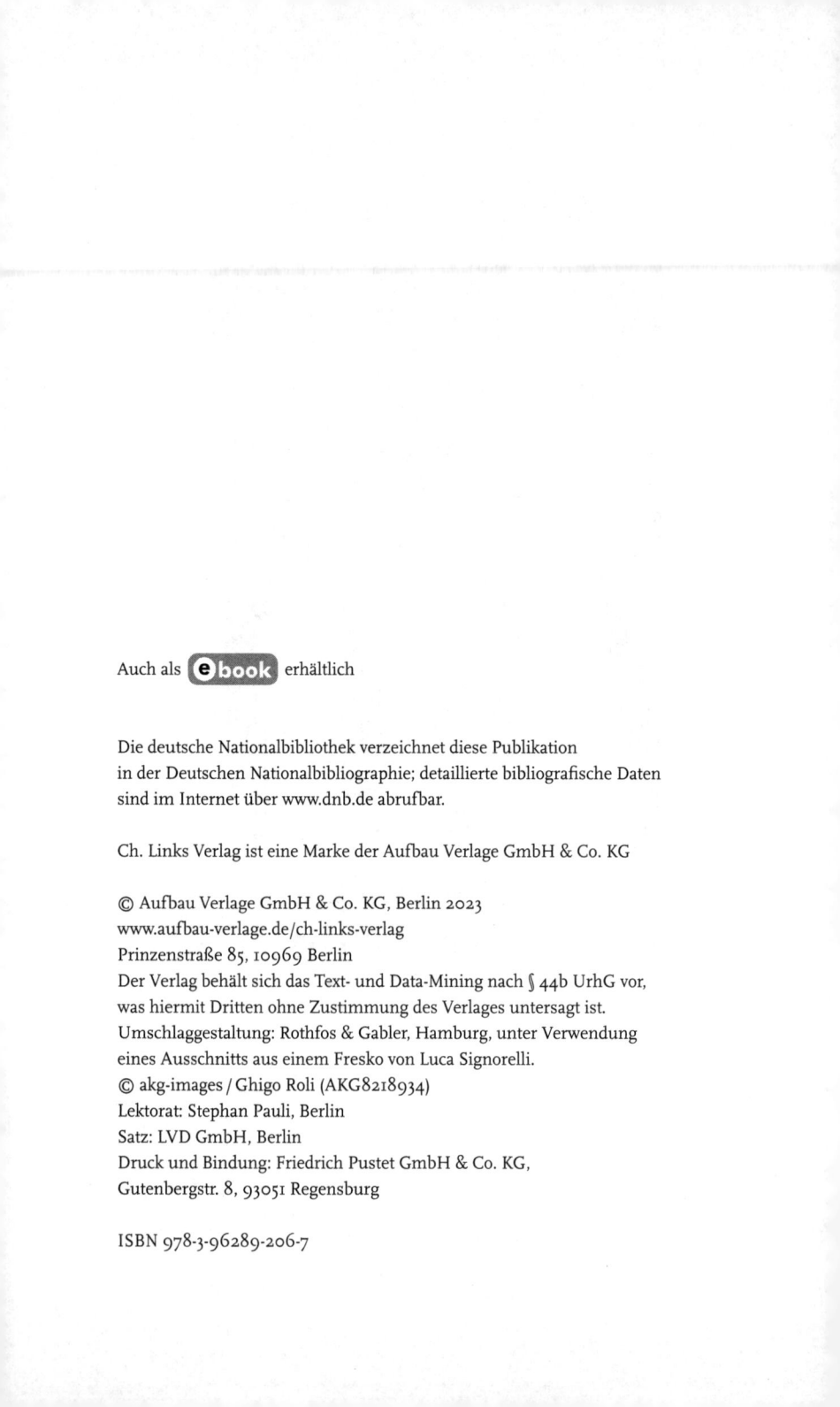 erhältlich

Die deutsche Nationalbibliothek verzeichnet diese Publikation
in der Deutschen Nationalbibliographie; detaillierte bibliografische Daten
sind im Internet über www.dnb.de abrufbar.

Ch. Links Verlag ist eine Marke der Aufbau Verlage GmbH & Co. KG

© Aufbau Verlage GmbH & Co. KG, Berlin 2023
www.aufbau-verlage.de/ch-links-verlag
Prinzenstraße 85, 10969 Berlin
Der Verlag behält sich das Text- und Data-Mining nach § 44b UrhG vor,
was hiermit Dritten ohne Zustimmung des Verlages untersagt ist.
Umschlaggestaltung: Rothfos & Gabler, Hamburg, unter Verwendung
eines Ausschnitts aus einem Fresko von Luca Signorelli.
© akg-images / Ghigo Roli (AKG8218934)
Lektorat: Stephan Pauli, Berlin
Satz: LVD GmbH, Berlin
Druck und Bindung: Friedrich Pustet GmbH & Co. KG,
Gutenbergstr. 8, 93051 Regensburg

ISBN 978-3-96289-206-7

Inhalt

Apocalypse Now?
Comeback einer Urangst

Hunger, Stürme, Kriege und
eine Sonne, die uns kocht.
David Wallace-Wells

Christopher Clark ist einer der bekanntesten lebenden Historiker. Eine der vielleicht wichtigsten Erkenntnisse über unsere Zeit aber hat er nicht durch seine Forschungsarbeit gewonnen, sondern bei einem Restaurantbesuch mit seinen Student:innen. Jedes Jahr gehe er mit seiner Abschlussklasse an der Universität Cambridge essen, sagte er 2022. »Wir unterhalten uns dann über alle möglichen Themen, und nun habe ich zum ersten Mal gemerkt, dass die meisten dieser jungen Menschen nicht nur keine Langzeitpläne haben, sondern sich kaum vorstellen können, dass es überhaupt eine Zukunft gibt.«[1] Das sei sicher nur eine anekdotische Beobachtung, sagte Clark. Aber er glaube, »dass diese jungen Leute mit diesem Gefühl nicht allein sind.«

Überschatteter Fortschritt

Sein Gefühl trügt nicht. Wo früher der Glaube an den Fortschritt dominierte, sehen heute immer mehr junge Leute eine Zukunft voller Düsterkeit (→ K 1). 2021 wurden für eine Studie weltweit 10 000 Menschen unter 25 Jahren befragt. 56 Prozent von ihnen glaubten, dass die Menschheit dem Untergang geweiht sei.[2]

Die Tatsache, dass sich viele objektive Lebensbedingungen – Kindersterblichkeit, Ernährung, Zugang zu Wasser und Bildung, Lebenserwartung – heute für mehr Menschen denn je stark verbessert haben, wird überschattet von einem wachsenden Bewusstsein für die existenziellen, vor allem ökologischen Krisen, die vielen nicht mehr beherrschbar scheinen. Es lasse sich »kein ökologisch relevantes Handlungsfeld benennen, in dem die Summe der bekannten und neuen Schäden nicht permanent neue Rekorde erzielt hätte«, schreibt der Ökonom Niko Paech und spricht vom »ökologischen Ernstfall«.[3]

Als die Nicht-Nachhaltigkeit unserer Lebensweise offenkundig geworden ist, lebten wir bereits »in der Endzeit«, meint der Philosoph Slavoj Žižek.[4] »Die Klima-Apokalypse wird kommen. Um uns darauf vorzubereiten, müssen wir zugeben, dass wir sie nicht verhindern können«, behauptet auch der Autor Jonathan Franzen.[5] Führende Klimaforscher:innen weisen diese Aussage als »völligen Unsinn« zurück – der Klimakollaps sei sehr wohl noch zu verhindern.[6] Aber was Franzen sagt, passt zur Gefühlswelt einer Zeit, in der ein Frankfurter Theater »Apokalypse Resistance Training« für Grundschulklassen anbietet[7] und viele auf den Selbsterhaltungstrieb der Menschheit nicht mehr hoffen mögen.

Die Erwartung der Apokalypse ist uralt (→ K 2). In den letzten Jahren ist jedoch einiges geschehen, was diesem alten Bild neuen Auftrieb verliehen hat. Nicht alles, aber vieles davon steht im Zusammenhang mit der Klimakrise. Die vergangenen zehn Jahre waren die heißesten seit Beginn der Aufzeichnungen, und um das Jahr 2018 herum kamen nicht nur Greta Thunbergs Schulstreik und in der Folge Fridays for Future auf. Es verbreiteten sich auch Studien, die konkret vom drohenden Ende der Menschheit (→ K 4) sprachen.[8] Die darin zugrunde gelegten Szenarien deuteten auf eine Erderwärmung von bis zu 5 Grad bis zum Jahr 2100 und damit auf einen Zustand hin, in dem das menschliche Überleben fraglich würde.[9]

So beschrieb der US-Journalist David Wallace-Wells noch 2017 eine kommende Welt, in der die Sonne »uns kocht«[10].

Im Jahr 2022 schlug Wallace-Wells dann neue Töne an: Vor allem nach dem Aufkommen von Fridays for Future 2018 habe sich im globalen Klimaschutz viel getan, so dass die apokalyptischsten Szenarien nicht mehr wahrscheinlich seien.[11] Heute, wenige Jahre später, hält die Klimawissenschaft 2 bis 3 Grad Erderwärmung für am wahrscheinlichsten. Damit komme »eine neue Klimarealität in den Blick«, so Wallace-Wells.

Doch auch in dieser neuen Realität werden Teile der Erde unbewohnbar und Leid, Vertreibung und Tod für viele Menschen die Folge sein.

Die Weltuntergangsangst ist seit jeher tief im Menschen verwurzelt. Als *Climate Anxiety* (→ K 20) trat sie mit Macht wieder an die Oberfläche des kollektiven Bewusstseins. Und da hat sie heute allerlei Gesellschaft. Denn es ist nicht nur der Klimawandel, vor dem es viele graust.

Multiple Krisen, multiple Ängste

Als Russland die Ukraine überfiel, kam die seit dem Ende des Kalten Krieges schon fast vergessene Angst vor dem Atomkrieg (→ K 8) zurück. Mit anderen Krisenerscheinungen, nicht neu und für sich genommen womöglich nicht allzu bedrohlich, verwob sie sich zu einem düsteren Panorama: Die sich zwischenzeitlich abzeichnende Rezession nach Covid und dem Krieg in der Ukraine – kommt da ein neues 1929, das damals letztlich dem Faschismus den Weg ebnete? Drohende Blackouts (→ K 14) durch die Gasknappheit – *das* Szenario, auf das Prepper (→ K 16) schon lange warten. Oder die bereits in der Pandemie bröckelnden Lieferketten: Zeigte der plötzliche Mangel an Fiebersaft[12] in den Apotheken das Ende einer weltweit verschränkten Wirtschaft, in der kaum jemand, ohne weit entfernte Zulieferer, noch zu produzieren imstande ist (→ K 10)? Schließlich wird seit Langem genau vor diesem Szenario eines Zusammenbruchs der globalisierten Wirtschaft gewarnt.

In Covid-19 (→ K 5) sahen viele den Beginn eines »Zeitalters der Pandemien«, in dem immer schneller mutierende Viren die Menschheit bedrohen.[13] Für das Querdenker-Milieu hingegen war die staatliche Corona-Politik der Anfang vom Ende der Freiheit und der Beginn eines totalitären Regimes. Einige erwarteten den Untergang durch das Virus, andere durch den Kampf gegen die Pandemie.

Menschen fürchten sich vor der Machtübernahme der Künstlichen Intelligenz (→ K 9), dem Artensterben, vor Dürre, Hunger, Wassermangel, chemischer Verseuchung, Naturzerstörung (→ K 3) und – allerdings viel zu wenige – vor dem Ende der Wirksamkeit von Antibiotika. Andere ängstigt, dass die wachsende Zahl von Flüchtenden Faschismus und Kriege nach sich ziehen könnte. Umgekehrt fürchten sich Rechte vor dem finalen Wirtschaftscrash (→ K 13), Stromausfällen (→ K 14) oder dem Aussterben der Weißen (→ K 15) durch Migrationsbewegungen – und rüsten sich für den Endkampf gegen den »Great Reset«, das angebliche Weltbeherrschungsprojekt einer globalen Elite.

Einige dieser Ängste sind irrational. Viele sind es nicht. Und die Bereitschaft, voneinander unabhängige oder nur teilweise miteinander verbundene Krisen zu einem umfassenden zivilisatorischen Rutschen zusammenzudenken, ist groß. »Fragile States – apokalyptische Seelenzustände und ihre Vergemeinschaftung«[14] hieß ein Vortrag auf der Jahrestagung der Deutschen Gesellschaft für Psychoanalyse 2021. »Überall auf der Welt spitzen sich soziale und wirtschaftliche Krisen zu«, hieß es da. Immer häufiger würden Stimmen laut, die das Szenario eines Systemzusammenbruchs entwerfen.

Manchen hilft dies, mit einer kaum noch zu durchdringenden Komplexität der Welt umzugehen: Wo überall Katastrophen zu sehen sind, bietet der Gedanke, es stecke etwas Allgemeines, Größeres dahinter, eine trügerische Erleichterung. An das Wirtschaftssystem denken dabei wenige – der Verschwörungsglaube ist vielen näher (→ K 17). Und nirgendwo wird der Untergang heute so eifrig herbeigeredet wie in rechtsextremen Kreisen. Sie sehen im Schüren dieser Ängste, nicht ganz zu Unrecht, ihr Ticket an die Macht (→ K 13, 14, 16). Denn: »Dieser bedingungslose Wille zur Angst und das mit ihm verbundene schwelgerische Ausmalen großer Gefahren haben in Deutschland eine lange Tradition«, schrieb schon 1985 der Publizist Wolfgang Pohrt.[15]

Von einer »Kultur der Angst« sprach 2005 auch der Soziologe Frank Furedi.[16] Es habe noch nie eine so »massive Anhäufung von Angstkampagnen wie in den letzten 25 Jahren« gegeben.

Heute ballen sich die objektiven Krisen. Und die Angst potenziert sich. Überall, nicht nur beim Klima, ist plötzlich von »Kipppunkten« die Rede.

Früher war es die Bibel (→ K 2), die mit den prophetischen Ankündigungen der Apokalypse, auf die das Reich Gottes folgen würde, den Untergang predigte. Seit der Aufklärung, spätestens aber seit der Erfindung der Atombombe, sind die religiösen Vorstellungen oft nur noch der unbewusste kulturelle Unterbau, auf den trifft, was die Naturwissenschaft kommen sieht.

Die Bereitschaft der Menschen, ihren Untergang zu erwarten, ist seit jeher hoch (→ K 2). »Seit nachweislich 3000 Jahren hatte bisher jede Generation die Vorstellung, sie werde die letzte auf Erden sein, oder zumindest ihre Kinder die Apokalypse erleben«, schreibt der Psychoanalytiker Wolf-Detlef Rost.[17] Darin spiegle sich eine »Mischung aus Schuldgefühl und Grandiositätsfantasien, die letzte menschliche Generation zu sein, damit zum Vollstrecker der Geschichte zu werden.«

So gesehen, neigt der Mensch zum Exzeptionalismus – er ist stets überzeugt, an einem Wendepunkt der Geschichte zu leben, wie der Göttinger Religionssoziologe Alexander Kenneth-Nagel meint. »Von A wie Atomkraft bis Z wie Zombies« besetze die Apokalypse die Köpfe des modernen Menschen.[18] Doch anders als in früheren Zeiten sei der Mensch heute für die Krise selbst verantwortlich – und wird nun zum Sachwalter der eigenen Erlösung oder ihres Ausbleibens. Deshalb stellen moderne apokalyptische Szenarien »in aller Regel Aufrufe zum Handeln« dar, so Kenneth-Nagel.

Und diesen Aufrufen folgen heute viele.

Es war »im Frühjahr 2018, als es Ende April in ganz Berlin nach Waldbrand roch«, als ihm klar wurde, dass es »schon viel zu spät war, um den Klimakollaps abzuwenden«, schreibt Tadzio Müller, ein langjähriger Klimaaktivist, über seine »Klima-Depression«.[19] Die Waldbrände im Frühling in Nordeuropa hätten ihm klargemacht, dass »die Eskalation der Klimakriseneffekte derartig schnell verlief, dass wir uns schon im Klimakollaps befinden mussten, dass der Makrokipppunkt des Klimasystems schon überschritten war; dass wir uns mit Riesenschritten auf eine unlebbare Welt zubewegten«.

Die Klimaforschung kennt zwar regionale Kippelemente, ob es einen »Makrokipppunkt« (→ K 4) gibt, ist indes nicht sicher. Gleichwohl haben viele große Angst davor. Die Vorstellung, ein solcher Makrokipppunkt werde tatsächlich überschritten, ist heute weit verbreitet – und sei es nur als Chiffre für das Ende der alten Normalität. Denn dass diese zerfällt, spüren viele.

Wenn er neue Leute treffe, sei eine seiner ersten Fragen meist:

»Was glaubst Du, wie viele ›gute‹ Jahre haben wir noch?«, schreibt Müller. Die meisten würden von »maximal 10 guten Jahren« ausgehen. »Und trotzdem läuft jeden Tag das normale, sprich, normalwahnsinnige Leben einfach weiter.«

Müller zählt zu den bekanntesten Klimaaktivist:innen in Deutschland. In den sozialen Medien ist er unermüdlich aktiv, es gibt kaum eine Aktion, über die er nicht berichtet. Seinem Pessimismus steht offenkundig eine ausreichend große Resthoffnung gegenüber, die ihn aktiv bleiben lässt. Das gilt auch für die Klimabewegung insgesamt, der deshalb zu Unrecht Apokalyptik vorgeworfen wird. Denn ihr Widerstand, ihre Opferbereitschaft, ihre Unbedingtheit sind nur dadurch zu erklären, dass sie glauben, etwas erreichen zu können, wenn sie nur genügend Druck aufbauen. Und an die Stelle der Parole »Die Klimakatastrophe stoppen«, ist bei vielen längst »Jedes Zehntelgrad zählt« getreten.

Ernsthaft fatalistisch sind deshalb nicht sie. Das sind jene, die der kollektiven Gestaltbarkeit der Zukunft, dem Widerstand gegen die Zerstörung keine Chance mehr geben – als Folge von Verdrängung, Abspaltung, Schuldgefühlen, Ignoranz, Egoismus oder schlichter Bequemlichkeit (→ K 21). Sie sagen: Es bringt ohnehin nichts mehr.

Diese Sichtweise tritt an die Stelle des Glaubens an etwas Besseres, das es zu erkämpfen gilt – mit teils menschenfeindlichen Untertönen. So ist nun immer wieder zu hören, das Aussterben der Menschheit käme dem Planeten nur zugute.[20]

Nicht wenige denken heute so. Es ist das Echo einer weit zurückreichenden Strömung rechter Ökologie, die das größte Problem darin sieht, dass es »zu viele« Menschen (→ K 3) gebe. In der Klima- und Biodiversitätskrise sehen manche deshalb im Menschen den Feind, den es noch vor den zerstörerischen Verhältnissen, die er geschaffen hat, zu bekämpfen gilt. Und der Fatalismus verdrängt das Bewusstsein für die dringende Notwendigkeit, solidarische Antworten auf schlechter werdende Lebensbedingungen zu finden.

Wie sehr sich der Endzeitglaube heute ins Bewusstsein geschlichen hat, zeigt auch die Subtextverschiebung eines zuletzt häufiger zu hörenden Begriffes: des Spätkapitalismus. Er hat Konjunktur, denn er transportiert die Erwartung, dass das, was wir kennen, sich seinem Ende entgegen neigt. Doch der Spätkapitalismus ist heute von seiner einstigen Verheißung abgekoppelt: Des Versprechens auf den Übergang zum Sozialismus. Heute mag kaum noch jemand sagen, was auf den Spätkapitalismus folgen wird. Der Begriff transportiert nun vielmehr die Ahnung, der Kapitalismus habe die Menschen dazu gebracht, durch Raubbau an den natürlichen Existenzgrundlagen sein und ihr gemeinsames Ende herbeizuführen – ohne, dass an seine Stelle noch etwas Besseres treten könnte. Hier schlägt durch, dass es der Linken nach 1989 nicht gelungen ist, ein Gegenmodell zum Neoliberalismus zu entwickeln, das Strahlkraft entfaltet hätte.

Die Kulturindustrie geht voran

So ist heute mehr vom Untergang die Rede denn vom Aufbruch. Und die Kulturindustrie zieht mit. Vielleicht geht sie auch voran. Endzeitfilme schaffen ein apokalyptisches Imaginarium, in der Literatur ist die Öko-Dystopie heute wohl populärer denn je. Der »ganze apokalyptische Ton hat sich verdichtet«, sagt der Direktor des Heidelberger Käte Hamburger Kolleg für Apokalyptische und Postapokalyptische Studien (CAPAS), Robert Folger.[21] »Was Netflix heute produziert – das ist alles sehr, sehr postapokalyptisch. Woher kommen denn all diese Fantasien?«

Vielleicht haben sie ihren Ursprung auch in der Art und Weise, wie Medien heute funktionieren. Die Angst vor dem Weltuntergang sei »immer kommunikativ hergestellt«, sagt der Historiker Frank Bösch[22] – und, so muss man hinzufügen, sie ist geprägt von einer heute mehr denn je systematisch negativ verzerrten Wahrnehmung. Diese verfinstert das Bild von der Welt und verstärkt Angst und Abwehr. Zum uralten Glauben an den Untergang kommen heute die existenziellen Risiken unserer Zeit – und eine sich selbst verstärkende Dynamik medialen Katastrophisierens.

Eine der Ursachen dafür liegt im Auftrag der journalistischen Medien: Sie sind dazu da, Risiken und Gefahren aufzudecken, zu zeigen, was falsch läuft. Und das nimmt weit überproportionalen Raum in der

Berichterstattung ein. Good news is no news: Gute Nachrichten haben keine Priorität – und werden darum kaum transportiert.

Gleichzeitig kämpft der Journalismus seit Jahren mit Auflagen- und Umsatzrückgang, Digitalisierung und der Konkurrenz durch soziale Medien (→ K 11). Sein Grundmodus, durch Dramatisierung Aufmerksamkeit zu erzeugen, verstärkt sich dadurch noch. Unter den Prämissen der Aufmerksamkeitsökonomie funktionieren soziale Medien genauso. Diese gesteigerte Tendenz zur Dramatisierung ist das zweite Element negativer Wahrnehmungsverzerrung.

Aufseiten der Nachrichtenkonsument:innen kommt zweierlei hinzu.

Erstens erfuhren die Menschen bis vor wenigen Jahren über die Welt vor allem das, was eine kleine Gruppe von Journalist:innen berichtenswert fand. Sie bezogen ihr Wissen im Wesentlichen von einer Handvoll Fernsehsender und einigen wenigen Zeitungen. Diese folgten halbwegs professionalisierten Regeln der kollektiven Aushandlung von Relevanz. Sich selbst verstärkende Erregungszyklen der Öffentlichkeit hatten es schwerer als heute. Das vorherrschende Weltbild war nivelliert und bewegte sich weitgehend innerhalb eines begrenzten diskursiven Korridors. Dieser hatte blinde Flecken, die viel mit der Verteilung gesellschaftlicher Macht zu tun hatten. Zu Recht sind deshalb als Gegenbewegung alternative Medien entstanden.

Heute konkurrieren journalistische Medien als Weltbildformer gegen eine unendliche Zahl von Blogger:innen, Aktivist:innen, NGOs, Unternehmen oder staatliche Stellen. Nutzer:innen können in sozialen Medien folgen, wem sie wollen. Sie entscheiden damit viel stärker selbst, was sie zu lesen angeboten bekommen. Das Ausmaß, in dem sie auf diese Weise ihr Bild von der Welt bestimmen können, ist historisch vollkommen neu.

Das begünstigt die Verfestigung einmal gefasster Überzeugungen durch selektiven Nachrichtenkonsum. »Wenn Sie glauben, dass der Klimawandel das baldige Ende der Menschheit bedeutet, finden Sie leicht im Internet Bestätigung«, sagt der Klimaforscher Zeke Hausfather aus Berkeley, Mitautor von Greta Thunbergs 2022 erschienenem *Klimabuch*.[23] »Und wenn Sie der Meinung sind, dass der Klimawandel ein linker Schwindel ist, können Sie auch dazu viel finden.« Das als Echokammern- oder Filterblasen-Effekt bekannte Phänomen ist umfassend dokumentiert. Und doch ist es in der Tiefe seiner Wirkung wohl noch gar nicht erfasst.

Der zweite Verzerrungseffekt auf Seiten der Nachrichtenkonsument:innen ist ein als »Negativity Bias« bekanntes Phänomen: Schlechte Nachrichten werden überproportional stark wahrgenommen. Diese kognitive Präferenz des menschlichen Gehirns erhöhte einst die Überlebenswahrscheinlichkeit, der evolutionäre Mechanismus ist heute gut belegt. Für den Konsum von Nachrichten in sozialen Medien bedeutet das: Schlimme Botschaften werden weit stärker als gute geklickt, geliked, vom Gehirn weiterverarbeitet und abgespeichert.

Manche lässt das nicht los. Um das Jahr 2018 herum kam der Begriff »Doomscrolling« auf, 2020 wählte die Jury des australischen Macquarie Dictionary es zum Wort des Jahres: »Tun Ihnen die Daumen weh, wenn Sie sich durch die scheinbar endlose Flut schlechter Nachrichten aus dem Jahr 2020 scrollen? Uns auch«, schrieb die Jury.[24] Das Wort sei ein »hervorstechendes Kennzeichen des Jahres 2020, mit all seinen beunruhigenden Nachrichten, von den Buschbränden bis zu den US-Wahlen und natürlich dem Coronavirus«.

Die Fixierung auf Katastrophenszenarien und die zunehmende Unfähigkeit, Grautöne, Ungewissheiten und Fortschritt zu erkennen, führt zu einer Dynamik, die noch die schrillsten Töne fördert. Hetze, Demagogie und Endkampffantasien, Panik, Verdrängung, Abwehr und Eskapismus sind die Folgen.

Die Gestaltbarkeit der Zukunft

Indes ist die Endzeiterwartung, wie sie in unseren Breiten verhandelt wird, auch ein Eurozentrismus ganz eigener – und besonders empathieloser – Art. Oft steckt dahinter die Angst vor dem eigenen wirtschaftlichen Abstieg aus einer historisch und global einzigartig privilegierten Position. Denn Krisen kosten Wohlstand. Die Überzeugung, dass es der nächsten Generation besser gehen wird als der heutigen, erscheint vielen nicht mehr haltbar. Die Angst, keine Zukunft zu haben, ist in

Wahrheit womöglich nur die Ahnung, dass die Zukunft nicht mehr so aussehen könnte, wie man sie sich wünscht. Wie sehr die realen ökologischen und sozialen Zusammenbrüche im globalen Süden für viele Menschen dort schon heute tatsächlich das Ende ihrer Welt bedeuten, wird dabei ignoriert.

Denn sicher ist, dass sich existenzielle Risiken sehr unterschiedlich auswirken – und historische, koloniale Ungleichheiten dabei eine entscheidende Rolle spielen. Diejenigen, die bereits jetzt ihre Lebensgrundlagen verlieren, tragen dafür in der Regel am wenigsten Mitverantwortung – und haben die wenigsten Ressourcen, um sich für die Risiken zu wappnen (→ K 6, 22). Daran etwas zu ändern, erfordert Kraft und Glauben an die Gestaltbarkeit der Zukunft.

Mit dem berühmt gewordenen Satz, die Proletarier hätten »eine Welt zu gewinnen«, beendete Karl Marx das Kommunistische Manifest. Der Linken vermachte er so den darin angelegten Fortschrittsglauben. »A New World from the Ashes of the Old« – diesen Slogan wählte das anarchistische Crimethink-Kollektiv aus den USA.[25] In ihm hat sich der Glaube erhalten, eine linke Bewegung könne die Welt zu einer besseren machen. Die stattfindende Zerstörung wird hier nur als Übergang zu einem besseren Morgen gesehen. Es ist ein ermutigender Gedanke. Aber er findet heute nur wenige Anhänger:innen. Und mit dem Glauben an das bessere Morgen zerrinnt die Fähigkeit, es zu erkämpfen und zu gestalten.

Dieses Buch soll zeigen, wie sich der Glaube an eine bessere Zukunft bewahren lässt, ohne die Krisenhaftigkeit unserer Zeit zu leugnen und den Ängsten vieler Menschen ihre Berechtigung zu nehmen.

ERSTER TEIL

NIE EINGETRETEN, NICHT TOTZUKRIEGEN

Geschichte und Gegenwart apokalyptischer Erwartungen

1 Rente? Nicht nötig: Wie die Hoffnung auf das Morgen schwindet

*Die Krisen überlagern sich
und hören nicht auf.*

Simon Schnetzer

»Es gibt Momente, bei denen ich abends im Bett liege und weine, weil ich Angst habe, dass meine Familie stirbt. Dass meine Oma im Sommer nicht mehr rausgehen kann, weil es zu heiß für sie ist. Ich stelle mir dann Unruhen und Kriege vor.«[1]

Das antwortet die Letzte-Generation-Aktivistin Carla Hinrichs im Februar 2022 einem Reporter der *Welt* auf die Frage, ob sie die Angst vor der Klimakatastrophe »körperlich spürt«. Die junge Frau hatte ihr Jurastudium unterbrochen und war nach Berlin gezogen, um sich bei Aktionen der Letzten Generation auf Autobahnen zu kleben. »Ich kann jetzt nicht am Schreibtisch sitzen und das System studieren, das diese Katastrophe ausgelöst hat«, sagte die damals 24-Jährige. »Ich frage mich, warum das nicht alle machen. Warum haben nicht alle diese Angst?«

Ein erschütternder Befund

Nicht alle haben diese Angst – aber viele. Jedenfalls viele, die so alt sind wie Hinrichs. »Ängste vor Krisen oder gar dem Weltuntergang haben sicher zugenommen«, sagt Daniella Nosetti-Bürgi von den Psychologists for Future.[2] Wie sollte es auch anders sein, wenn der UN-Generalsekretär António Guterres Sätze sagt wie: »Wir sind auf dem Highway zur Klimahölle mit dem Fuß auf dem Gaspedal«[3]? Oder wenn ein EU-eigener Thinktank wegen der Erderwärmung vor »im schlimmsten Fall dem Aussterben der gesamten Menschheit«[4] warnt? Was sollen junge Menschen da anderes tun, als in Panik zu geraten?

Die bisher größte Umfrage zur Klimaangst hat eine Forschergruppe um die Psychologin Caroline Hickmann von der Universität Bath in England durchgeführt.[5] Sie befragte im Frühjahr 2021 online 10 000 Menschen zwischen 16 und 25 Jahren in Australien, Brasilien, Finnland, Frankreich, Indien, Nigeria, auf den Philippinen, in Portugal, Großbritannien und den USA.[6] Fast die Hälfte der Befragten (45 %) gab an, dass Klimaangst ihr tägliches Leben verändert habe: Die Art und Weise, wie sie spielen, essen, lernen und schlafen. Mehr als sieben von zehn (75 %) glaubten, dass »die Zukunft beängstigend« ist. Knapp zwei von drei (58 %) sagten, Regierungen würden »mich und/oder künftige Generationen verraten«. Fast vier von zehn (39 %) hatten Bedenken, Kinder zu bekommen. Vor allem aber stimmten 57 Prozent der Aussage »Die Menschheit ist dem Untergang geweiht« zu. Hierbei war der Wert in Finnland am niedrigsten (43 %) und in Indien am höchsten (74 %).

Gegen die Zahlen ließe sich womöglich einwenden, dass das Geld für die Studie von der Kampagnenorganisation Avaaz stammt, die selbst Wurzeln in der Klimabewegung hat. Zudem hat die Studienleiterin Hickmann *Climate Anxiety* (→ K 20) gewissermaßen zu ihrem Lebensthema gemacht. Beide sind also nicht ganz unvoreingenommen. Es ist auch gut möglich, dass vor allem Jugendliche geantwortet haben, die die Klimakrise umtreibt und so ein Bias entstanden ist. Doch selbst dann sind 57 Prozent, die das Ende der Menschheit kommen sehen, ein erschütternder Befund. Sie zeugen von einer Generation, die den Glauben an die eigene Zukunft verloren hat. Und andere Erhebungen weisen in eine ähnliche Richtung.

Als das Kinderhilfswerk der Vereinten Nationen (UNICEF) im November 2022 weltweit rund 240 000 junge Menschen befragte, gab etwa die Hälfte der Antwortenden aus Afrika an, aufgrund des Klimawandels das Kinderkriegen zu »überdenken«.[7] In Deutschland erklärten zuletzt zwei Drittel (66 %) der befragten Kinder zwischen 10 und 13 Jahren, sie machten sich Sorgen wegen des Klimawandels.[8] Bei einer weiteren Umfrage unter 12- bis 18-Jährigen waren es sogar 80 Prozent.[9]

Bisweilen ist von jungen Menschen auch zu hören, sich über die Rente keine Gedanken mehr zu machen – wenn es für sie so weit sei, werde der deutsche Staat nicht mehr existieren. »Es ist wirklich furcht-

bar, dass wir der jungen Generation als einzige Utopie die Verhinde-
rung einer Katastrophe bieten können«[10], sagt der Potsdamer Klimaforscher Anders Levermann. Doch was, wenn die Jugend selbst an
dieses Angebot nicht mehr glaubt?

Kollektive Depression der Jugend?

Dabei es ist nicht nur der Klimawandel, der die Jugend sorgt. Es ist die
Ballung von Krisen. Laut einer Bertelsmann-Studie vom August 2022
befürchtet die Mehrheit der Jugendlichen (60 %) Wohlstandsverluste
durch steigende Energiepreise und Inflation.[11] Mehr als die Hälfte der
befragten Jugendlichen berichtete von Angst- und Trauergefühlen, die
der Krieg in der Ukraine in ihnen ausgelöst habe. Vor einem Über-
schwappen des Konflikts auf Deutschland sorgten sich 57 Prozent der
Kinder im Alter von 12 bis 13 Jahren.

In Österreich ergab eine Umfrage vom November 2022, dass sich
zwei Drittel der Befragten vor Preissteigerungen (70 %), der Energie-
krise (63 %), dem Krieg in der Ukraine (58 %), der Klimakrise (58 %)
sowie vor Menschen auf der Flucht (51 %) fürchteten.[12]

»Die Jugend leidet unter einer kollektiven Depression«[13], schreibt
dazu Tristan Horx, der Sprecher des Zukunftsinstituts in Österreich,
nach eigener Darstellung ein »Experte für Megatrends«. Die Jugend
habe resigniert und wolle »ihre letzten Jahre noch ein bisschen Spaß
haben, bevor sowieso alles den Bach runtergeht«. Von Optimismus
gebe es »keine Spur«, so Horx.

Die besten Einblicke in die jugendlichen Gemütslagen gaben lange
die Shell-Jugendstudien. Gesponsert von dem Mineralölkonzern,
untersuchten sie alle paar Jahre hochseriös die Einstellungen von
Jugendlichen in Deutschland. Das zentrale Ergebnis der Studie aus
dem Jahr 2000 etwa war »eine deutlich gewachsene Zuversicht in
Bezug auf die persönliche wie auch auf die gesellschaftliche Zukunft«.[14]
Die Hälfte aller Jugendlichen beurteilte damals die gesellschaftliche
Zukunft »eher zuversichtlich« – und das gleichermaßen in Ost- wie
Westdeutschland. Es spreche »wenig für die manchmal zu hörende
Unterstellung, die Jugendlichen wüssten angesichts fortdauernder

Arbeitslosigkeit, Flexibilisierung und Globalisierung sowie rasantem Wandel in allen Lebensbereichen nicht mehr aus noch ein«, so die Forscher:innen.

Die Schriftstellerin Juli Zeh spricht von einer »ungewöhnlichen« Ruhe im selben Zeitraum in Deutschland, in den 1990er- und 2000er-Jahren. »Unsere Generation war nicht sehr aktivistisch, es war eine absolut optimistische Zeit, mindestens ein Jahrzehnt lang hatte man nach der Wiedervereinigung den Eindruck: Alles wendet sich zum Besseren. Wir lebten am Ende der Geschichte.«[15] Das ist eine sehr westdeutsche Erinnerung – viele junge Menschen im Osten dürften diese Zeit angesichts zunehmender rechtsextremer Gewalt sehr anders erlebt haben. Gleichwohl wirft Zehs Beobachtung die Frage auf, ob das heute offenbar gewachsene Bewusstsein für die Lage von Menschen im Globalen Süden im Kontext der Klimakrise nicht als Fortschritt gesehen werden muss.

Der Optimismus hielt jedenfalls noch eine Weile an. In der Shell-Studie von 2010 hieß es, die Jugendlichen blickten »optimistischer in die persönliche Zukunft«.[16] Auch 2015 taten das noch 61 Prozent.

Shell-Studien gibt es seit ein paar Jahren nicht mehr. Und den Optimismus auch nicht. Der einstige Leiter der Shell-Studien, der Soziologe Klaus Hurrelmann, führt heute zusammen mit dem Jugendforscher Simon Schnetzer jedes halbe Jahr die Studie »Jugend in Deutschland« durch. In der Studie vom Mai 2022 heißt es: »Ob Krieg in der Ukraine, die Corona-Pandemie oder der Klimawandel – die Lebenswelt junger Menschen ist aktuell von Krisen geprägt.«[17] Junge Menschen erlebten einen Kontrollverlust. »Die dichte Aufeinanderfolge von tief in das Leben eingreifenden Krisen setzt der Jugend zu«, so Hurrelmann. Nach der Pandemie seien viele von ihnen psychisch angespannt. »Die Bedrohung durch einen Krieg in Europa drückt als eine weitere schwere emotionale Last auf ihre Stimmung.«

Die darauffolgende Studie vom November 2022 zeigte, wie junge Menschen unter der Last der Mehrfachkrise – Corona, Klimawandel, Krieg in der Ukraine – leiden. Lebensqualität, wirtschaftliche Lage, gesellschaftlichen Zusammenhalt und politische Verhältnisse bewerten sie viel schlechter als zuvor. »Diese Krisen tragen dazu bei, dass Jugendliche sich fühlen, als würden sie aus dem Tunnel gar nicht mehr herauskommen. Die Krisen überlagern sich und hören nicht auf«, sagt Hurrelmanns Co-Autor Schnetzer.[18] Den »Sorgenindex«, den Schnetzer schon länger erstellt, führten Anfang 2023 Inflations- und Kriegsängste an. Und das Klima »wurde als Sorge nicht kleiner. Es sind nur größere dazu gekommen.«

2015: Als die Zuversicht schwand

Wer Schnetzer fragt, wann die Jugend den Glauben an ihre Zukunft verloren hat, bekommt eine klare Antwort: 2015. »Das war das Ende dieser Zeit, wo ich dachte, die Zukunft ist safe.«[19] Das habe er in seinen Befragungen immer wieder gehört. Bis dahin sind die Krisen gekommen und wieder gegangen. Doch die Flüchtlingskrise hat vermeintliche Gewissheiten ins Wanken gebracht. »Das war ein globales Ereignis, das plötzlich Auswirkungen bis ins letzte Dorf in Deutschland hatte.« Überall sah man nun die Menschen, die vermeintlich weit entfernte Kriege hierhergetrieben hatten. Die eigene Verwundbarkeit wurde sichtbar.

2015 selbst war zwar »noch eine Krise von der Art, die kam und ging«, doch zeichneten sie bereits globale, permanente und universelle Aspekte aus. Gewiss, auch die Finanzkrise 2008 nach der Pleite der Lehman Brothers Bank war schon global. Doch sie betraf nicht alle. »Bei der Flüchtlingskrise aber konnte niemand mehr sagen, er habe sie nicht mitgekriegt«, sagt Schnetzer. Und so waren die Flüchtlinge für viele junge Menschen Überbringer:innen einer Botschaft: Die Welt ist unabwägbarer geworden – und damit auch die eigene Zukunft weniger sicher.

Ab 2018 rückte Fridays for Future die Klimakrise ins Bewusstsein der Menschen. Extremwetterereignisse wie Hitzesommer oder die Ahrtalflut haben es noch weiter geschärft. »Viele sahen: Das ist krasser als gedacht« (→ K 4). Dann kam Corona, und schließlich der Krieg in der Ukraine. »Anstatt dass sie kommen und gehen, bleiben die Krisen nun«, so Schnetzer. Das sei neu. »Es verursacht eine negativere Grundstimmung und das Gefühl von Ohnmacht.« Schnetzer erinnert daran, dass die Jugend in der Corona-Krise nicht mit einbezogen wurde. »In der Pandemie waren die Schulen zu und die Botschaft war: ›Seht zu, wie ihr klarkommt.‹« Junge Menschen hätten sich plötzlich als unmündige Bürger:innen erlebt, denen die Kontrolle über ihr Leben entglitt. Und Kontrollverlust ist ein zentraler Faktor der Apokalypseangst, auch bei älteren Generationen.

Hinzu komme der drohende Wohlstandsverlust, der auch deshalb so schwer zu akzeptieren sei, weil der Vergleichsmaßstab allgegenwärtig sei: der Lebensstandard der Elterngeneration. Kürzlich, sagt Schnetzer, habe er mit Verwandten aus der ersten Nachkriegsgeneration eine ZDF-Dokumentation über Stalingrad gesehen. »Die haben gesagt, die Jungen von heute, die wissen gar nicht, wie schlecht es uns ging, wie schwierig es war, wenn du raus vor die Tür gehst und alles in Trümmern liegt.« Die Stimmung in Deutschland sei eine »sehr von den Wohlstandsjahrzehnten geprägte, westliche Sicht«. Diese Jahrzehnte aber, so glaubten heute junge Menschen, seien passé. »Habe ich noch das Gefühl, dass es mir besser gehen könnte als meinen Eltern? Früher konnten einige das bejahen.« Heute aber erodiere die Grundlage allen materiellen Wohlstands – die Natur. Und die Ahnung davon breite sich aus. »Das ist ein Kipppunkt für junge Menschen.«

Der Verlust von Wohlstand

Schon der Vergleich mit nur unwesentlich Älteren falle ungünstig aus: »Drei Jahrgänge vorher haben sie ihren Schulabschluss gemacht, sind dann nach Australien, Auslandsjahr. So war das. Du wächst nicht in Deutschland auf und denkst: Du musst dich in Verzicht üben. Sondern: Das und das kann ich tun«, sagt Schnetzer. Heute suchten manche kein WG-Zimmer mehr, sondern nur noch ein Bett. »Sie sind die ersten, die jetzt wieder eine schlechtere Zukunft sehen müssen. Eine, die von Verzicht geprägt ist.«

Postmaterialistische Einstellungen, die lange Zeit als Merkmal der um die Jahrtausendwende Geborenen galten, halten mit dem erwarteten Wohlstandsverlust nicht Schritt, sagt Schnetzer. Manche erben, andere haben oder erwarten Jobs in Branchen, die weiterhin gut zahlen. »Aber denjenigen, denen es vor der Krise schon schlecht ging, geht es noch schlechter. Und die Mittelschicht insgesamt – die wird schrumpfen.«

Der Philosoph Hartmut Rosa spricht von einer »neuen Weltbeziehung«, die daraus erwachse: »Heute sagen Eltern, sie müssten alles tun, was sie können, damit es den Kindern nicht schlechter geht, damit sie nicht zurückrutschen auf der sozialen Leiter.«[20]

Die Angst vor dem Untergang sei uralt (→ K 2), sagt Rolf Scheuermann von CAPAS.[21] »Schon immer in der Geschichte der Menschheit war die Panik da: Wie geht es weiter?« Diese Angst sei »ein zyklischer Prozess, der mal mehr oder mal weniger stark in den Vordergrund tritt«. Für diese Angstzyklen brauche es Auslöser. Und davon gebe es heute eben sehr viele. Die jüngeren Generationen in Europa lebten in einer langen Phase relativen Friedens und Wohlstands. »Da sind viele Probleme in den Hintergrund getreten«, so Scheuermann. Doch nun ballten sich die Störungen: Der Klimawandel, die Pandemie, ein großer Krieg in Europa, Umbruchphasen in der Arbeitswelt, eine sich möglicherweise neu formierende Weltordnung. »Viele Menschen erleben dies als bedrohliche Umwälzungen.«

Doomscrolling: Konsum ohne Filter

Schnetzers Befragungen ergaben, dass direkt nach der Sorge der jungen Menschen um die Inflation jene wegen des Krieges in der Ukraine (→ K 8) folgt. »Die Nachrichten von der Front werden nicht mehr gefiltert von Redaktionen« sagt Schnetzer. »Sie kommen mit Social Media direkt durch: Livestreams mit einschlagenden Bomben, zerfetzten Körpern, in Echtzeit – und können so in den jungen Köpfen Wirkung entfalten.«

Für den ungefilterten Konsum katastrophaler Nachrichten gibt es einen Begriff: »Doomscrolling« (→ K 19), die zwanghafte Durchforstung von Social-Media-Timelines nach immer neuen Hiobsbotschaften. Und das Angebot an schlechten Nachrichten ist – zumal in Zeiten der Klimakrise – unerschöpflich. Man könne jungen Menschen daher nicht verübeln, dass sie zu dem Schluss kommen, in einer »krassen Krisenzeit« zu leben, sagt Schnetzer.

Luisa Nübling ist eine junge Klimaaktivistin, die seit 2021 eine Ausbildung zur Schauspielerin in Hamburg macht. Was es für ihre Lebensgestaltung bedeutet, in einer solchen Zeit zu leben, beschreibt sie so: »Wenn die Klimakrise nicht wäre, dann würde ich nicht jeden zweiten oder fast jeden Tag bei meiner Ausbildung überlegen – was mache ich eigentlich hier?«[22] Sie würde in Ruhe lernen, in der Zwischenzeit Menschen treffen, die ihr wichtig seien und »mich vielleicht noch für Themen einsetzen, für die ich mich tatsächlich interessiere.« Also nicht für das Klima. »Ich habe das Gefühl, ich würde in dem Alter, in dem ich bin, eigentlich gerne ein bisschen rumprobieren und gucken, was gefällt mir denn, was mache ich gerne? Aber es fühlt sich so an, als wäre jeder Tag, an dem ich etwas mache, das nicht unbedingt zum Lösen der Klimakrise beiträgt ... als hätte ich nicht das Recht dazu, oder wir haben einfach nicht die Zeit, das zu machen.«

Alltag und Zukunftsplanung finden so heute unter ganz anderen Vorzeichen statt als noch in der Generation, die bis 1990 geboren ist. Diese blickte optimistischer in die Zukunft und hatte dadurch Freiheiten, die heute fehlen.

Es sind indes nicht nur die Jüngeren, die sich Gedanken machen. Nur die Schlussfolgerungen unterscheiden sich teilweise. Am 17. Februar 2023 stand die eingangs erwähnte Letzte-Generation-Aktivistin Carla Hinrichs wegen einer Straßenblockade ein Jahr zuvor vor Gericht. Bei der Verhandlung am Amtsgericht Tiergarten sagte der Richter Christoph Weyreuther: »Der Mensch wird sowieso aussterben, davon bin ich fest überzeugt. Das lässt sich nicht verhindern, dafür ist er zu dumm.«[23] Hinrichs versuchte daraufhin, »von Schluchzern unterbrochen«, dem Richter zu verdeutlichen, was er gesagt habe: »Wir werden uns um den letzten Tropfen Wasser kloppen.«

Hinrichs hat eine klare Vorstellung davon, was auf die Menschheit zukommen könnte. Doch Resignieren kommt für sie nicht infrage. Nach der Verhandlung sagte sie über Weyreuther: »Es ist schockierend, dass Menschen gewillt sind, sehenden Auges über die Klippe zu gehen. Er hat nicht verstanden, wie dramatisch die Krise ist. Da bin ich emotional geworden. Ich war einfach fassungslos. Er will mich bestrafen, weil ich noch Hoffnung habe.«

2 Von Ewigkeit zu Ewigkeit: Wie die Menschheit auf das Ende wartet, seit es sie gibt

Und es kam Hagel und Feuer, mit Blut vermengt,
und wurde auf die Erde geschleudert;
und der dritte Teil der Erde verbrannte,
und der dritte Teil der Bäume verbrannte,
und alles grüne Gras verbrannte.

Offenbarung 8,6

Die Offenbarung des Johannes ist das letzte Buch des Neuen Testaments. Sie beschreibt das Ende der Welt. Wer die Nachrichten und Klimadebatten der letzten Jahre verfolgt hat, dem kommt manches darin bekannt vor:

Nachdem die Menschen sich gegen Gott versündigen, kommt die Vernichtung über sie. Es ist die Rede von einem Strom, der von der Erde verschlungen wird,[1] von sieben Plagen und Missernten.[2] Flüsse trocknen aus, Blitze, Donner und ein gewaltiges Erdbeben lassen Städte einstürzen.[3] »Und alle Inseln verschwanden, und die Berge wurden nicht mehr gefunden«.[4] Gewaltige Hagelbrocken fallen herab. Der Sonne wird die »Macht gegeben, die Menschen zu versengen mit Feuer«, doch diese »bekehrten sich nicht«.[5] Am Ende wird »der Rauch von ihrer Qual (...) aufsteigen von Ewigkeit zu Ewigkeit«[6], und »alles, was glänzend und herrlich war, ist (...) verloren«.[7]

Tatsächlich gibt es nicht nur in der Bibel und im frühen Christentum, sondern in vielen Zivilisationen der Erde facettenreiche Endzeitvorstellungen. In der Antike waren sie »Teil der naturwissenschaftlichen Kosmologie (...) und nicht mit den Göttern verbunden«[8], sagt der Historiker Peter Dinzelbacher. Mit dem Aufkommen des Christentums wurden sie schließlich zu einem festen Bestandteil religiöser Lehre: »Gott vernichtet seine Schöpfung.«

Der Untergang als göttlicher Entschluss

Wie in der Bibel kollidieren auch in der modernen Gesellschaft von heute zwei sich widerstreitende Grundideen: Die Natur zu nutzen und sie gleichzeitig zu schützen. Das Alte Testament gibt dem Menschen den Auftrag, »über die ganze Erde« zu herrschen: »Unterwerft sie euch und herrscht über die Fische des Meeres, über die Vögel des Himmels und über alle Tiere, die sich auf dem Land regen.«[9] Gleichzeitig soll er die Erde bewahren: Der Mensch möge sie »bebaue[n] und hüte[n]«.[10] An dieser Einschränkung des Unterwerfens scheitert der Mensch schon früh – und zieht damit den Zorn Gottes auf sich.

Im Buch Jeremia straft Gott die Menschen, denn »Gutes zu tun verstehen sie nicht«[11]. Es bricht ein »Glutwind« los, ein »Wind, der viel heftiger ist«, ein »Wettergewölk zieht er herauf, (...) Weh uns, wir sind verloren.« Am Ende sind »alle Vögel des Himmels (...) verschwunden« und das »Gartenland war Wüste«. Das war die Strafe: »Das ganze Land soll zur Öde werden«. Die Schöpfungsgeschichte läuft also »sozusagen (...) rückwärts«[12] – Menschen, Tiere und Pflanzen verschwinden, das Licht geht aus, am Ende ist wieder alles »wüst und wirr«, weil die Menschen sündigen.

Ein zentrales Motiv solcher Untergangsgeschichten ist die Sintflut, eine von Gott gesandte Flutkatastrophe, die die gesamte Menschheit und die Landtiere auslöschen soll. Das 1. Buch Mose der Bibel erzählt die Geschichte von Noah und seiner Familie, die die Flut in einer Arche überleben.

In anderen mythologischen Erzählungen der Antike finden sich vergleichbare Sintflut-Schilderungen: im sumerischen Atraḫasis-Epos etwa, in dem Ziusudra, der Gottkönig der Stadt Šuruppak, die Menschheit vor der Flut rettet. Ganz ähnlich das babylonische Gilgamesch-Epos, in dem der Held Uta-napišti die Sintflut übersteht. Die griechische Mythologie kennt die von Zeus gesandte Deukalionische Flut, die nur Deukalion, der Sohn des Gottes Prometheus und seine Frau Pyrrha überleben. Sowohl frühchristliche Schriften vor dem Alten Testament als auch der Koran beziehen sich auf die Sintflut. Und so ist eine der größten heutigen Sorgen der Menschheit im Kontext der Klimakrise –

der Anstieg des Meeresspiegels – also eine der am weitesten verbreiteten mythologischen und religiösen Schreckensvisionen der Antike.

Eine anthropologische Konstante

Hitze, Feuer, Unwetter und Sintflut als Strafe für Sünden gegen die Natur – solche Vorstellungen vom Weltende hatten Jahrtausende Zeit, sich in den unteren Schichten des kollektiven Bewusstseins abzulagern. Wetterphänomene oder außergewöhnliche Naturerscheinungen, Kometen, Sonnenfinsternisse, Überschwemmungen, Erdbeben wurden seit jeher penibel beobachtet und unter anderem in mittelalterlichen Chroniken überliefert. Naturkatastrophen, Hungersnöte und Epidemien galten Christ:innen seit jeher als Vorboten des anbrechenden Endes. Und um 1520 kursierten in deutschen Landen 150 Endzeitpamphlete.[13] Martin Luther kündigte das Ende der Welt gleich dreimal innerhalb von ein paar Jahren an: Für 1532, 1538 und 1541.[14]

Untergangserwartungen als solche sind historisch stabil, sie sind eine anthropologische Konstante. »Der Mythos vom Ende der Welt ist eine echte Erfolgsgeschichte (...) Die Menschheit ohne Zukunft ist ein über Epochen und Kulturen hinweg tradiertes Motiv«, heißt es beim Heidelberger CAPAS.[15] Apokalypsen seien »eine der grundlegendsten Denkfiguren«.

Zur Verankerung im abendländischen Gedächtnis trugen auch die führenden Künstler:innen ihrer Zeit bei. Sie überführten die Offenbarung des Johannes in Bildwelten – so wie etwa der italienische Maler Luca Signorelli, der um 1499 »Die Verdammten« schuf, ein Bild, dessen Hauptmotiv dieses Buch ziert. Früher dienten diese Bilderwelten dazu, den Menschen zum Gehorsam gegenüber der Kirche anzuhalten. Nur so ist zu erklären, dass in der »mittelalterlichen Kunst die Drohungen der Höllenstrafen deutlich plastischer vorgestellt wurden als die himmlischen Verheißungen«[16], so der Historiker Peter Dinzelbacher.

Signorelli und die anderen Maler seiner Zeit haben so ein angsteinflößendes Imaginarium geschaffen, das bis heute fortwirkt. »Im christlichen Abendland sind diese Bestandteile weiterhin aktivierbar«, sagt der Historiker Stefan Brakensiek von der Universität Duisburg-Essen. Er leitet dort das Graduiertenkolleg »Kontingenzbewältigung durch Zukunftshandeln«. Populärkultur und Kulturproduktion halten die langverwurzelten Untergangsvorstellungen omnipräsent. »Kein Naturfilm, ohne dass der Untergang einer Art als wahrscheinlich dargestellt wird. Kein TV-Feature ohne die Moral: ›Wir Menschen machen das jetzt gerade kaputt.‹«[17]

Bewaffnet mit nichts als der Hoffnung

Es gibt einen Spielfilm aus dem Jahr 1988, *Das Siebte Zeichen*. Demi Moore spielt darin Abby Quinn, eine junge Frau, die ein Kind erwartet. In dieser Zeit häufen sich seltsame Naturereignisse: Eisregen in der Negev-Wüste, heiße Fischkadaver, die an die Küsten Haitis gespült werden. Es sind die biblischen Zeichen der Apokalypse. Mit deren Umsetzung auf der Erde betraut ist ein Racheengel namens David Bannon (Jürgen Prochnow). Der mietet sich bei Quinn ein und schaut mit ihr die Nachrichten im Fernsehen: »So viel Elend«, bedauert er. »Menschen gegen Menschen. Sie bringen sich gegenseitig um. Ich habe gedacht, dass die Welt sich ändern würde. Aber das hat sie nicht.«

Quinn fragt den Racheengel, was sie tun kann, um den Lauf der Dinge zu stoppen. Sie müsse eines der sieben Zeichen verhindern, antwortet er. »Dann wäre die Kette unterbrochen. Gott würde der Welt eine zweite Chance geben.« Doch dafür würde sie etwas brauchen, was sie nicht habe: Hoffnung. Quinn hatte sich am Vorabend aus Verzweiflung in der Badewanne die Pulsadern aufgeschnitten. »Wie kann jemand, der so wenig am Leben hängt wie du, der Welt Leben schenken?«, fragt Bannon, der Engel.

Das vorletzte Zeichen, so findet Quinn heraus, ist die anstehende Hinrichtung des geistig behinderten Jimmy Szaragosa, des »letzten Märtyrers«. Jimmy hatte seine Eltern wegen deren inzestuöser Beziehung ermordet und sich dabei auf die zehn Gebote berufen. Quinn fährt in einem alten Volvo durch ein immer düsterer werdendes Los Angeles zum Gefängnis, wo die Hinrichtung im Morgengrauen ansteht. Im Todestrakt stiftet sie so viel Chaos, dass die Hinrichtung unterbrochen wird. Sie glaubt für einen Augenblick, die Welt gehe doch nicht unter, muss dann aber feststellen, dass Jimmy während des Tumults erschossen wurde. Erst in der letzten Szene gelingt es Quinn, Gottes Zorn zu besänftigen. Sie gibt ihr Leben und ihre Seele für ihr totgeborenes, unbeseeltes Kind. Am Sterbebett Quinns steht der Engel Bannon. »Das warst Du,« sagt er ihr. »Nur ein einziger Mensch, mit Hoffnung für die ganze Welt.«

Eine messianische Offenbarung, Naturkatastrophen als Zeichen, der Kampf einer Einzelnen gegen das Ende aller, mit nichts als der nackten Waffe der Hoffnung – diese stark von der Bibel beeinflusste moderne Endzeitgeschichte steckt voller Elemente, die auch die Verhandlung der Klimakrise in sich vereint.

Moderne Jeanne d'Arc oder Verkünderin der Apokalypse?

Greta Thunberg ist 15 Jahre nach Entstehung des Films geboren. Sie »gehört zu den wenigen, die unsere Kohlendioxide mit bloßem Auge erkennen können. Sie sieht, wie die Treibhausgase aus unseren Schornsteinen strömen, mit dem Wind in den Himmel steigen und die Atmosphäre in eine gigantische unsichtbare Müllhalde verwandeln«, schreibt Thunbergs Mutter.[18] Der Blick von Malena Thunberg auf ihr Kind lässt erahnen, wie ein Teil der Faszination für die junge schwedische Aktivistin, ihre kommunikative und politische Kraft, auch in kulturellen Vorstellungen gründen, die sich tief im kollektiven Gedächtnis erhalten haben. Nicht wenige vergleichen Thunberg mit Jeanne d'Arc, Johanna von Orleans, der mittelalterlichen Heldengestalt Frankreichs: die »junge Frau als Lichtgestalt«[19]. Und gleichzeitig ist Thunberg Projektionsfläche für das apokalyptische Denken unserer Zeit.

Veronika Wieser von der Akademie der Wissenschaften in Wien sieht apokalyptisches Denken stets im Zusammenhang mit »großen Umbrüchen und Transformationsprozessen«.[20] Oft sei es verbunden mit der Wahrnehmung außergewöhnlicher Natur- und Wetterphänomene, mit Krisen und ihrer Bewältigung – und mit dem Jüngsten Gericht. Apokalypse funktioniere typischerweise »über Schwarz-Weiß-

Darstellungen«, sagt Wieser, die das Buch *Kulturgeschichte der Apokalypse* mitherausgegeben hat. »Wir haben ein Innen, wir haben ein Außen, wir haben ein Gut, wir haben ein Böse.« Stets gehe es bei der Apokalypse um die Überwindung des Bösen – darum, dem Guten zum Sieg und Triumph zu verhelfen. Der Anspruch, den Untergang zu verhüten oder sich auf das Ende vorzubereiten, habe ein »sehr stark subversives, aber gleichzeitig auch reformierendes Potential«, sagt Wieser. »Apokalypse ist etwas, das eine zukünftige Vision beinhaltet. Und gleichzeitig ist sie immer stark mit der eigenen Gegenwart, mit konkreten Wünschen, Hoffnungen und Ängsten verbunden.« Dies könne Zusammenhalt, Gemeinschaft und Solidarität stärken.

Dass eine »Letzte Generation« heute die Herrschenden und unsere ganze Lebensweise so offensiv herausfordert, entspricht exakt einer von Wieser beschriebenen historischen Funktion apokalyptischen Denkens. Eine weitere dieser Funktionen sei, komplexe Sachverhalte und Entwicklungen auf »sehr einfache Art und Weise zu beschreiben«, sagt Wieser.

Der Gedanke liegt nahe, dass auch deshalb die Unwägbarkeiten der Klimaforschung heute weniger Gehör finden als apodiktische Behauptungen wie die 2018 von Greta Thunberg verbreitete Warnung eines »Top-Klimawissenschaftlers«, der Klimawandel werde die »gesamte Menschheit ausrotten, wenn wir nicht innerhalb von fünf Jahren die Nutzung fossiler Energien beenden«.[21]

Jeder Generation, jeder Gesellschaft ihr eigener Untergang?

Die Apokalypseangst gab es zu jeder Zeit. Sie gehört zum Menschsein dazu. Doch es fragt sich, inwiefern sie gleichzeitig je spezifisch ist. Noch bis vor Kurzem waren apokalyptische Motive wie Engel oder Ungeheuer Teil von Endzeitszenarien – Bilder aus dem frühen Christentum und dem Mittelalter. Heute, sagt Wieser, seien diese Motive zwar noch eine »wichtige kulturelle Ressource« – siehe Hollywood-Produktionen wie *Das Siebte Zeichen*. »Aber die Deutungen und Bedeutungen dahinter ändern sich immer.«[22]

Und wie? Weltuntergangsängste seien Facetten je historisch spezifischer Kultur, sagt Wiesers Kollege Christian Zolles. Eins hätten die verschiedenen historischen Phasen aber gemeinsam: Fast immer gehe die Angst vor dem Ende einher mit »Auseinandersetzungen zwischen Obrigkeit und subversiven Mächten«.[23] Wenn die Letzte Generation heute Autobahnen blockiert, steht sie damit also in einer langen Tradition: Der Kampf gegen das Weltende war oft ein Kampf gegen die Mächtigen.

»Es gibt in jeder geschichtlichen Epoche einen Moment oder eine Möglichkeit, wo alles ganz anders sein könnte,« so Zolles. Einerseits droht die Katastrophe, andererseits gibt es Hoffnungen auf eine utopische, bessere Zukunft. Und so stecke sehr viel subversive Kraft im apokalyptischen Denken, das allerdings auch in eine voraufklärerische Gegenrichtung ausschlagen könne – etwa, wenn christlich-adventistische und evangelikale Gruppen gerade in den USA darauf hinweisen, »dass das Ende der Zeit da ist und dass wir die Augen aufmachen müssen«, sagt Zolles. Apokalyptisches Denken mahnt zur Einsicht, »dass die Welt in der Irre lebt und wir umkehren oder das richtige Leben annehmen müssen.«

Zolles zufolge müsse man dabei sehr genau zwischen den verschiedenen Stimmen und kulturellen Hintergründen differenzieren. Apokalyptische Warnungen religiöser Gruppen stehen zwar in keiner direkten Linie mit Künstler:innen des 20. Jahrhunderts, die alternative Weltkonzepte entworfen haben, auch wenn sie auf ähnliche Wirkungen abzielten. »Die Künstler haben versucht, die gängigen Weltbilder zu irritieren, zu stören, indem sie sie mit dem Apokalyptischen in Verbindung gebracht haben«, sagt Zolles. Ein Thema waren dabei aber oft die zerstörerischen Kräfte der modernen Technologie. »Dabei wurden sie selbst oft auch als an der Grenze zum Wahnsinn wahrgenommen.« Und doch sei es ihnen gelungen, bei ihrem Publikum oder in der gesellschaftlichen Wahrnehmung »starke Reaktionen hervorzurufen«.

Da verwundert es nicht, dass es in der Historie immer wieder Ansätze der Obrigkeit gab, apokalyptische Erwartungen zu steuern oder zu entschärfen, die »ganz stark in Zusammenhang mit dem Wunsch nach Umbruch, Veränderung, der Verbesserung der eigenen Gegenwart stehen«, sagt Veronika Wieser. Die mittelalterliche Beschäftigung mit der Apokalypse fand weniger an den Rändern der Gesellschaft als vielmehr in ihren Zentren, den Klöstern und Königshöfen, statt.

Heute sind es Kommunen wie die Stadt München, die Klimaaktivist:innen mit einem »Sekundenkleber-Transportverbot«[24] belegen und ihnen 1000 Euro Strafe androhen, wenn sie einen an sich völlig legalen Gegenstand bei sich führen, oder Aktivist:innen gleich bis zu zwei Monate in Präventivhaft sperren.[25] Je drakonischer das Sondergesetz – desto größer die Angst der Mächtigen.

Der Theologe Ruben Zimmermann erinnert daran, dass Jesus selbst ein Apokalyptiker war, der vom nahen Ende der Welt sprach.[26] »Das Schreckensszenario über die Zukunft wird sowohl mit Gott als auch mit dem Verhalten der Menschen in Verbindung gebracht.« Jesu Reich-Gottes-Verkündigung sei eine »Umkehrpredigt« gewesen: »›Kehrt um, denn das Himmelreich ist nah!‹« »Der Imperativ zur radikalen Veränderung von Denken und Handeln schließt ein ethisches Urteil über den bisherigen Lebenswandel als ›falsch‹ ein«, so Zimmermann.

Das abendländische apokalyptische Denken der Vergangenheit war untrennbar mit der Religion verbunden. Die Menschheit musste Buße für ihre Sünden tun, um die Vernichtung abzuwenden. Aus den modernen Endzeitdiskursen sind offen religiöse Bezüge verschwunden. An ihre Stelle traten neue Vorstellungen von der Welt. Die Aufklärung veränderte die Weltwahrnehmung radikal. Die Vorstellung einer offenen Zukunft kam auf, sagt Zolles: Ein Fortschrittsdenken mit offenem Horizont, ohne »Ende an sich«.

Das war lange gar nicht möglich. »Das finstere Mittelalter hatte keine Zukunft. Die gehörte der heraufdämmernden Aufklärung«, schreibt Ralf Löchel in einer Rezension zu Lucian Hölschers *Die Entdeckung der Zukunft*.[27] Zukunft sei für Hölscher ein »einheitlicher geschichtlicher Zeitraum«, eine »dezidiert moderne Vorstellung und ein Kind der Aufklärung«. Vor der Aufklärung habe es keinen modernen Begriff von Zukunft geben können, weil er der Erfahrungswelt der Menschen im europäischen Mittelalter nicht entsprochen habe. »Unsere vertraute Vorstellung dessen, was Zukunft ist, ist (...) eine ›historisch spezifische Denkweise‹«.

Heute ist das westliche Denken von einem linearen Zeitverständnis geprägt, während in asiatischen Weltbildern indes teils weiter ein zyklisches Zeitverständnis vorherrsche, sagt der CAPAS-Forscher Rolf Scheuermann. Das Ende der Welt ist darin eher ein Übergang in etwas Neues. Der Hinduismus und der Buddhismus etwa würden die Vorstellung eines »dunklen Zeitalters« als Element zyklischer Zeiten kennen. Das Universum durchlebe verschiedene Phasen, in denen die Welt gute oder schlechte Bedingungen vorfindet. »Und da gibt es auch die Vorstellung eines Zeitalters des Streites, charakterisiert durch mehr Kriege, Umweltkatastrophen, Hunger, allgemein schlechterem Verhalten der Menschen, auch Pandemien«, so Scheuermann. Wenn das dunkle Zeitalter erstmal da ist, hält es eine Weile an. »Dann muss es erst richtig schlimm werden.« Erst danach würden missionarische Gestalten der Menschheit erneut beibringen, wie man sich gut verhält. So würde sich eine Gesellschaft über Jahrtausende weiterentwickeln, bis sie wieder einen guten Zustand erreicht hätte. Hoffnung auf Lichtgestalten gibt es also auch außerhalb abendländischer Denktraditionen.

Hinzu kommt, dass der Buddhismus in »Multiversen« denkt: Wesen können in unterschiedlichen Welten wiedergeboren werden, und während die eine Welt sich im Niedergang befindet, befindet sich eine andere im Aufgang. Wer ein gutes Karma hat, landet womöglich in einer Welt mit besseren Bedingungen.

Prognose statt Prophetie: die Apokalyptik der Gegenwart

Solche Schicksalsoffenheit bieten christlich vorgeprägte Weltbilder heute nicht mehr. Die rationalistische Wende hatte dem prophetischen Zukunftskonzept ein Ende bereitet. An seine Stelle traten die Prognosen – bis heute. »Die Zukunft wurde berechenbar«, sagt Zolles. »So verschwand der Endzeithorizont, der jahrhundertelang über den Köpfen der Leute geschwebt hat.« Doch dieser Zustand hielt nicht lange an. Schon bald kehrte die Angst vor dem Untergang zurück. Doch kommt heute nicht mehr die Strafe Gottes über uns. Es ist die Natur selbst, die uns für unser Fehlverhalten ihr gegenüber bestraft – so sehen es viele, darunter auch der britische König Charles und sein Sohn Harry, die »Corona für eine Strafe der Natur wegen des Klimawandels« halten.[28]

Von früheren Apokalyptikern unterscheidet sie, dass sie sich statt auf die Bibel auf die Naturwissenschaft berufen. Denn diese vermag – fraglos exakter als je zuvor – Aussagen über die Zukunft zu treffen. Wo einst Prophezeiungen ihre Autorität nur aus mystischem Glauben zu beziehen vermochten, stehen heute die CO_2-Modellierer:innen, die Expert:innen für den Kohlenstoffkreislauf, die Ozean- und die Atmosphärenphysik.

»Apokalyptik hat immer versucht, die seriösesten Quellen anzuzapfen, die es gibt. Zur Zeit von Johannes von Patmos war das der Deute-Engel. Heute ist es die naturwissenschaftlich fundierte Klimawissenschaft«, sagt Alexander Kenneth-Nagel.[29] »Geändert hat sich nur das Verständnis dessen, was seriöse Quellen sind.« Johannes von Patmos ist der Verfasser der Johannes-Offenbarung. Ihm reichten die »Deute-Engel«, die *angelus interpres*. Bei diesen handelt es sich um eine den Erzengeln untergeordneten Gruppe, deren Aufgabe es ist, von Gott gesandte Visionen verständlich auszulegen. Früher habe man mit »göttlicher Inspiration« versucht, Glaubwürdigkeit herzustellen. »Heute macht man es mit naturwissenschaftlichen Ergebnissen«, so Nagel.

Und diese führen uns unsere eigene Zukunft scheinbar so klar vor Augen wie noch nie – auch wenn das Wissen, das die Menschheit über die Natur angehäuft hat, letztlich immer noch nicht ausreicht, die Zukunft sicher vorherzusagen. »Allen Meeresspiegelprognosen (...) ist gemeinsam, dass die Unsicherheit mit der Zeit erheblich zunimmt«, heißt es etwa in einer Metastudie der Cambridge-Forschungsgruppe Coastal Futures.[30]

Der Historiker Peter Dinzelbacher verweist auf einen gewichtigen Unterschied zwischen säkularen und religiösen Untergangsängsten: »Erstere müssen ohne Verweis auf ein Leben nach dem Tode auskommen, können also eine ›Bestrafung‹ nur für die kommenden Generationen androhen und kein ewiges höllisches Leben in einer Transzendenz.«[31] Säkularen bleibt da nur »die ultimative Katastrophe ohne Rettung«, schreibt die linke Gruppe Nevermore aus Leipzig.[32] »Statt dem Himmelreich durch Rettershand drohte das reine Nichts durch Menschenhand.« Einst seien die »äußersten Furchtbarkeiten dieser Welt (...) die Geburtswehen einer guten neuen« gewesen.[33] Wer sich nicht habe korrumpieren lassen, für den stand die Rettung ins Haus. Die Schreckensmeldungen von heute aber hätten »nichts mehr in der Hinterhand: lächerlich, in ihnen Gottes Wink, die Geburtswehen seines Reiches zu sehen, wenn man doch weiß, daß sie integraler Bestandteil des industriell produzierten Alltags sind.«[34]

Der Untergangsglauben kommt heute also – außer in einer esoterischen Spielart (→ K 3, 21) – ohne Gott und ohne den Gedanken von Strafe und vor allem ohne Erlösungsangebot aus.

Weltuntergangssekten gegen Klimaaktivist:innen: Sehnsucht nach und Angst vor dem Untergang

Aus dem Christentum der großen Volkskirchen und der vorherrschenden akademischen Theologie ist der Glaube an eine von Gott herbeigeführte Endzeit – im Gegensatz etwa zu den heutigen US-Evangelikalen – längst verschwunden: »Seit dem 19. Jahrhundert tritt dieser Bestandteil der Lehre, obwohl dogmatisch festgeschrieben, im Zuge der Anpassung an das Bild vom lieben Gott und der Demokratisierung der Gesellschaft ganz zurück, zumal die Höllenvorstellungen nach der Kritik der Aufklärung nicht mehr haltbar erschienen«[35], sagt der Historiker Peter Dinzelbacher. Die Apokalypse verschwand allerdings nicht aus dem religiösen Denken. Zum neuen Träger dieser Vorstellungen wurden Sekten, »die das Muster der ›wenigen Auserwählten‹ umso lieber pflegen.«

Die meisten dieser Weltuntergangssekten sehnen sich nach dem Untergang oder versuchen gar selbst, ihn herbeizuführen. Die Bestrebung der Klimabewegung dagegen ist, die Apokalypse verhindern zu wollen.

Der Glaube an den Untergang kommt heute ohne die Vorstellung eines strafenden Gottes aus. Der Leipziger Historiker Dirk van Laak glaubt allerdings, dass es mit der scheinbar fehlenden Religiosität nicht so weit her ist: »Unsere Art des Denkens im Westen ruht sehr stark auf religiösen Denkformen: Die Idee der Buße, der Aufruf zur Umkehr, die Begrifflichkeiten, die auf schlechtes Gewissen abzielen, die Reaktion auf einzelne symbolische Handlungen – all das ist stark von der christlichen Religiosität mitgeprägt, ohne dass viele das als religiös ansehen würden.«[36]

An die Stelle der Religion als explizitem Bezugsrahmen ist die Naturwissenschaft getreten. Van Laak nennt diese »pseudoreligiös«. In einer »scheinbaren Rationalität reden alle von Statistiken und Zahlen. Das ist die Ebene, die uns heute am meisten überzeugt, von der wir fast alles ableiten. Alles muss man mit Zahlen belegen.« Jede Trendaussage, jede Studie beziehe ihre Autorität aus Zahlen, ihrer Nüchternheit und der klaren Analyse, die sich darin äußere. »Die hat etwas Suggestives. Sie vermeidet es, etwas weltanschaulich begründen zu müssen. Man kann sich auf Zahlen berufen und muss nichts mehr von Werten ableiten.«

Der Vorwurf, den Irrationalismus der Religiosität weiterzutreiben, während man für sich in Anspruch nehmen kann, sich strikt auf den Bericht des UN-Klimarats IPCC – eines der wohl am gründlichsten diskutierten wissenschaftlichen Dokumente überhaupt – zu beziehen, provoziert Klimaschützer:innen naheliegenderweise. »Einmal die Woche behaupten Leute ohne vertiefte Kenntnis der #Klimakrise, der #Klimaaktivismus trage religiöse Züge«[37], twittert der Zeit-Journalist Bernd Ulrich. »Aber ist es nicht eher so, dass das fast ungebremste Weiter-so in die #Klimakrise seitens der Mehrheitsgesellschaft ohne religiöse Energien kaum zu verstehen ist?«

Vielleicht schreckt manche das Weiter-so auch deshalb nicht, weil sie auf eine ganz andere Art der Rettung hoffen: Dass das Armageddon Schluss macht mit dem Bösen, dem Schinden der Welt, und die biblische Verheißung einsetzt. Ohne Strafe. Denn auch das ist ein Grundzug des apokalyptischen Denkens, der immer wieder die Oberhand gewinnt. »Die Apokalypse ist ja nicht nur etwas, was angstbesetzt ist«, sagt Jürgen Renn, der Direktor am Max-Planck-Institut für Wissenschaftsgeschichte in Berlin und Gründungsdirektor des Max-Planck-

Instituts für Geoanthropologie in Jena.[38] Fast ebenso stark seien mit ihr Erlösungshoffnungen verbunden. Der altgriechische Dionysos-Kult etwa erlaubte den Anhänger:innen, sich durch Musik, Tanz und Wein in Ekstase zu versetzen, sich dadurch selbst in den Gott Dionysos zu verwandeln und so das Sterbliche hinter sich zu lassen. Ein eskapistischer Hedonismus, würde man heute sagen. Der Chiliasmus des Mittelalters versprach die Wiederkunft Jesu Christi und das Errichten seines tausend Jahre währenden Reiches. Das Weltende sei in der Menschheitsgeschichte stets »als Möglichkeit präsent gewesen«, sagt Renn. Und es habe den Menschen oft ein Glücksspiel angeboten: »Man überlässt sich der Katastrophe und hofft, dass etwas Rettendes dabei rauskommt.«

Manchmal kann der Lohn des Weltenendes auch im Diesseits liegen. Der Ausbruch der Covid-Pandemie veranlasste den Kunsthistoriker Jörg Scheller dazu, über die damit verbundenen Untergangserwartungen nachzudenken.[39] Scheller ist in der schwäbischen Kleinstadt Korntal aufgewachsen, die 1819 von »endzeitlich gestimmten Pietisten« gegründet wurde. Diese hatten den Zeitpunkt der Apokalypse auf das Jahr 1836 berechnet. »Nun könnte man sich vorstellen, dass ihre Apokalyptik die Strenggläubigen fatalistisch und träge gemacht hätte. Das Ende ist nahe, alles zu spät, lehnen wir uns zurück!« Doch das Gegenteil sei der Fall gewesen, schreibt Scheller. Die Korntaler:innen hätten dem Heiland nicht verschuldet gegenübertreten wollen, also arbeiteten sie umso härter. »Pünktlich zum Jahre 1836 war die finanziell chronisch angeschlagene Siedlung schuldenfrei. Die Bewohner hatten sich die eine oder andere Massnahme einfallen lassen, waren kreativ geworden, hatten sich ins Zeug gelegt.« Der Messias sei nicht erschienen, aber die »Finanzen waren in Ordnung«, schreibt Scheller. »So zeitigte die metaphysische Esoterik handfeste wirtschaftliche Konsequenzen – eine List der Vernunft.« Das Warten der Korntaler:innen auf Jesus verbinde sie mit allen anderen, die in der Vergangenheit auf den Untergang gewartet haben: Sie warteten vergeblich.

Bisher jedenfalls. Der linke kroatische Philosoph Srećko Horvath plädiert dafür, Apokalypse nicht als Ende der Welt, sondern als Warnung vor jenem zu verstehen. Was heute geschehe, von den kalifornischen

Waldbränden bis zur Covid-19-Pandemie, sei »glücklicherweise noch nicht das Ende der Welt, aber es ist eine warnende Offenbarung«.[40] Der Begriff der Kipppunkte müsse erweitert werden, auf die »Vernetzung und die – bereits stattfindende – planetarischen Kaskade von Tipping-Points« (→ K 10), zu denen neben der Klimakrise auch die immerwährende nukleare Bedrohung, Pandemien, das »Virus des Rassismus, der Zerfall von Gesellschaften und Bürgerkriege auf der ganzen Welt gehören«. All diese seien Teile einer »tiefgreifenden Umgestaltung der Erde, die am Rande des Massensterbens steht«. Und dies sei »nicht nur eine Folge des sogenannten Anthropozäns, sondern ein Ergebnis des Kapitalozäns«, so Horvath.

Der Kulturhistoriker Christian Zolles schlägt dafür ein paradox erscheinendes Verständnis der Apokalypse vor: Die Zerstörungen der Moderne seien so zu ihrem Wesen geworden, dass die Menschheit »nur noch im Zustand der Katastrophe lebt«.[41] So sei die »Apokalypse permanent geworden in der Moderne, ohne Aussicht, dass es höhere Mächte gibt, von denen man erlöst wird,« sagt er. »Das, was man aus der Apokalypse lernen kann, ist vielleicht, dass sie nie aufhört.«

3 Schützen, was dem Untergang geweiht ist? Die Apokalypse und die Umweltbewegung

Die Zerstörung ist nicht alternativlos.

Eva von Redecker

Im Jahr 1947, der Zweite Weltkrieg war gerade vorbei, gab es keinen Club of Rome, keinen UN-Weltklimarat und kein Greenpeace. Aber es gab Anton Metternich. *Die Wüste droht. Die gefährdete Nahrungsgrundlage der menschlichen Gesellschaft* heißt das Buch, das er damals veröffentlichte. Er hatte lange als Auslandskorrespondent für die *Kölnische Zeitung* gearbeitet und dabei Nordafrika bereist. Nach dem Krieg war Metternich von den US-Truppen als erster Nachkriegslandrat im damaligen Kreis Euskirchen eingesetzt worden. Zu jener Zeit herrschte Mangel an Brennstoff. Viele Menschen holzten Wallhecken ab und verfeuerten sie. Windverwehungen und Bodenerosionen waren eine Folge. »Die Versteppung Deutschlands, die Austrocknung und Verödung sind tatsächlich in vollem Fluß«, schrieb Metternich.[1]

Den Fortschritt sah er kritisch: Die moderne Zeit habe die »vertrauensvolle und gläubige Zusammenarbeit mit der Natur zum Verschwinden gebracht und den Kampf gegen die Natur eröffnet.« Damit gefährde sie die Daseinsgrundlage der Erdbewohner:innen. In Metternichs Buch ist vom drohenden »Kampf um die Wassernutzung«, der »Bodenvernichtung durch Erosion« (→ K 7) und »moderner Raubfischerei« die Rede. Auch wenn sich ein Großteil der Menschheit »vorläufig noch geborgen fühlt«, so beginne es doch zu kriseln, und »bange Zukunftsahnungen steigen dem ernstdenkenden Menschen immer stärker auf.« Es stelle sich die Frage, wie die Erde ihre Bewohner:innen von morgen ernähren solle, wenn nicht bald im »Verhältnis des Menschen zu seiner nahrungspendenden Erde eine (...) gründliche Änderung eintritt.« Das »Stadium akutester Gefahren ist erreicht.« Am Ende empfiehlt er, moderner geht es kaum, »synthetische Leberwurst« und »künstliche Eiweißfabriken«.

Metternich starb am 27. September 1949 im Alter von nur 58 Jahren. Die Geschichte habe ihm »auf beeindruckende Weise Recht gegeben«, schreibt der Umweltwissenschaftler Franz-Joseph Dreyhaupt, der Anton Metternichs Leben erforscht hat. Er nennt den Autoren einen »frühen Propheten der Klima-Katastrophe« und sein Werk sei »heute aktueller denn je.«[2]

Im permanenten Alarmzustand: die moderne Umweltbewegung

Metternich war seiner Zeit in der Tat voraus. Das kollektive Bewusstsein für eine planetarische ökologische Krise entstand erst ab Mitte der 1960er-Jahre. Bald darauf bildete sich die moderne Umweltbewegung. Auch wenn diese in ihrer Gesamtheit nie apokalyptisch war und aus ihren Reihen immer wieder fortschrittliche Gesellschaftskritik formuliert wurde, zieht sich die Angst vor dem ökologischen Kollaps wie ein roter Faden durch ihre Geschichte.

Schon früh waren dabei Insektizide und Gift in der Nahrung ein Thema. 1962 erschien in den USA *Der stumme Frühling* der Biologin Rachel Carlson, ein Sachbuch, in dem es um Insektengifte wie DDT geht. Das erste Kapitel handelt von einer fiktiven Kleinstadt, deren Tier- und Pflanzenwelt durch Pestizideinsatz vernichtet wird und deren Einwohner:innen erkranken. Das Buch gilt als Anstoß für die moderne globale Umweltbewegung.

1963 prophezeite das bis heute erscheinende Magazin *The Ecologist* einen »Zusammenbruch der Gesellschaft und die unwiederbringliche Zerstörung der lebenserhaltenden Systeme auf diesem Planeten (...) sicher innerhalb der Lebenszeit unserer Kinder«[3] (→ K 10). Der Harvard-Biologe und Nobelpreisträger George Wald sah ganz Ähnliches kommen. Er schrieb 1970, die Zivilisation werde »in 15 oder 30 Jahren enden«[4], wenn nicht sofort Maßnahmen ergriffen würden. Der Brite Gordon Rattray Taylor veröffentlichte 1969

Die biologische Zeitbombe und 1971 *Das Selbstmordprogramm: Zukunft oder Untergang der Menschheit*. Beide Bücher wurden Bestseller.

Der Tierschützer Bernhard Grzimek schrieb über Taylors zweites Buch 1971 im *Spiegel*, die Frage »lautet bereits heute nicht mehr: ›Können wir mit den Problemen fertig werden?‹, sondern: ›Können wir in der Zeit, die uns noch zur Verfügung steht, damit fertig werden? Oder ist es bereits zu spät?‹«[5] Radioaktivität in jeder Wasserprobe weltweit; Zusammenbruch der Sardinenfischerei im Mittelmeer; die Zerstörung des Phytoplanktons der Ozeane, das einen großen Teil des Sauerstoffs in der Erdatmosphäre erzeugt durch DDT; Bleiverseuchung in den USA – das alles seien Fakten aus Taylors Buch, »die ihnen (sic!) den Schlaf rauben sollten,« so Grzimek.

Der Historiker Frank Biess hat in seinem Buch *Republik der Angst* die Entwicklung der apokalyptischen Angst in der Umweltbewegung nachgezeichnet. Für ihn ist die Apollo-Mondmission der USA eines der sie konstituierenden Ereignisse. Denn das dabei im Jahr 1972 auf der letzten Apollo-Mission entstandene, als »Blaue Murmel« bekannt gewordene »ikonische Bild des ›blauen Planeten‹«[6] aus dem All hätte die Erde erstmals als »verletzliche Einheit« im öffentlichen Bewusstsein etabliert – und leistete so der kollektiven politischen Verhandlung ökologischer Risiken Vorschub.

Im selben Jahr erschien die bis dahin einflussreichste, vom Club of Rome in Auftrag gegebene Studie der Umweltbewegung: *Die Grenzen des Wachstums*[7]. Der unter anderem von der Volkswagenstiftung mit einer Million DM[8] finanzierte Bericht basiert auf Simulationsrechnungen am Massachusetts Institute of Technology zu Industrialisierung, Bevölkerungswachstum, Unterernährung, der Ausbeutung von Rohstoffen und der Zerstörung von Lebensraum. Das Ergebnis: Die »absoluten Wachstumsgrenzen auf der Erde« würden »im Laufe der nächsten hundert Jahre erreicht«[9] – mit katastrophalen Folgen für die Menschheit. Doch Korrekturen seien schwierig: Die Situation sei »so verwickelt (...) daß keine Kombination rein technischer, wirtschaftlicher oder gesetzlicher Maßnahmen eine wesentliche Besserung bewirken kann«, heißt es in der über 30 Millionen Mal verkauften Studie.[10] »Ganz neue Vorgehensweisen« seien nötig, die »ein außergewöhnliches Maß von Verständnis, Vorstellungskraft und politischem und moralischem Mut« erfordern. Die UN gaben damals der Menschheit dafür zehn Jahre, bevor die Probleme »außer Kontrolle geraten«.

Auch wenn die Studie fraglos sehr hellsichtig war – in einigen Punkten lag der Bericht des Club of Rome, wie andere ökologische Prognosen auch, daneben. Die künftige Verfügbarkeit erneuerbarer Energien etwa hatten die Autor:innen nicht berücksichtigt.

Schon bald darauf zeigten sich Anzeichen für das Waldsterben, unter anderem ausgelöst durch säurebildende Abgase. Das Thema prägte die Bundesrepublik – wohl auch wegen des besonderen Verhältnisses ihrer Bewohner:innen zum Wald. Aufmerksam gemacht auf das Problem hatte eine Untersuchung des Forstwissenschaftlers Bernhard Ulrich von 1980. »Die Schäden fressen sich (...) wie ein Krebsgeschwür immer weiter«[11], heißt es darin.

Die sich anschließende »Dramatisierung des Waldsterbens war ein Medienereignis«, schreibt der Historiker Biess.[12] Diese Aussage machte Schlagzeilen: »Ist dem Bundeskanzler nicht klar, dass sein Vaterland in Gefahr ist, zu einer Pershing-geschützten Dioxin-Steppe zu verkommen?«, fragte der *Stern*-Chef Rolf Winter.[13] Im *Spiegel* warnt 1983 der Hamburger Bundestagsabgeordnete Freimut Duve (SPD) vor einem »ökologischen Hiroschima«.[14] Im selben Artikel zitiert das Nachrichtenmagazin einen Mitarbeiter des BUND, der diesen fragwürdigen Superlativ noch einmal übertrifft: »Für dieses Sterben ist der Ausdruck ›ökologischer Holocaust‹ wohl nicht zu stark.« Und die *Süddeutsche Zeitung* schrieb 1982: »Der deutsche Wald stirbt. Wissenschaftler zweifeln, ob auch nur fünf Jahre Zeit bleibt (sic!), dies zu verhindern.«[15]

Die heute allgegenwärtige Dringlichkeit der Klimakrise schien in den Umweltauseinandersetzungen vergangener Jahrzehnte bereits auf. Und der Wald überlebte womöglich nur deshalb, weil seine Gefährdung in einem »permanenten Alarmzustand« verhandelt wurde, in dem ökologische Angst »als entscheidendes Mittel eingesetzt wurde, um politische Handlungen zu erzwingen«[16], so Biess.

Die Sorge um sich: Transformation ökologischer Ängste

Das Waldsterben wurde mit Begriffen wie Krankheit, Tod und Krebsgeschwür verhandelt. Das war kein Zufall: Die Umweltangst war zur spürbaren Körperangst geworden. Der Historiker Biess erklärt das mit »Verschiebungen innerhalb der westdeutschen Emotionskultur seit den 1960er Jahren«[17]. Die 68er hatten die verknöcherte, panzerhafte Subjektivität der Kriegsgeneration abgeschüttelt und waren empfindsamer geworden – auch für Gesundheitsgefahren, etwa jene in der Nahrung und der Luft, die zunehmend als Auslöser von Krebs und Kreislauferkrankungen gesehen wurden.[18] Weil sie »unsichtbar, unmerklich, schleichend«[19] waren, erforderten sie eine gewisse Bereitschaft zur Sensibilität, die in jener Zeit aufkam. Körperängste hatten kurz zuvor schon wegen der Atomkriegsangst um sich gegriffen, schreibt Biess. »Nun mobilisierten sie auch die frühe Umweltbewegung.«[20]

Passend dazu sendete die ARD 1973 den Fernsehfilm *Smog*[21] von Wolfgang Petersen, der die Wirklichkeit des damals hochgradig belasteten Ruhrgebiets filmisch noch verschärfte: Dicke Staubschichten liegen auf den Autos, Menschen brechen zusammen, eine Frau wird an einer Straßenbahnhaltestelle einfach leblos liegen gelassen, Fluchtzüge verlassen den Duisburger Hauptbahnhof, Opa sucht im Keller nach alten Gasmasken.[22] Der Film wurde später unter anderem in Mexiko und Japan gezeigt, denn er war der erste, der Smog überhaupt thematisierte.

Die durch Schadstoffe, Verschmutzung und Strahlung zunehmende Vergiftung der Umwelt verlangte ein »anderes Sicherheitsregime«, schreibt Biess[23]: Der Staat sollte eingreifen und die Natur schützen. Unter anderem dazu traten die Grünen an. Und tatsächlich wurden zum Beispiel das Verursacherprinzip im Umweltrecht verankert, DDT, FCKW und andere Stoffe verboten. Unterm Strich wurde in jener Zeit eine durchaus erfolgreiche Umweltpolitik erkämpft, was sich etwa an der – teils nur vorübergehenden – Verbesserung des Zustands von Luft[24], Flüssen[25] und Wäldern[26] zeigte.

Doch Umweltbewegung und Staat entfremdeten sich – vor allem, weil letzterer immer mehr Atomkraftwerke baute. Die Angst vor diesen war groß und die Wut über die Gewalt, mit der sie durchgesetzt wurden, noch größer. Im Widerstand gegen Atomwaffen und -energie überlappten sich damals Friedens- und Umweltbewegung (→ K 8). 1977 warnte der Publizist Robert Jungk in *Der Atomstaat* vor einem »Sprung in eine ganz neue Dimension der Gewalt«[27] und dem »drohenden Verlust von Freiheit und Menschlichkeit«[28]. Denn die Atomkraft sei nur mit maßloser Repression durchsetzbar, schrieb Jungk. Die Angst vor dem ökologischen Kollaps, vor Krieg und vor Faschismus rückten so zusammen – ähnlich wie heute in der Klimakrise (→ K 10).

Gelöste Probleme, erwarteter Kollaps

»Es ist nicht so, dass diese Probleme nicht potenziell katastrophal waren«[29], sagt der Klimaforscher Zeke Hausfather, einer der Co-Autor:innen des jüngsten Buchs von Greta Thunberg über Waldsterben, Ozonloch, Sauren Regen und Hungersnöte. Doch die Menschheit habe sich zusammengetan, Politiker:innen hätten die Probleme ernst genommen. So hätten die Menschen »Lösungen für sie gefunden«. Viele Dinge seien in den 1980er-Jahren angegangen und so halbwegs bewältigt worden: »Die Grüne Revolution ermöglichte, massive Hungersnöte zu vermeiden, das Montrealer Protokoll verkleinerte das Ozonloch, indem es Fluorchlorkohlenwasserstoffe verbannte, der ›Clean Air Act‹ löste das Problem des sauren Regens, der die Wälder vernichtete.« Das Problem beim Klimawandel heute sei, »dass wir nicht aus unserer Vergangenheit lernen, dass große Probleme lösbar sind.«

Auch deshalb kommen heute viele Prognosen so hoffnungslos daher. 2005 etwa erschien *Kollaps* von Jared Diamond (→ K 10), ein Weltbestseller, in dem »nahezu die gesamte Weltgeschichte eine Einbahnstraße in den Abgrund« ist, wie der Historiker Joachim Radkau anmerkt. Wer Diamond folge, dem bleibe im Grunde nichts zu tun, als anzuerkennen, dass »die großen Umweltprobleme unlösbar sind und die Menschheit rettungslos der Katastrophe zutreibt«.[30]

Auch der Wissenschaftler James Lovelock sah gegen Ende seines Lebens zunehmend den Untergang heraufziehen. Er war unter anderem an der Entdeckung des Ozonlochs beteiligt und hat die sogenannte

Gaia-Theorie mitentwickelt, die besagt, dass die Erde ein sich selbst regulierender Organismus ist. Schon früh erkannte Lovelock die Dramatik des Klimawandels, den er trotz seiner Theorie als große Gefahr für die Menschheit einstufte. 2008 sagte der damals 89-Jährige zu einer Reporterin: »Genieß das Leben, solange du kannst. Denn wenn du Glück hast, dauert es noch 20 Jahre, bis der Klimawandel dich erwischt.«[31]

2007 gab die *Bild* uns »nur noch 13 Jahre, um unsere Erde zu retten«[32]. 2019 sagte die demokratische US-Abgeordnete Alexandra Ocasio-Cortez, sie fürchte, »die Welt geht in 12 Jahren unter, wenn wir den Klimawandel nicht stoppen«.[33] Im selben Jahr meinte der Youtuber Rezo, es seien »noch neun Jahre Zeit, um den Planeten Erde vor der Selbstverbrennung zu retten«[34] und australische Forscher:innen setzen den Weltuntergang auf 2050 (→ K 4) an.

Der Religionswissenschaftler Alexander-Kenneth Nagel sieht die teils apokalyptische Rhetorik der heutigen Klimaschützer:innen in einer »gewissen Tradition der Bewegung«.[35] Auch wenn die Klimabewegung als Ganze nicht apokalyptisch argumentiere, so fänden sich entsprechende Elemente in den Äußerungen, etwa »die Engführung sozialer Wirklichkeit auf einen Umbruchpunkt«. Allerdings erkennt Nagel in dieser Rhetorik ein progressives Moment. Schon in der Vergangenheit habe die Umweltbewegung die Apokalypse »produktiv (...) auf die Möglichkeit der Veränderung« angewandt. Und anders als Endzeitsekten beschwöre sie das Ende der Welt, um genau das noch zu verhindern: »Das Muster findet sich im ersten Bericht des Club of Rome, aber noch spezieller bei Rudolf Bahro, Extinction Rebellion und Letzte Generation«, so Nagel. Er spricht deshalb von »konsultativer Apokalyptik«, die das »System auf einem geringeren Niveau« konsolidieren und zu einem neuen und besseren Zustand bringen wolle.

Abdriften ins Esoterische

Die Geschichte der Umweltbewegung offenbart eine konstante Neigung, das Ende der Welt kommen zu sehen. An der singulären Dramatik der Klimakrise ändert dies nichts. Doch es hat Folgen für die

Versuche ihrer Bewältigung. Schon der Gedanke an den eigenen, individuellen Tod überfordert den menschlichen Geist. Wie soll er erst das mögliche Ende allen menschlichen Seins erfassen? Und so glitten Teile der Umweltbewegung damals wie heute ins Esoterische ab – etwa wenn sie Umweltprobleme nicht länger als Folge unseren Handelns begreifen, sondern als Rache einer Natur, die »zurückschlägt«[36].

Der von Nagel erwähnte DDR-Dissident und Philosoph Rudolf Bahro etwa war der Ansicht, nur eine »Umkehr in den Tiefenstrukturen des menschlichen Bewusstseins«[37], etwa durch »indische Meditationspraktiken«, könne die Weltzerstörung stoppen. Auch das Christentum bot Bahro Anknüpfungspunkte: »Der Wettlauf mit der Apokalypse kann nur gewonnen werden, wenn dies eine große Glaubenszeit wird, eine Pfingstzeit, mit dem lebendigen Geist, möglichst gleichermaßen ausgegossen über alle«, sagte er bei der Bundesversammlung der Grünen 1984.[38]

Und Bahro war nicht der Einzige. Die ökologischen Untergangsvorstellungen sind oft eng mit den christlichen verwoben (→ K 2). Schon früh hatten Theolog:innen den Sündenfall im Paradies als Vorwegnahme des Endes der Welt gedeutet. »Visionen vom kommenden Selbstmord der Menschheit stehen oft in alten Traditionen der christlichen Apokalypse«, schreibt der Historiker Johannes Radkau in seinem Monumentalwerk *Die Ära der Ökologie*.[39]

Bald nach seiner Rede entdeckte Bahro seine Begeisterung für das »nationale« und »völkische Moment«. 1990 sagte er: »Eigentlich ruft es in der Volkstiefe nach einem grünen Adolf.« Er artikulierte damit unverblümt eine Nähe von Faschismus und Ökologie – eine Vorstellung, die weit zurückreicht. Sie oszilliert seit jeher um die Idee, es gebe zu viele Menschen auf der Erde. Ihre Wurzeln hat dies unter anderem im »Bevölkerungsgesetz« des britischen Ökonomen Thomas Malthus von 1798. Malthus glaubte, dass die Bevölkerung exponentiell, die Nahrungsmittelproduktion aber nur linear wachse. Es würde deshalb schon bald notwendigerweise zu wenig Nahrung für die Menschheit geben. Damit sprach Malthus den Armen letztlich das Existenzrecht ab.[40] Friedrich Engels nannte dies die »offenste Kriegserklärung der Bourgeoisie gegen das Proletariat«.[41]

In *Rechte Ökologie* zeichnet der Autor Oliver Geden 1996 die Nähe der Ökologie zu sozialdarwinistischem, rassistischem Denken seit dem 19. Jahrhundert nach. »Es war zumeist konservatives bis faschistisches Gedankengut, das sowohl der ökologischen Wissenschaft als auch den ökologischen Bewegungen seinen Stempel aufdrückte.«[42] Der zentrale Gedanke, es könne zu viele Menschen geben, hält sich bis heute.

So schrieb der Biologe Paul Ehrlich – nicht identisch mit dem Namensgeber des deutschen Bundesinstituts für Impfstoffe – 1968 in *Die Bevölkerungsbombe:* »Der Kampf um die Ernährung der gesamten Menschheit ist vorbei.«[43] In den 1970er-Jahren würden Hunderte Millionen Menschen verhungern. »Nichts kann einen erheblichen Anstieg der weltweiten Sterblichkeitsrate verhindern.« Das Buch wurde zum Weltbestseller und Ehrlich einer der berühmtesten Wissenschaftler seiner Zeit. 1970 behauptete Ehrlich gar, dass zwischen 1980 und 1989 »4 Milliarden Menschen, darunter 65 Millionen Amerikaner« im »Großen Sterben« umkommen würden – was nicht geschah.[44]

In Deutschland vertrat unter anderem der bereits zitierte Tierschützer und Professor Bernhard Grzimek in dieser Zeit die Auffassung, es sei »leichtfertig« anzunehmen, man könne der »Massenvermehrung der Menschheit (...) mit weiterer Steigerung der landwirtschaftlichen Erzeugung« begegnen.[45]

Die Idee, es gebe zu viele Menschen, ist hartnäckig. »Rohstoffmangel, Klimakrise, und bald sind wir zehn Milliarden« – so bewirbt der Suhrkamp Verlag den Bestseller *Zehn Milliarden* von Stephen Emmott, einem Ex-Microsoft-Forscher.[46] »Es geht um den beispiellosen Notfall planetarischen Ausmaßes, den wir selbst geschaffen haben.« Nach 2050 müssten zehn Milliarden Menschen ernährt werden. »Wir können es teilweise lösen, indem wir die Nahrungsmittelverschwendung reduzieren oder sogar eliminieren. Aber auch das wird nicht ausreichen«,[47] sagt Emmott.

Ehrlich und Grzimek irrten. 1970 gab es knapp 900 Millionen Hungernde auf der Welt,[48] bei einer Gesamtbevölkerung von 3,6 Milliarden.[49] Es hungerte also etwa jede:r Vierte. Für 2022 schätzten die UN die Zahl der Hungernden auf 735 Millionen[50] – bei einer Gesamtbevölkerung von rund 7,9 Milliarden.[51] Heute hungert also knapp jede:r Zehnte, anteilig also erheblich weniger als in der Vergangenheit (→ K 23). In jüngster Zeit haben allerdings Dürren und der Krieg in der Ukraine wieder zu einem Anstieg geführt.

Doch das müsste nicht sein: »Es gibt absolut keinen Grund, warum Menschen heute verhungern sollten«, sagt Brian Lander, der Vizedirektor des UN-Welternährungsprogramms. »Es gibt genug Nahrung auf der Welt, um alle zu ernähren.«[52] Es gibt sogar einen rein rechnerischen globalen »Überschuss« von 24 Prozent an Kalorien, und der steigt seit Jahren an.[53] Die UN rechnen mit einem Wachstum der Weltbevölkerung bis zum Jahr 2075 auf etwa 10,4 Milliarden, danach erwarten sie eine Stagnation oder einen Rückgang.[54] Diese Zahl an Menschen könnte also durchaus ernährt werden. Das Problem ist vielmehr die ungerechte Verteilung und die Verschwendung in den reicheren Regionen der Welt sowie die Ernährungsweise. Würden die Menschen weniger Fleisch essen, könnten von der gleichen landwirtschaftlichen Anbaufläche viel mehr Menschen ernährt werden, weil große Mengen an pflanzlichen Lebensmitteln für das Tierfutter eingespart werden könnten.

Die Kategorie der »Überbevölkerung« ist in den allgemeinen Sprachgebrauch eingegangen, sagt dazu die Publizistin Jutta Ditfurth. »Die Medien fragen nie: ›Wie viel Kapitalismus erträgt die Erde‹, sondern ›Wie viele Menschen‹.«[55] Schnell sei von »Bevölkerungsbomben« oder »Bevölkerungsexplosionen« die Rede. Ditfurth hält das für rassistische und klassistische Rhetorik, die als »Rettung der Natur« auftrete. »Zu viele« seien »immer nur die Armen«, sagt Ditfurth. »Das Bild von der zu kleinen Erde, auf der sich die Armen, Schwarzen und People of Color hemmungslos fortpflanzen und ›unsere‹ gute Natur ruinieren (...) ist seit mehr als 250 Jahren eines der am tiefsten verankerten Merkbilder des Ökorassismus. Die kapitalistische Produktionsweise bleibt immer unerwähnt.«

Ditfurth hat schon bald nach der Gründung von Extinction Rebellion (XR) eine »extrem enge Bindung« der Organisation an die Endzeitrhetorik malthusianischer Vorstellungen von Überbevölkerung kritisiert.[56] »Tatsache ist, dass uns in den nächsten zehn Jahren eine Massenverhungerung, ein sozialer Zusammenbruch und möglicherweise das Aussterben der menschlichen Rasse drohen. Es könnte nicht schlimmer sein«, sagte der XR-Gründer Roger Hallam 2019.[57] Die Klimawissenschaft weist dies aber zurück (→ K 4). »Das sind Endzeitszenarien von Weltuntergangssekten«, sagt Ditfurth dazu. Hallam wähle eine »sehr plumpe politische Strategie: Angst machen, Emotionen schüren, esoterische Schulungen und symbolische Blockaden.« Seine Warnungen bauten darauf auf, einen Teil der Menschheit als »zu viel« zu markieren. »Statt des Kapitalismus sind die Menschen selbst schuld und gemeint sind immer die armen und nicht-weißen anderen«, sagt Ditfurth: Hallam übertreibe die Entwicklung vollkommen – und stelle sie falsch dar. »Die Auswirkungen werden sehr ungleich verteilt sein« (→ K 6). In manchen Regionen werden »abgeschottete luxuriöse Lebensformen möglich« (→ K 16), andere werden für »nützliche Arbeitskräfte« bewohnbar sein. Je nach Machtverhältnissen werden die Lebensumstände extrem unterschiedlich ausfallen, so Ditfurth weiter. »Niemand kann sagen, welche Bereiche wie genau betroffen sein werden.« Und auch bei katastrophalen Verläufen werde die Welt 2070 nicht untergegangen sein.

»Ökofaschisten tun so, als seien sie Verteidiger*innen der Natur«, meint Ditfurth. Dabei enthalte ihr Denken faschistoide Vorstellungen von der Ungleichwertigkeit der Menschen. »Bei ihnen geht es nie darum, wie man eine Gesellschaft so organisieren kann, dass alle kommenden Generationen glücklich und gesund leben können.« Stattdessen werde ein Krieg aller Menschen gegen die Natur beschworen und das Bestehen sozialer Klassen geleugnet: »Alle sind schuld, alle werden in eins gesetzt.« Ditfurth nimmt andere Teile der Klimabewegung von dieser Kritik aus. So sei Fridays for Future zum Beispiel »sehr viel sozialer und sehr viel politischer«.

Ditfurths Kritik an Extinction Rebellion fand im Umfeld der Klimaaktivist:innen durchaus Gehör, und Hallam wurde auch innerhalb der Klimabewegung heftig kritisiert. Die deutsche XR-Sektion nannte Hallams Holocaust-verharmlosende Aussagen »nicht tragbar«[58], die FFF-Sprecherin Luisa Neubauer sprach von »irrsinnigen Worten«. Der

Ullstein Verlag zog das für 2019 geplante Buch Hallams, *Common Sense*, zurück.[59] Daran sieht man: Hallams Apokalyptik ist keineswegs überall wirkmächtig.

Der Einzelne als Gefährder?

Auch die linke Leipziger Gruppe Nevermore verweist darauf, dass sich »der überwiegende Teil der neuen Klimabewegung von diesen krypto-theologischen Messen« von XR abgrenzt. Doch deren Symbolik stehe für ein weiter verbreitetes »apokalyptisches Bewusstsein«. Und ihre »Konstruktion des Schreckens als einem kommenden Unheil« verbinde die neue Klimabewegung »mit ihren Ahnen«.[60] Die habe mit einem »Protestantismus gegen den ›Konsumwahn‹ und die ›Umweltsünde‹ (...) aus dem Einzelnen einen Gefährder für die Gattung« gemacht. Die Gefahr werde so »auf den einzelnen Menschen (verlagert), der quasi die Zukunft der anderen konsumiert«. Dies verdichte sich im Bild des »ökologischen Fußabdrucks«, der dem Einzelnen »sündige Waren« und »Umweltsünden« zuzurechnen versuche – eine »subjektivistische Krisenlösung der kapitalisierten Gesellschaft«.[61]

Diese Kritik verkennt, dass die Mitglieder global privilegierter Gesellschaften Mitverantwortung für die Aufrechterhaltung einer Ordnung tragen, die die Klimakrise hervorgebracht hat.

Und die Idee des Fußabdrucks ist hilfreich, wenn sie in Konzepte wie jenes der »Imperialen Lebensweise« eingebettet ist, wie sie Ulrich Brand und Markus Wissen schon 2009 beschrieben. Denn an der Erkenntnis, dass der Ressourcenverbrauch in den Industrienationen global nicht verallgemeinerbar ist, führt kein Weg vorbei. Wenn es heißt, dass »100 Konzerne 70 Prozent aller globalen CO_2-Emissionen verursachen«[62], dann ist das wahr und gleichzeitig auch nicht: Die Emissionen, die hier etwa RWE, BP oder Chevron zugeschrieben werden, entstehen schließlich nicht in deren Konzernzentralen, sondern weil ihre Kund:innen das Benzin in ihren Autos verbrennen oder den Braunkohlestrom in ihren Wohnungen verbrauchen. Wenn die »Imperiale Lebensweise« als Einheit von Produktions- und Konsumweise begriffen wird, ist der Fußabdruck Gradmesser für solche Privilegien, ohne zur individuellen Schelte zu werden, und schlägt damit eine Brücke zur Idee der Postwachstumsökonomie, wie sie etwa der indische Aktivist Saral Sarkar formuliert hat.

Weite Teile der heutigen Umwelt- und Klimabewegung, etwa Kampagnen wie »System Change not Climate Change« oder »Ende Gelände« stehen heute dafür ein, insbesondere die Imperiale Lebensweise zu ändern, um der Klimakrise etwas entgegenzusetzen. Die moderne Klimabewegung hat sich so von reaktionären, esoterischen oder grünprotestantischen, zu individuellen Verhaltensänderungen anmahnenden Positionen der historischen Umweltbewegung gelöst. Sie steht vielmehr in einer Linie mit progressiver Gesellschafts- und Technologiekritik, die sich ebenfalls bis in die Anfänge der Umweltbewegung zurückverfolgen lässt.

Hat sie aber keinen Erfolg, dann droht, was die Philosophin Eva von Redecker in ihrer *Revolution für das Leben* genannten Untersuchung der Philosophie der neuen Protestformen beschreibt: »Wir verlieren nicht die Erde. Aber unsere vertraute Welt.«[63]

Und dies ist, im Gegensatz zu manchen früheren Thesen, keine allzu gewagte Prognose.

ZWEITER TEIL

DÜRRE, COVID, KRIEG

In der Polykrise kommt die Endzeitangst

4   Plötzlich existenziell:
Die Klimakrise

*Wenn wir uns in aller Ehrlichkeit der Wirklichkeit
stellen, dann ist das ein Moment der Befreiung.*

Luisa Neubauer

Es war schon spät am Abend, 0.15 Uhr am 15. November 1978, als der
Autor Hoimar von Ditfurth in der ZDF-Sendung »Querschnitt« dem
Publikum eine interessante Grafik präsentierte: Die Veränderung des
CO_2-Gehalts in der Atmosphäre, zwischen 1959 und 1976. Bisher habe
dieser einen Anstieg der globalen Temperatur um etwa 0,5 Grad verursacht. Wenn es so weitergehe, würden es bis zum Jahr 2050 2 bis
3 Grad sein. Das sehe »lächerlich gering« aus, sagte von Ditfurth. »Aber
die Folgen werden einschneidend sein.« Etwa zur selben Zeit warnte
auch der der Astrophysiker Carl Sagan im TV vor dem Klimawandel.[1]
Entdeckt hatte den zugrunde liegenden Treibhauseffekt schon 1824 der
französische Mathematiker Joseph Fourier.[2] Ende der 1970er-Jahre berechneten Wissenschaftler:innen im Auftrag des Ölkonzerns Exxon
dessen genauen Verlauf für die folgenden Jahrzehnte – mit erstaun-
licher Präzision.[3] 1983 kamen Forscher:innen vom Institut für Atmo-
sphärische Chemie der Kernforschungsanlage Jülich im Auftrag des
Bundestages zu denselben Ergebnissen.[4]

Das Wissen war da. Interessiert hat es wenige

»Ich schäme mich«, sagt die Philosophin Carolin Emcke.[5] Ein Leben
lang habe sie sich für Menschenrechte eingesetzt, gegen den Krieg und
gegen Demokratiefeindlichkeit, schreibt der *Spiegel*. Für das Klima aber
nicht. »Auch ich hatte einen ganz anderen Fokus«, sagt Emcke. »All
die Zeit, die jetzt fehlt, ist die, die meine Generation versäumt hat. Das
ist, wenn man es ernst nimmt, ein spektakuläres Versagen.«

Es wird auf ewig offenbleiben, was genau Emcke hätte ausrichten können. Aber ihr Gefühl kann ich verstehen. In den 1990er-Jahren war ich ab und an bei Aktionen des Jugendumweltnetzwerks JANUN in Niedersachsen dabei. Das sammelte damals unter anderem in der Fußgängerzone von Hannover Spenden von Passant:innen, um einen Deich für Hannover bauen zu können. Der sollte die Stadt schützen, wenn wegen des Klimawandels die fast 200 Kilometer entfernte Nordsee steigen würde. Es gab eine »Mitwohnzentrale« für Menschen, die Klimageflüchtete aus Ostfriesland und den Niederlanden aufnehmen wollten, in einem Formular konnten sie Präferenzen für Kategorien wie »Nichtraucher:innen/Raucher:innen« oder »mit/ohne Haustier« angeben. Zwei echte Wattführer aus Ostfriesland boten in Gummistiefeln eine Wattwanderung durch Hannover an, ein Shanty-Chor trat mit einem eigenen Song auf: »Hannover gülden Stadt am Meer, du mine Heimat ick liev di so sehr, mit de Kröpcke-Klock ...«. Es kamen fast 200 DM zusammen, die am Ende einem ziemlich verunsicherten Bürgermeister übergeben wurden.

Damals war das alles noch lustig. Höchstens plus 1,5 Grad bis zum Jahr 2100 – die Zahl kursierte schon in jener Zeit. Weiter weg hätte kaum etwas erscheinen können. Man engagierte sich gegen Atomkraft und Nazis, für Geflüchtete aus Bosnien und Bauern in Lateinamerika. Das Klima war ein Thema unter vielen. Niemals hätte ich damals für möglich gehalten, dass der Klimawandel schon unterhalb der 1,5 Grad und nur gut zwanzig Jahre später die Folgen haben könnte, die heute zu beobachten sind.

2007 besuchte ich mit einem Freund den 2022 verstorbenen US-Soziologen Mike Davis in seinem Haus in San Diego. Der hatte sich einmal selbst einen »marxistischen Umweltschützer« genannt. Für ein Buch wollten wir mit ihm über New Orleans sprechen, wo der Hurrikan Katrina zu jener Zeit benutzt wurde, um große Teile der Schwarzen Unterschicht aus der Stadt zu vertreiben.[6] Davis hatte sich lange mit New Orleans beschäftigt.

Er lebte damals mit einer mexikanischen Galeristin zusammen. Als wir kamen, hatte er bereits Besuch: Ein Paar aus Buenos Aires, marxistische Professor:innen, saß am Tisch, es gab Fleisch, und Davis, gelernter Metzger, erzählte davon, dass sein konservativer Vater ihm möglicherweise verziehen hätte, wenn er schwul geworden wäre. »Aber Vegetarier? Niemals.« Dann waren die Teller leer, und Davis fragte: »Wollt ihr meinen Beitrag dazu sehen, die Erde noch zu meinen Lebzeiten zu zerstören?« Alle wollten.

Davis ging vor die Tür seines für Kalifornien so typischen, im Kubusstil gebauten Einfamilienhauses. Es lag in der Einflugschneise des Flughafens. Sein Auto parkte am Bürgersteig: einer der größten Pickups, die die amerikanische Automobilindustrie je gebaut hatte. Nagelneu, drei Tonnen Stahl, 20 Liter Verbrauch. »Ich hab keine Lust, mich auf der Autobahn abdrängen zu lassen. Mit dem passiert das nicht«, sagte Davis, der damals eine Autostunde entfernt an der Universität von Irvine lehrte. »Das Ding ist superpraktisch, wenn ich große Bilder transportieren will«, sagte seine Frau. Es war Selbstironie, keine Rechtfertigung. Kaum jemand hat die ökologischen Katastrophen der Gegenwart präziser vorausgesagt als Davis. Doch der Klimawandel erschien auch da vielen noch weit weg. Womöglich auch, weil das sehr bequem war.

Menschheitsdämmerung

Es dürfte um das Jahr 2017 gewesen sein, als immer mehr Menschen dämmerte, wie sehr sie den Klimawandel unterschätzt hatten. Das hatte mit einer Reihe einflussreicher Publikationen zu tun, die ab jenem Jahr erschienen. Der US-Journalist David Wallace-Wells etwa veröffentlichte seinen später als Buch zum Bestseller gewordenen Artikel »Die unbewohnbare Erde« im *New York Magazine.*[7] Auf dem Titelbild ist das Bild eines versteinerten Skeletts mit Sonnenbrille abgedruckt. Der Autor beschreibt das Worst-Case-Szenario der Erderhitzung. »Es ist, das verspreche ich, schlimmer als Sie denken«, schreibt er.

Ein Jahr später bringt Jem Bendell, ein englischer Professor für Nachhaltigkeitsstudien, ein Paper namens »Deep adaptation – a map for navigating climate tragedy« heraus.[8] Darin geht er von einem durch die Erderhitzung ausgelösten Kollaps der Zivilisation aus.

Im Sommer 2019 vertritt der US-Schriftsteller Jonathan Franzen in einem Interview mit dem Autor Wieland Freund die These, der Klimawandel sei nicht mehr zu stoppen: »Der Petro-Konsumismus hat gewonnen.«[9]

Im Oktober desselben Jahres tritt auch die teils heftig kritisierte Gruppe Extinction Rebellion an, um einen »Aufstand gegen das Aussterben«[10] anzuführen.

Bereits im Mai 2019 brachte eine australische Forschergruppe die Studie »Existential climate-related security risk« heraus.[11] Zu den Autoren gehört Ian Dunlop, der einst Vorsitzender des australischen Kohle-Verbands war.[12] Sie glauben, das Ausmaß der Zerstörungen könnte aktuelle Vorhersagen übertreffen – und bereits in 30 Jahren das Ende der Menschheit nach sich ziehen. Die bisherigen Berechnungen zur Klimakrise seien zu konservativ. Ihr Szenario für das Jahr 2050 nimmt schlimmstmögliche Entwicklungen in den Blick. In diesen »liegt das Ausmaß der Zerstörung jenseits unserer Möglichkeiten zu modellieren, und es ist sehr wahrscheinlich, dass die menschliche Zivilisation endet«, schreiben sie. Ohne baldige Maßnahmen nähere sich ein »Point of no return«, an dem ein weitgehend unbewohnbarer Planet zum Zusammenbruch von Staaten und internationaler Ordnung führe.

Auch in einer Studie des EU-Forschungsinstituts ESPAS fand sich, eher am Ende und ziemlich versteckt, der Absatz: »Sollten Temperaturen über 2030 hinaus weiter ansteigen, werden wir mit häufiger vorkommenden Dürren und Überschwemmungen konfrontiert sein, mit extremerer Hitze und der Armut von 100 Millionen von Menschen. (...) Im schlimmsten Fall bedeute ein weiterer Temperaturanstieg das Aussterben der gesamten Menschheit.«[13]

Er fände »den Übergang zwischen ›Klimawandel existiert nicht‹ und ›Jetzt ist eh schon zu spät‹ bissle zu schnell«, kommentiert der deutsche Satiriker Aurel Mertz passenderweise diesen Umschwung im Denken.[14]

Viele halten die Szenarien indes für glaubwürdig. Sybille Berg, *Spiegel*-Kolumnist:in und Autor:in, schreibt leichter Hand: »Wenn es so weiter geht mit dem Klima sterben wir aus.«[15] Auch anderswo ist das nun vielfach zu lesen.

Im Sommer 2019 werden in Deutschland an so vielen Stationen wie noch nie – 25 an der Zahl, gegenüber dem vorherigen Rekord von drei Stationen – 40 Grad oder mehr gemessen.[16] Doch beim Klimaschutz ist noch wenig Bewegung in Sicht. »Gestern haben wir zum ersten Mal über 225 000 Flüge an einem einzigen Tag gezählt«, meldete das Webportal Flightradar24 über exakt jenen Tag des Temperaturrekords, den 24. Juli 2019.[17] »Wir sind am Arsch«, kommentierte ein Nutzer auf Twitter.[18]

Einige Monate später, zu Weihnachten 2019, gibt der damalige Bundestagspräsident Wolfgang Schäuble (CDU) der *Neuen Osnabrücker Zeitung* ein Interview. Es ist wohl dazu gedacht, Hoffnung zu verbreiten, wie man es zu Weihnachten so tut. »Wir müssen uns auch in der Klimadebatte davor hüten, uns in einen permanenten Erregungszustand hineinzusteigern, denn das vernebelt den Verstand. Wir stehen nicht unmittelbar vor dem Abgrund«, sagte Schäuble.[19] Es war just jene Zeit, in der Buschfeuer sich in Australien über eine Fläche von einem Drittel der Größe Deutschlands ausgebreitet hatten.[20] Und so mochten viele Schäuble nicht in seiner Nüchternheit folgen. »Wie Schäuble sich anmaßt, im Gegensatz zu den Wissenschaftlern zu behaupten, wir stünden nicht am Abgrund, ist mir unbegreiflich, wenn er den IPCC-Bericht kennt«, hieß es auf Twitter.[21]

Eine neue Klimarealität

Auch wenn nicht alle explizit darauf verweisen, gehen viele der besonders düsteren Prognosen jener Zeit auf ein ganz bestimmtes Szenario der Klimawissenschaft zurück. Mit den »Repräsentative Konzentrationspfade« (Representative Concentration Pathways – RCPs) genannten Modellen wird versucht, mögliche Entwicklungen der Erderhitzung unter je unterschiedlichen Prämissen vorauszuberechnen. Die RCPs tauchen auch in den Berichten des UN-Weltklimarates IPCC auf, wurden aber nicht von diesem entwickelt.

Das Schlimmste ist das RCP-8.5-Szenario, das eine Erwärmung von etwa 4,8 Grad bis 2100 gegenüber dem Basisjahr 1900 annimmt.[22] Dessen Annahme allerdings ist ein über Jahrzehnte besonders stark ansteigender Ausstoß von Treibhausgasen – von 40,6 Gigatonnen CO_2 im Jahr des Pariser Abkommens 2015 auf 120 Gigatonnen in 2080 –, eine Verdreifachung also. Angesichts der in vielen Ländern zu beobachtenden Emissions-Stagnation[23] und der extrem schnell fallenden Preise für erneuerbare Energien ist dies aber sehr unwahrscheinlich. Heute geht die überwiegende Mehrheit der Klimawissenschaftler:innen von einem Plus von 2 bis 3 Grad bis 2100 aus, vielfach war zuletzt von plus 2,7 Grad zu lesen.[24]

Auch David Wallace-Wells, der Mann, der nach Greta Thunberg die Welt wohl am nachdrücklichsten vor dem Klimakollaps warnte, nimmt fünf Jahre später eine etwas moderatere Haltung ein: Ende Oktober 2022 erscheint in der *New York Times* sein – gleichfalls vielbeachteter – Essay »Jenseits der Klimakatastrophe: Eine neue Klimarealität zeichnet sich ab« (→ K 22).[25] Wallace-Wells gibt darin mitnichten Entwarnung, aber plädiert für Differenziertheit. »Dank des erstaunlichen Preisverfalls bei den erneuerbaren Energien, einer wirklich globalen politischen Mobilisierung, einer klareren Vorstellung von der Energiezukunft und einer ernsthaften politischen Ausrichtung der führenden Politiker der Welt haben wir die erwartete Erwärmung in nur fünf Jahren fast halbiert.« (→ K 23)

Eine zweifellos gute Nachricht – aber noch zu wenig. »3 Grad Erderwärmung ist nicht dreimal schlimmer als 1 Grad Erderwärmung, sondern die Folgen nehmen überproportional zu«, sagt der Potsdamer Klimaforscher Stefan Rahmstorf. Es werde ganz neuartige Formen von Wetterextremen geben. »Eine 3-Grad-Welt möchte ich meinen Kindern auf keinen Fall zumuten.«[26]

Doch: Es wäre keine vollständig »unbewohnbare Erde« (→ K 22). Und: Als das Pariser Klima-Abkommen 2015 ausgehandelt wurde, waren plus 5 Grad bis 2100 tatsächlich realistisch. Seitdem ist viel Positives geschehen (→ K 18, 22). Und dabei muss es keineswegs bleiben.

Die Lage ist allerdings schon heute, bei etwa plus 1,3 Grad, schlimm genug.[27] Geolog:innen wollen angesichts der Eingriffe des Menschen in die Erde ein offiziell neues Erdzeitalter einführen – das »Anthropozän«.[28] Damit sei eigentlich das »Pyrotechnozän« gemeint, so der Philosoph Peter Sloterdijk, in dem die Menschen zu »Brandstiftern« geworden seien durch die schonungslose Ausbeutung aller Energiequellen. Auch der Waldbrandexperte Pierre Ibisch warnt vor einem Eintritt »ins Zeitalter des Pyrozäns, also ins Zeitalter des Feuers«.[29] Das Grönland-Eis habe »gleich zwei Kipppunkte« erreicht, meldet das Potsdam-Institut für Klimafolgenforschung.[30] Erstmals seit 150 Jahren ziehen katholische Geistliche, Bauern und Winzer in Südfrankreich wieder in einer Bittprozession von der Kathedrale in Perpignan zum nahezu ausgetrockneten Fluss Têt und beten um Regen.[31]

Solche Meldungen, Rekorde, Superlative sind mittlerweile zur Normalität geworden. 2300 Kommunen weltweit haben den »Klimanotstand« ausgerufen.[32] Und zur Klima- kommt die Biodiversitätskrise hinzu: Mit einer Million aussterbenden Arten in den kommenden Jahrzehnten rechnen die UN.[33] Manche Fachleute halten diese für die größte Gefahr für den Menschen, auch, weil sie die Agrarproduktion bedroht.

Die Philosophin Eva von Redecker sieht einen »historischen Moment«, in dem das »Überleben insgesamt und speziell das Leben unterdrückter Gruppen zur Disposition steht«.[34] Sie fragt, wie es gelingen kann, den verzichtsunwilligen Menschen klarzumachen, welche Verluste sie in Kauf nehmen. »Mit jeder Stunde, die schlägt, verlieren wir Stück um Stück die Welt. Stündlich werden es fünf Arten, 2700 Hektar Wald, 85 Millionen Tonnen Gletschereis weniger auf der Erde.«[35] Dass die Menschen, »verlassen von weiten Teilen der durch uns ruinierten Natur, einsam zurückbleiben könnten, entwirft ein ganz anderes Panorama des Verzichts. Nichts davon werden Menschen mehr genießen können.« Von Redecker erinnert an die 2015 verstorbene US-Linke Grace Lee Boggs, die ihre Genoss:innen regelmäßig fragte: »Wie spät ist es auf der Uhr der Welt?«

So stellt sich die Klimakrise nach Jahrzehnten der Ignoranz in einer ganz eigenen Zeitlichkeit dar. CO_2-Countdowns bis zum Ausstoß der berechneten Menge, um das 1,5- oder 2-Grad-Ziel einzuhalten, gibt es nun allenthalben. Und bisweilen wird auch die verstreichende Zeit bis zu den sogenannten Kipppunkten gezählt. Denn »Klimawandel ist wie Krebs. Wenn der Kipppunkt überschritten ist, gehen die Dinge ihren Lauf«, sagt etwa der deutsche Gesundheitsminister Karl Lauterbach.[36]

Die Vorstellung, dass Kipppunkte unaufhaltbare kaskadenartige Effekte auslösen, hat in kurzer Zeit enorme Verbreitung erfahren. Dabei ist das nicht so eindeutig, wie es vielen scheint. Als Kipppunkt verstanden wird meist eine sogenannte Nichtlinearität des Klimasystems: Wird ein bestimmter Schwellenwert überschritten, setzen zusätzliche Effekte ein, die Prozesse beschleunigen oder verstärken. Es ist vor allem dieser Gedanke, der bei vielen Menschen aus Sorgen und Angst vor dem Klimawandel apokalyptische Panik werden lässt.

Als sicher gilt, dass es sogenannte Kippelemente des Klimas für einzelne Systeme gibt. Eine der jüngsten und umfassendsten Studien veröffentlichte dazu im Februar 2023 eine internationale Forscher:innengruppe im Magazin *Review of Geophysics*.[37] Darin bewertet sie den Forschungsstand zu den zehn wichtigsten dieser Elemente:

- der Verlangsamung oder dem Zusammenbruch des Golfstroms im Atlantik
- der Freisetzung von Methan vom Meeresgrund
- dem Verlust der Eisschilde in Grönland und der Antarktis
- der Freisetzung von Treibhausgasen aus dem tauenden Permafrostboden
- den Veränderungen im Ökosystem der sogenannten borealen Wälder in den nördlichen Breiten der Erde
- der Verdunstung der sogenannten Stratocumulus-Wolkendecke über den Meeren
- dem Verlust flacher tropischer Korallenriffe
- dem Absterben des Amazonas-Regenwaldes
- der Unterbrechung des tropischen Monsuns
- dem Verlust des sommerlichen arktischen Meereises

All diese Phänomene stehen im Verdacht, den Klimawandel zusätzlich anzuheizen – etwa wenn die Stratocumulus-Wolken verdunsten, die große Teile der Sonneneinstrahlung zurück ins All reflektieren. Das Fazit der Forschenden ist: Die Kippelemente werden den künftigen Klimawandel beeinflussen. Doch dass sie eine Kaskade plötzlicher Sprünge bei der Erderhitzung auslösen, ist zweifelhaft. »Unsere Modelle berücksichtigen heute so ziemlich alle wichtigen Rückkopplungen oder Kippelemente, von denen wir wissen. Und sie zeigen im Allgemeinen, dass die Reaktion des Klimas ziemlich linear ist«, sagt der Studien-Mitautor Zeke Hausfather.

Die Sache mit den Kipppunkten

Für eine bestimmte Menge CO_2, die emittiert wird, erhält man ein bestimmtes Maß an Erwärmung. »Große Klimaüberraschungen sehen wir in einer Welt mit 2 Grad Erwärmung sicher nicht«, sagt Hausfather. Es gebe keine kritischen Schwellen, jenseits derer plötzlich ein ganzes System zusammenbricht. »Letztlich ist der Klimawandel eine Frage von Graden, und nicht von Schwellenwerten – es gibt keine bestimmte Grenze, bei der 1,4 Grad okay sind und 1,5 Grad nicht. Oder 1,9 Grad bewohnbar, während bei 2 Grad Rückkopplungen einsetzen und die Welt 5 Grad wärmer wird. So funktioniert das Klima nicht, soweit wir das feststellen konnten.«[38]

In der Wissenschaft spreche man dann von Kippelementen, wenn es sehr schwierig sei, eingetretene Veränderungen zurückzudrehen. »Man bräuchte eine viel stärkere Abkühlung des Klimas, um eine Veränderung rückgängig zu machen.«

Die Art, wie Kipppunkte im öffentlichen Diskurs diskutiert werden, unterscheide sich »stark von der Darstellung in der wissenschaftlichen Literatur«, sagt Hausfather. Der Permafrostboden sei ein gutes Beispiel dafür. Denn es sei nicht so, dass in der Arktis bisher »alles in Ordnung« gewesen wäre, und »plötzlich taut der ganze Permafrost auf und man hat diese riesige Methanbombe und das Klima erwärmt sich um zehn Grad.« Nichts in den paläoklimatischen Aufzeichnungen belege dies. Zwar existiere eine Rückkopplung – je wärmer es wird, desto mehr Permafrost taut auf und desto mehr Methan entweicht, was eine zusätzliche Erwärmung begünstigt –, »das reicht aber beim besten Willen nicht aus, um eine unkontrollierte Erwärmung zu verursachen.« Vielmehr handele es sich um eine »allmähliche Verschlechterung« – auch, weil Methan in der Atmosphäre innerhalb von etwa 12 Jahren zerfällt.[39] »Alle Szenarien und der jüngste IPCC-Bericht enthalten ein Permafrostmodell, das zur Erstellung der Emissionsszenarien verwendet wurde.«

Was sich allerdings verändert habe, seien die Annahmen darüber, wie sich eine Erwärmung um 1,5 oder 2 Grad auswirkt. »Die sind heute andere, weil wir besser verstehen, was bei diesen Erwärmungsgraden geschieht. Es könnte schlimmer sein, als wir früher dachten, aber es ist nicht wahrscheinlich, dass wir schneller dahin kommen, als wir erwartet haben.«

Dass es einen »globalen Kipppunkt gibt, ab dem das Klima wirklich wegläuft, sich unaufhörlich weiter erwärmt – das stimmt einfach nicht«, sagt auch Jochem Marotzke, der Direktor des Max-Planck-Instituts für Meteorologie, einer der weltweit am häufigsten zitierten Experten für die physikalischen Grundlagen der Klimawissenschaft.[40] Ein solches »Weglaufen« widerspreche der Physik des Klimasystems. Die Abstrahlung von Wärme in den Weltraum stehe dem entgegen. »Keiner der postulierten Kipppunkte kommt auch nur in die Nähe dieses stabilisierenden Effektes, was die Stärke angeht.« Das zeigten auch die Computermodelle. »Die Nichtlinearitäten [werden] umso weniger sichtbar [...], je komplexer wir unsere Modelle konstruieren«, sagt Marotzke.[41]

Ein anderes Kippelement hat regional womöglich gar einen ganz anderen Effekt: Der Golfstrom bringt warmes Wasser nach Europa. Ohne ihn wäre das Klima hier rund 2 bis 3 Grad kälter. In Ushuaia auf Feuerland etwa fällt auch im Sommer noch Schnee. Die Stadt liegt ungefähr so weit südlich wie Belfast, Kiel oder Danzig nördlich. Das Klima aber ist ein vollkommen anderes – wegen des auf der Südhalbkugel fehlenden Golfstroms. Der droht sich nun wegen der Erderwärmung abzuschwächen oder gar ganz abzubrechen. Für Europa heißt das laut Marotzke: Die Erwärmung wird abgepuffert. »Relativ zum globalen Mittel wird es kühler, aber das globale Mittel erhöht sich. Das ist der wahrscheinlichste Fall, den wir bekommen.«

Früher wurde der Klimawandel geleugnet, heute der Untergang beschworen

So schlimm die Klimaprognosen sind, so wenig führt es weiter, sich den kleinen Fortschritten und positiven Nachrichten zu verschließen – wie etwa nach dem COP26-Klimagipfel 2021 in Glasgow geschehen.

Bei einigen der namhaftesten Forscher:innen kam die Konferenz nicht allzu schlecht weg: Die Konferenz gebe »Hoffnung in einem entscheidenden Moment des Klima-Kampfes«, schrieb der US-Klimatologe Michael E. Mann.[42] Ein »Momentum hin zum Ende der Kohle«, sah der deutsche Wissenschaftler Jan Christoph Steckel.[43] Und der Klimatologe Johann Rockström – einer der wichtigsten Warner vor dem Klimawandel – schrieb: Vor Glasgow »waren wir auf dem Weg in die Katastrophe«, nun sei die Welt »auf einem Weg in die Gefahr«.[44] Keiner der drei steht im Verdacht, die Klimakrise kleinreden zu wollen. Greta Thunberg hingegen befand: »Die COP26 ist vorbei. Hier eine kurze Zusammenfassung: Bla, bla, bla.«[45] Es sei »interessant, wie unterschiedlich das Urteil über die #COP26 ausfällt bei jenen, deren Motto ›Listen to the science‹ ist, und bei den Wissenschaftlern, auf die sie sich sonst gern berufen«, schrieb dazu mein damaliger Kollege Malte Kreutzfeldt.[46] Allerdings: Viele der in Glasgow abgegebenen Selbstverpflichtungen werden bislang nicht erfüllt.

Von »Doomern, die an die Stelle der Klimawandelleugner treten«, schrieb im Frühjahr 2023 die *Washington Post*. Dies seien vor allem junge Menschen, die in den sozialen Medien aktiv sind und durch jahrelange negative Schlagzeilen demoralisiert wurden. Sie glaubten nicht, dass der Klimawandel noch aufgehalten werden könne.[47]

Er sei in den Klimawissenschaften der 2000er-Jahre groß geworden, bemerkt dazu der Forscher Zeke Hausfather. »Damals verbrachten wir einen Großteil unserer Zeit damit, mit Leuten zu streiten, die etwa behaupteten, die Sonne sei für die globale Erwärmung verantwortlich.«[48] Es gab die etwas makabre Redewendung, dass die Klimawissenschaft »Tod für Tod« vorankomme. »Da war etwas Wahres dran«, meint er. »Heute sagt kaum noch jemand, dass der Klimawandel nicht real sei. Stattdessen sagen dauernd Leute: Ihr Klimaforscher untertreibt, wie schlimm es ist. Ihr wisst, dass die Welt bis 2070 unbewohnbar sein wird und Milliarden von Menschen sterben werden.«

Im Sommer 2022 stellte Hausfather sich an die Seite der bekannten US-Klimaforscherin Kate Marvel, die gesagt hatte, sie lehne »die Vorstellung, dass die Kinder von heute in der Zukunft zu einem unglücklichen Leben verdammt sind, wissenschaftlich und persönlich ab« (→ K 18). Daraufhin wurde Hausfather als Klimawandelleugner attackiert. »Der Doomismus ist eine Krankheit für sich, eine sich selbst erfüllende Prophezeiung«, schrieb er dann auf Twitter.[49] Zwar sei der Klimawandel ein riesiges Problem, eine der wichtigsten Herausforderungen des 21. Jahrhunderts, und die Menschheit sei »nicht auf dem richtigen Weg, ihn wirksam anzugehen«, sagt er. »Doch er ist kein Problem, bei dem wir das baldige Ende der Welt erwarten.« Seine Bemerkung mit der Krankheit sei vielleicht übertrieben gewesen. »Aber wir haben großen Einfluss darauf, wie schlimm es genau wird.«

Es hängt von uns ab

Hausfather verweist auf viele positive Trends: sinkende Preise für saubere Energie, eine Abflachung der globalen Emissionen, verstärkte Zusagen der Länder, den Netto-Nullpunkt zu erreichen. »Da zu sagen, wir müssen uns auf den Weltuntergang vorbereiten – das ist entmündigend und birgt die Gefahr, dass die Interessen der fossilen Energieträger gewinnen, weil Menschen sich nicht mehr engagieren«, sagt Hausfather. »Und das zu einem Zeitpunkt, der vielleicht der entscheidendste dafür ist, die schlimmsten Auswirkungen zu verhindern.«

Doch lehne er den »Doomismus« nicht nur aus strategischen Gründen ab. »Nichts in den IPCC-Berichten oder anderem, das wir verfasst haben, stützt die Erwartung, dass die Menschheit aufgrund des Klimawandels in diesem Jahrhundert aussterben wird.« Plus 3 Grad seien »beim besten Willen keine Welt, die wir künftigen Generationen hinterlassen wollen«, sagt er. Eine solche Erwärmung sei für Regionen wie Afrika südlich der Sahara, Pakistan oder Bangladesch, die eine geringe Anpassungsfähigkeit haben, katastrophal – insbesondere, wenn diese Regionen arm bleiben. Doch auch das hänge vom politischen Handeln ab.

Immerhin gebe es Zusagen von Ländern, Maßnahmen zu ergreifen, die weit über das hinausgehen, was noch vor ein paar Jahren zugesagt war. »Wir beginnen, die Kurve nach unten zu biegen. Es gibt eine riesige Bandbreite an Verbesserungen zwischen dem, was wir heute ansteuern – 3 Grad –, und dem, was wir erreichen wollen, nämlich deutlich unter 2 Grad.«

Als Forscher sehe Hausfather seine Aufgabe darin, zu zeigen, dass es »von uns abhängt«, wie katastrophal der Klimawandel wird. »Wir müssen die Regierungen und Unternehmen dazu drängen, viel, viel schneller aktiv zu werden als bisher.

Er habe Angst, dass es »sehr schlimm enden könnte, wenn wir keine stärkeren Maßnahmen als heute ergreifen«, sagt Hausfather. Trotzdem gibt er sich vorsichtig hoffnungsvoll: Wir werden wahrscheinlich nicht in der Welt leben, die er sich wünsche. »Aber es kann eine Welt sein, in der meine Tochter ein glückliches Leben führen kann. Meine Aufgabe ist es, diese Welt zu erreichen. Dass ich das für möglich halte, ist der Grund, warum ich jeden Tag zur Arbeit gehe.«

5 »Die nächste Welle ist eine Wand«: Das Zeitalter der Pandemien

Wenn zehn die Apokalypse ist,
sind wir bei neun.

Markus Söder

Es waren seltsame Szenen in den ersten Märzwochen des Jahres 2020: leere Straßen, verwaiste Flughäfen und geschlossene Geschäfte. Eine eigentümliche Stille lag über den Schlangen vor den Supermärkten, die nur noch wenige Kund:innen hineinließen, auf dass das neue Virus, das sich so schnell über die ganze Welt ausgebreitet hatte, nicht vom einen Kunden auf die andere Kundin übersprang.

»Apokalyptisch« – mit diesem Wort beschrieben damals viele ihr Gefühl zu dem beispiellos unterbrochenen Alltag. Erinnerungen an Katastrophenfilme mit Killerviren kamen auf. Derer gibt es viele: »Pandemie-Geschichten boomen (...) in der Kulturindustrie nicht erst seit Covid. Seit Jahrzehnten schon sind sie ein zentraler motivischer Baustein des Fantasy- und Science-Fiction-Genres«, so Florian Schmid in *Der Freitag*.[1]

Und so glaubten manche, dass es nun wirklich angebrochen sei, das »Zeitalter der Pandemien«, das die Menschheit bedrohe. »Das Monster steht vor der Tür«, schrieb der US-Soziologe Mike Davis kurz nach Beginn der Pandemie.[2] Er legte fundiert dar, welche Faktoren in Landwirtschaft, Pharmaindustrie, Siedlungs- und Gesundheitspolitik dazu führen könnten, dass Pandemien in der Zukunft tatsächlich außer Kontrolle geraten. Doch es waren andere Warnungen, die bei vielen Menschen verfingen.

Nicht das Virus ist die Gefahr: Verschwörungsmythen

Während die große Mehrheit sich in der Pandemie für individuelle Vorsicht entschied, ohne apokalyptisch zu sein, radikalisierten sich manche Milieus, angeheizt auch durch eine bizarre Mischung aus Pandemieleugnung und Untergangsgeraune – etwa durch den rechten Agitator Jürgen Elsässer. In seinem Szenario ist es kein Virus, das die Menschheit auslöscht – es ist vielmehr der Kampf gegen das Virus. »Corona-Diktatur. Wie unsere Freiheit stirbt« war der Titel eines Sonderheftes des von Elsässer herausgegebenen Magazins *Compact*. Die darin formulierten Gedanken sind haarsträubend, aber sie verdichteten die Ideen der später in Teilen radikalisierten Querdenker-Szene und verbreiteten sich stark.

In seinem Leitartikel blättert Elsässer das wilde Phantasma einer Zukunft auf, in der Außerirdische auf die Erde kommen, um das Verschwinden »des Homo sapiens vom Antlitz des Planeten« zu untersuchen.[3] Videos aus einer »CIA-Basis unter dem ewigen Eis« zeigten einen »jähen Bruch im Aktivitätsprofil der ausgestorbenen Spezies« im Jahr 2020. »Die Zweibeiner verließen ihre Häuser kaum noch, der Austausch zwischen den Kontinenten nahm dramatisch ab.« Die Industrieproduktion brach ein, Ballungsgebiete wurden vom Militär abgeriegelt. In den Folgejahren »stürzte die Population ab«. War ein Killervirus schuld? Mitnichten: »Labore auf Alpha Centauri« zeigten zwar »neue Krankheitserreger« in Lungenproben, doch deren »Mortalität lag nicht über der von Influenza«.

Was also war geschehen? Elsässer entblödet sich nicht, von »ausgewerteten Dokumenten« zu schwafeln, in denen »ab Mitte 2020 ein Plan namens ›Great Reset‹« auftauchte – die Lieblings-Universal-Verschwörungstheorie aller besonders kritischen Geister –, demzufolge angeblich Klaus Schwab, der Chef des Weltwirtschaftsforums, offen angekündigt hatte, dass die Welt nun umgekrempelt werde. Und Elsässer insinuiert, dass Covid Teil dieses Plans sei. Er zitiert Elon Musk, der über die mRNA-Impfstoffe gesagt hatte: »Es ist wie ein Computerprogramm, sozusagen ein synthetisches Virus. Und man kann es so programmieren, dass es alles tut, was man möchte.«[4] Dazu noch Angela Merkel, die als Ziel ausgegeben hatte, dass »alle Menschen auf der Welt geimpft«[5] werden müssten – was bei Elsässer nicht als gesundheitspolitisch sinnvolles Ziel, sondern als letzte Konsequenz eines infamen Weltbeherrschungsprojekts daherkommt.

Das Ende ist da wenig überraschend: Der zivilisatorische Bruch war

»Strategie bestimmter Kreise«, phantasiert Elsässer weiter. »Im Zuge dieses Programms erzwangen die Eliten eine anthropologische Rückentwicklung um 700 000 Jahre: Der Homo sapiens, der damals das Feuer für sich nutzbar gemacht hatte und erst dann seine Höhle zu verlassen wagte, wurde wieder zurückgescheucht in die eigene Behausung. Ohne Nähe, Lächeln und Hautkontakte verkümmerten die Individuen, verloren die Lust an der Fortpflanzung, starben früher. Viele flüchteten in den Suizid. Fast alle ließen sich impfen, ohne dass das ihr Los erleichterte: Sie blieben eingesperrt.«

Die Kontamination anderer Milieus

All das klingt verrückt. Aber es verfing. Der bei Elsässer vom demagogischen Willen zur Instrumentalisierung getriebene Blick auf die Pandemie fand sich kaum abgeschwächt auch in anderen Milieus. Zum Beispiel in Teilen der Friedensbewegung. Diese hatte im November 1980 den »Krefelder Appell« verfasst.[6] Millionen Menschen unterzeichneten damals das Manifest gegen den NATO-Doppelbeschluss. Auch wenn er die SS-20-Raketen und andere Aufrüstungsschritte der Sowjetunion ignorierte und auch wenn zu seinen Unterstützer:innen der Holocaust-Leugner Werner-Georg Haverbeck zählt, gilt er als Meilenstein antimilitaristischer Kämpfe.[7] 41 Jahre später wird ein »Neuer Krefelder Appell« veröffentlicht – ein Manifest des Verschwörungsglaubens, hervorgegangen aus einem Querfront-Milieu, in dem sich alte Friedensbewegte mit Querdenkern und Rechten wie dem AfD-Bundespräsidentschaftskandidaten Max Otte (→ K 13) vereinten: »Immer offensichtlicher wird das Treiben derer, die das Leben auf unserem Planeten gefährden und schon in erheblichem Umfang zerstört haben«, heißt es darin.[8] Die vom Westen gegen Russland und China gerichteten Manöver würden immer aggressiver, die Gefahr eines Atomkriegs nehme bedrohlich zu. »Aber die Machthaber dieser Welt führen Kriege auch an neuen, andersartigen Fronten«, so der Text. »Unter dem Deckmantel der Pandemie-Bekämpfung wird das Leben von Milliarden Menschen gefährdet.«
  Allein in Indien habe der Lockdown angeblich Millionen Menschenleben gekostet. Eine noch größere Gefahr aber gehe von der ›»Impf‹-

Kampagne« (sic!) aus. Und genau wie in Elsässers Sci-Fi-Räuberpistole kommt auch der »Neue Krefelder Appell« nicht ohne die bösen Hintermänner aus: »Dahinter steht die Strategie des ›Great Reset‹ des Forums der Superreichen, das sich ›Weltwirtschaftsforum‹ nennt, mit dem der Kapitalismus über einen gezielten Zusammenbruch und einen ›Neustart‹ auf eine noch perversere Stufe gehoben werden soll.« Das Ziel: »Weniger Rechte und mehr Überwachung für den überwiegenden Teil der Menschheit.«

Es seien »die gleichen Kräfte«, die hinter den verschiedenen Formen von Krieg stehen. Als Beleg wird unter anderem der Umstand angeführt, dass »einer der Drahtzieher der Operation 9/11«, Ex-US-Verteidigungsminister Donald Rumsfeld, »Aufsichtsratsvorsitzender des Pharmaunternehmens Gilead Sciences [war], das im Jahr 2005 mit Tamiflu aus der Angst vor der Vogelgrippe seinen Profit schlug«. Der Text schließt mit den Worten: »Es gilt, dem Krieg in all seinen Formen zu begegnen – dem militärischen wie auch dem mit wirtschaftlichen, biologischen und psychologischen Mitteln geführten.«

Der rechte Ökonom Markus Krall (→ K 13) stößt ins gleiche Horn und schreibt in seinem 2021 erschienen Buch *Freiheit oder Untergang* von einer bevorstehenden Entscheidungsschlacht.[9] »Die Corona-Krise ist keine Gesundheitskrise. Sie ist vielmehr die finale Phase unserer sterbenden Demokratie.« Der »Klima- und Seuchensozialismus« sei eine »völlig neuartige Form der Diktatur«.[10] Es sei »egal, ob die erfundene Klimakatastrophe oder eine aufgeblasene Grippe (…) für den Notstand herhalten muss: Hauptsache, man kann Sie einsperren, mundtot machen, am Reisen hindern, Ihre Demonstrationen verbieten (…) und so ein Staatswesen errichten, bei dem Ihre Grundrechte zu verfügbaren Privilegien degradiert werden.«[11]

Die Pandemie wird so als eine Facette eines groß angelegten, finalen Komplotts westlicher Eliten gegen den Rest der Welt gesehen – eine Art Krieg mit anderen Mitteln, zum Zweck der Entrechtung, Ausbeutung und Kontrolle der Menschheit. Das alles erinnert an ältere antisemitische Ausführungen über angebliche Pläne einer jüdischen Weltverschwörung, wie sie etwa in den gefälschten »Protokollen der Weisen von Zion« verbreitet wurden. Der Mythos, dass den Menschen bei der

Corona-Impfung Chips implantiert würden, war in den letzten Jahren davon nur die irrste Ausprägung.

In unterschiedlichen Schattierungen waren solche Vorstellungen in der Pandemiezeit vielerorts zu hören – sei es beim linken italienischen Star-Philosophen Giorgio Agamben (der sich zwar erst gegen angebliche Vereinnahmung wehrte, dann aber in oben erwähnter *Compact*-Sonderausgabe zehn Seiten füllte) bis zur *Welt*[12]: Überall hieß es – ob angedeutet oder explizit – dass die Pandemie vom Staat und sinistren Tech-Milliardären zum Anlass genommen werde, die Menschheit zu kontrollieren und zu unterwerfen. Selbst der einflussreiche Chef des Springer-Verlags, Matthias Döpfner, dachte so: Corona sei »eine Grippe«[13], »Politiker und Wirtschaftsführer« würden sie zum Anlass nehmen »unsere offene Gesellschaft für immer zu zerstören. (...) Es ist ein Endpunkt«, schrieb er in einer von der *Zeit* veröffentlichten SMS.

Die durch kollektive Aufpeitschung gegen einen imaginierten Feind getriggerte Verleugnung (→ K 21) der Gefahr der Pandemie reichte teils bis zum Tod. Ein Freund von mir ist Intensivpfleger an einer Klinik im Süden Brandenburgs. Die Stadt liegt nicht weit entfernt von der sächsischen Grenze. In der Region schlug sich die Impfgegnerschaft während der Covid-Pandemie in besonders hoher Übersterblichkeit nieder. Krankenhäuser waren völlig überlastet, viele der sächsischen Patient:innen wurden in umliegende Regionen gebracht.

Mein Freund war mehrfach mit sterbenskranken Covid-Patient:innen konfrontiert, die nicht nur die Impfung abgelehnt hatten. Teils glaubten sie nicht einmal, dass sie an Covid erkrankt waren. Entsprechend weigerten sich manche, die zur erfolgreichen Beatmung nötige Bauchlage einzuhalten. »Wir haben ihnen gesagt: Lieg auf dem Bauch und du wachst morgen früh vielleicht wieder auf. Lieg auf dem Rücken und Du bist tot. Es hat nichts genützt. Sie waren sicher, sie hätten ja nur Grippe.«

Prognosen, die Angst machen

Neben jenen, die meinten die »Plandemie« und ihre zivilisationszerstörenden Folgen durchschaut zu haben, gab es auch jene, denen die Maßnahmen nicht hart genug sein konnten. Der politisch bekanntlich überaus flexible bayrische CSU-Ministerpräsident Markus Söder etwa verstieg sich im November 2021 zu dem Satz: »Wenn zehn die Apokalypse ist, sind wir bei neun.«[14] Es war ein durchsichtiger Versuch, sich gegen die angeblich zu lasche Regierung zu profilieren. Doch in einer angstgeladenen Diskurslandschaft bringen solche Sätze Saiten zum Schwingen. Denn viele trieb die Sorge vor immer weiter mutierenden Viren um. Die Tatsache, dass die Menschheit durch die enorm beschleunigte Covid-Impfstoff-Entwicklung einen großen Erfolg erzielte, bekam in dieser Wahrnehmung oft kaum oder wenig Raum. Es hieß vielmehr: »Wartet's ab, die nächste Mutation ist schon auf dem Weg.« Die Viren-Apokalypse erscheint da nur noch als Frage der Zeit.

Es war jene Phase der Pandemie, in der die »Omikron«-Variante des Coronavirus entdeckt wurde. Sie stieg schon bald darauf zum dominierenden Typ auf. Die Weltgesundheitsorganisation WHO stufte die Variante als »besorgniserregend«[15] ein – wie allerdings schon zuvor auch die Alpha-, Beta-, Gamma- und Delta-Linien. Omikron galt als weniger tödlich, aber schneller ansteckend. Deswegen sei mit »überwältigenden Anforderungen an das Gesundheitssystem« zu rechnen, was wiederum zu erhöhter Morbidität führen könne, so die in der Corona-Krise lange eher zögerliche WHO. Auch das Robert Koch-Institut warnte, dass Omikron sehr leicht übertragbar sei. Auch vollständig Geimpfte und Genesene könnten sich anstecken. Eine schnelle Überlastung des Gesundheitssystems sei die mögliche Folge.

Für die *Zeit* hat vor allem der Leiter des Gesundheitsressorts, Jakob Simmank, über Covid berichtet. Am 16. Dezember 2021, also knapp zwei Jahre nach dem ersten Auftreten von Covid-19, schrieb Simmank Folgendes auf Twitter: »Experten sagen mir, sie haben sich seit Beginn der Pandemie noch nie solche Sorgen gemacht. Alle, die halbwegs in der Materie stecken, sind sich darüber klar, dass etwas Großes auf uns zurollt. (...) Überlegt Euch, wie viel Nachrichten Ihr konsumieren wollt. Macht Pausen. Digital Detox. Überlegt Euch, was Euch gut tut. Macht jeden Tag etwas davon. Bringt Eure soziale Bubble in Stellung. Reduziert Kontakte, aber bitte niemals auf Null. Sprecht miteinander darüber, wie es Euch geht und was Ihr an Unterstützung braucht. Organisiert Unterstützung für andere. Seid dabei ehrlich: Es ist okay, wenn man nach zwei Jahren Pandemie nicht mehr kann. Wenn es psychisch nicht mehr geht, holt Euch professionelle Hilfe.«[16]

Was Simmank – der Medizin studiert hat – da schrieb, war vom damaligen Kenntnisstand gedeckt. Und doch ist eine solche, mit Verweis auf die Nähe zu den Experten unterlegte Ansprache eines Fachredakteurs einer der wichtigsten deutschen Zeitungen zweifellos dazu geeignet, Ängste bis ins Irrationale hinein zu verstärken – so, wie bestimmte Formen sachlich korrekter Klimaberichterstattung (→ K 11) es ebenfalls tun.

Was Omikron angeht, gab es bald Anlass zu der Annahme, dass manche Befürchtungen so nicht eintreten würden. Zwar gingen die Infektionszahlen in den folgenden drei Monaten stark nach oben. Als Simmank seinen Tweet schrieb, zählte das Robert Koch-Institut rund 57 000[17] neue Fälle pro Tag, auf dem Höhepunkt der sich anschließenden Welle, am 24. März 2022, waren es rund 318 000. Die Zahl der Toten aber blieb deutlich hinter jenen der vorangegangenen Wellen zurück: Zwischen Januar und April 2022 lag sie zwischen 4564[18] und 7583 registrierten toten Infizierten pro Monat. Ein Jahr zuvor, im Januar 2021, waren über 22 000 Infizierte gestorben. Sowohl die in der Zwischenzeit durchgeführten Impfungen als auch die geringere Morbidität der Omikron-Variante dürften hier eine Rolle gespielt haben.

Doch davon wollten manche nichts hören. Im Januar 2022 schrieb die Deutsche-Welle-Journalistin Susanne Wieseler: »Achtung, unpopuläre Haltung in dieser bubble. Ich war immer #TeamVorsicht. Aber jetzt, mit allem, was wir inzwischen über #Omikron wissen, frage ich mich: Sind wir gerade übervorsichtig? Die Intensivstationen leeren sich, auch die #Hospitalisierungsinzidenz sinkt.«[19]

Zu diesem Zeitpunkt war klar, dass die in Ländern wie Großbritannien und Kenia schon früher eingesetzte Omikron-Welle genauso abgelaufen war, wie Wieseler schrieb. Doch auf Twitter bekam sie Antworten wie: »Wir sind vor der Welle. Es geht gerade erst los. Hospitalisierungen laufen bis zu zwei Wochen nach. Intensiv drei. Vor vier Wochen hat Omikron gerade seinen Namen bekommen und war ganz frisch. We ain't seen nothing yet. Es kommt alles noch.«[20]

Die Pandemie wird so nur noch als Beginn einer nicht mehr zu kontrollierenden Kette neuer Virusmutationen gesehen, die den Menschen dahinraffen wird, falls der Klimawandel nicht schneller ist. Giorgio Agamben hatte, bevor er zu den Querdenkern ging, in seinem Text »Die Erfindung der Pandemie« von einem »Zustand der Angst« geschrieben, der sich »in den letzten Jahren offensichtlich im Bewusstsein der Einzelnen fest gesetzt hat und der sich nun in ein regelrechtes Bedürfnis nach Zuständen der kollektiven Panik verwandelt«.[21] Links wie rechts sind es auch Angstaffekte, die Politik, Wahrnehmung, Instrumentalisierung und Dramatisierung leiten.

Die multiplen Krisen verursachen »absolute psychische Überforderung und ihre emotionalen Korrelate«, sagt Anne Jung.[22] Sie ist Gesundheitsreferentin bei der NGO medico international und da unter anderem für die globale Gesundheitspolitik zuständig. »Damit einher geht oftmals eine Verweigerung, sich der Komplexität von Welt zu stellen – auch durch die progressiven Akteure.« Und das mache empfänglich für Fatalismus, leichte Welterklärungen oder Verdrängung.

Koloniale Ursprünge der Ansteckungsangst

»Covid hat von Anfang an Urängste ausgelöst«, sagt Jung. Sie erinnert an die Ebola-Epidemie 2014 in Westafrika. Ebola sei »der Inbegriff des Virus. Wie Ebola wirkt, ist seit den 1970er-Jahren in zahllosen Katastrophenfilmen ein Topos. Deswegen kennen es alle.« Ein Killervirus, unsichtbar, raumgreifend, für die ganze Welt gefährlich. Und aus dem Globalen Süden. Denn dort liegen die Wurzeln dieser – kulturindustriell von den Katastrophenfilmen nur neu aufgekochten – Urangst vor der Ansteckung: im Kolonialismus.

Kaum jemand hat diesen Zusammenhang besser beschrieben als Antonio Negri und Michael Hardt in *Empire*.[23] Sie erinnern an den Roman *Reise ans Ende der Nacht* von Louis-Ferdinand Céline: Als der Romanheld Ferdinand Bardamu sich darin gegen Ende des Ersten Weltkriegs in eine fiktive afrikanische Kolonie absetzt, trifft er, selbst von Fieber geplagt, auf eine »Bevölkerung, die vollkommen von Krankheit durchdrungen« war, so Hardt und Negri. »Wissen Sie, die N***, das haben Sie bald heraus, die sind schon halb krepiert und verwest! (...) Eine widerwärtige Gesellschaft! Ganz verkommen offenbar!«, zitieren Hardt und Negri Céline. Krankheit als Zeichen physischer und moralischer Verdorbenheit, als Zeichen mangelnder Zivilisation. »Das Zivilisierungsunternehmen des Kolonialismus wird somit durch die Hygiene, die es mitbringt, gerechtfertigt«, so Hardt und Negri.

Der Kolonialismus eröffnete in dieser Vorstellung nicht nur den Kolonisierten den Weg zur Gesundheit durch die europäische Hygiene, sondern erhöhte umgekehrt auch die Ansteckungsgefahr: »Die dunkle Seite des Globalisierungsbewusstseins ist die Angst vor Ansteckung. Wenn wir globale Schranken niederreißen und dem universellen Kontakt in unserem globalen Dorf Tür und Tor öffnen – wie können wir dann die Ausbreitung von Krankheit und Verderbnis verhindern?« Die Grenzen der Nationalstaaten seien immer durchlässiger für »alle Arten von Strömen« geworden, der vermeintliche »Hygieneschild der Kolonialgrenzen« aber sei unwiederbringlich dahin. »Das Zeitalter der Globalisierung ist das Zeitalter universeller Ansteckung«, so Hardt und Negri.

Nur so sind die Reaktionen auf das HIV-Virus, Ebola und später Corona zu begreifen – auch in den Medien. Der Arzt Peter Piot, der 1976 gemeinsam mit Kolleg:innen das Ebola-Virus erstmals isolierte, sagte 2014, kurz nach dem damaligen Ebola-Ausbruch in Westafrika: »Wenn mir in der U-Bahn ein Ebola-Infizierter gegenübersitzt, ist das ok«[24] – denn das Virus wird nur durch direkten Körperkontakt übertragen. Der Satz sollte die ausgreifende Panik vor dem Virus eindämmen. Genützt hat er wenig. Dem Irrationalismus gegenüber Krankheitserregen aus anderen Teilen der Erde ist so leicht nicht beizukommen. Der *Spiegel* etwa titelte 2014: »Die entfesselte Seuche« und schrieb: »In Westafrika herrschen apokalyptische Zustände. Die Staatengemeinschaft ist alarmiert, Washington schickt Soldaten. Im Kampf gegen die entfesselte Seuche müsste Deutschland mehr Hilfe leisten. Aber lässt sich das Virus überhaupt noch aufhalten?«[25]

Tatsächlich erkrankten nach Angaben der WHO im zweijährigen Verlauf dieser Epidemie – einschließlich der Verdachtsfälle – 28 639 Menschen an Ebola-Fieber, von denen 11 316 starben.[26] Das sind so viele wie in jener Zeit innerhalb von drei[27] Tagen an TBC oder in neun[28] Tagen an Malaria starben.

»Die Angst sitzt tief und ist schnell aktivierbar«, sagt Anne Jung dazu. Selbst nach Namibia, das knapp 5000 Kilometer von Westafrika entfernt liegt, wurden damals in großer Zahl Reisen storniert.[29] »Das sind fatale Reaktionen auf eine internalisierte Urangst. Die tradiert sich auch, wenn man diese ganzen Filme nicht gesehen hat.« Jung erinnert an den Umgang mit und Übergriffe auf asiatisch aussehende Personen überall auf der Welt während der Covid-Pandemie. Die Folgen für die betroffenen Länder waren gravierend, sagt Jung. Flüge nach Westafrika wurden – gegen die ausdrückliche Empfehlung der WHO – storniert. Unter den Auswirkungen leiden Länder wie Sierra Leone bis heute.

Längst werden mit der Angst vor Ansteckung neue Geschäftsfelder erschlossen. Ein Multimedia-Designer aus der Fränkischen Schweiz bietet beispielsweise 360-Grad-Panoramavideos an, um »Immobilien, Seniorenresidenzen, Lokalitäten, Verkaufs- und Serviceräume, touristische Sehenswürdigkeiten, Objekte oder Produkte in einer völlig neuen Betrachtungsweise« zu zeigen.[30] »Im Zeitalter der Ansteckung lassen sich dank virtuellem 360-Grad-Rundgang Massenansammlungen effektiv vermeiden«, preist er seinen Dienst an. Andere Menschen als tödlicher Ort, eine Welt, nur noch sicher zu betrachten mit Online-Panorama-Videos – dystopischer geht es kaum.

In dem 2006 erschienenen Buch *Der Schwarm* des deutschen Autors Frank Schätzing werden Menschen in aller Welt plötzlich aus dem Meer angegriffen. Meerestiere verhalten sich sonderbar. Wissenschaftler:innen und Militärs kommen zu dem Schluss, dass man es mit einer bisher unbekannten Intelligenz aus den Meerestiefen zu tun hat, die sich das Ziel gesetzt hat, die Menschheit von den Meeren zu vertreiben oder gar auszulöschen. Das Buch war ein Millionenerfolg und wurde unlängst für das ZDF in einer internationalen Produktion verfilmt.

Auch in der Pandemie drängte sich bei vielen der Gedanke auf, dass die Natur zurückschlägt und die Viren im Menschen weiter mutieren, bis sie ihn schließlich auslöschen. Der britische Prinz Harry etwa sagte über Covid, es sei als »hätte uns Mutter Natur in unseren Raum für schlechtes Benehmen geschickt, um mal wirklich einen Moment lang darüber nachzudenken, was wir getan haben. (...) Wir nehmen so viel von ihr und geben so wenig zurück.«[31]

Tatsächlich kann Covid eine schwere Krankheit sein. Und ihr biologischer Kern verbindet sich mit der Klimakrise: Die führt zur Zunahme sogenannter Zoonosen – also Infektionskrankheiten, die von Bakterien, Parasiten, Pilzen oder Viren verursacht und wechselseitig zwischen Tieren und Menschen übertragen werden können. Die Abholzung des Urwalds, die Vertreibung von Menschen und Tieren aus ihren Lebensräumen in Dschungelgebieten, der Verzehr von Wildtieren, die Tierübernutzung und Massentierhaltung – all das bringt gleichermaßen eine Verschärfung der Klimakrise als auch den Kontakt mit neuen Viren mit sich.

Die Sehnsucht nach einem geschlossenen Weltbild

Eva von Redecker verweist darauf, dass die Pandemie beinahe als »Konkurrenzkrise« erscheine, in Wahrheit aber Teil derselben Dynamik wie die Erderhitzung sei.[32] »Diese Pandemie zeigt schließlich auch eine Krise unseres Naturverhältnisses an«, so von Redecker. »Sie macht mit Nachdruck deutlich, dass unsere gesellschaftlichen Dynamiken das Leben und Atmen aufs Spiel setzen. Insofern stärkt sie langfristig vielleicht auch die Umweltbewegung.«

Doch dazu brauche es die »Bereitschaft zu schauen, was das mit Kapitalismus und Vertreibung zu tun hat«, sagt Anne Jung. Stattdessen aber glauben viele Menschen nur allzu gern an Verschwörungserzählungen. Die Idee eines spinnenartig vernetzten globalen Finanzapitalismus, der sich, verkoppelt mit der Pharmaindustrie, das Durchchippen der Menschheit vorgenommen hat – solche Ideen finden Zulauf. Die durch die Pandemie verursachte Isolation vieler Menschen, die teils totale Einsamkeit – »das ist immer auch etwas, das dem Wahn Vorschub leistet«, so Jung. Die Sehnsucht nach einem geschlossenen Weltbild bietet in solchen Zeiten ein ideales Zuhause: »Wer ist schuld? Welche Verschwörung steckt dahinter? Oder welche Verantwortungslosigkeit?« Das Erkennen der Verschwörung stifte ein Gemeinschaftsgefühl. »Es durchschaut zu haben, das hat etwas unglaublich Tröstendes. So funktionieren Sekten«, sagt Jung. Politische Ursachen interessierten da nicht mehr. »Aufklärung kannst du vergessen. Da müssen wir rauskommen.«

Auch die Politikwissenschaftlerin Nadja Meisterhans sieht einen Zusammenhang zwischen gesellschaftlichen Krisen, Verschwörungserzählungen und dem Glauben an dunkle Mächte.[33] Pandemie und Krieg hätten Menschen verunsichert und paranoiden Fantasien Vorschub geleistet. Das könne einhergehen mit einem apokalyptischen Glauben an das Böse und die Existenz einer diffusen Übermacht. Folge seien »autoritäre Heilsvorstellungen und Sündenbockkonstruktionen«, die auf dystopischen Erzählungen basieren, so Meisterhans. Der Kern der neoliberalen Ideologie sei stets die angeblich postideologisch-aufgeklärte Alternativlosigkeit gewesen. Vermeintliche Sachzwänge erlauben darin nur die eine Lösung für gesellschaftliche Probleme – etwa Wettbewerb, Leistungskürzungen oder Austerität. Meisterhans spricht von einer »antiutopischen Denkbewegung«, die die Vorstellung von besseren Welten verwerfe.[34] Wenn die Realität dann aber nicht zufriedenstellend ist – wie in der Krise – und das Politische keinen Ausweg mehr anzubieten scheint, dann »mündet dies im Misstrauen in öffentliche Institutionen und das Politische an sich.«[35]

6   Eine Welt auf der Flucht?
Die Zukunft des Globalen Südens

*Die reichsten Länder der Welt haben
sich entschieden, wie sie den globalen
Klimaschutz angehen wollen – indem
sie ihre Grenzen militarisieren.*

Transnational Institute, Amsterdam

Der Soziologe Ulrich Beck ist in den 1980er-Jahren mit der Behauptung berühmt geworden, die Risiken der modernen Industriegesellschaft seien so fundamental, dass sie alle gleichermaßen betreffen. »Smog ist demokratisch«[1], schrieb Beck damals. Er hatte ignoriert, wie sehr die gegenwärtigen und historischen Mechanismen der Ressourcenverteilung bestimmen, wer verwundbar ist. Heute ist dies sichtbarer denn je.

Lokale Apokalypsen finden statt

In einem »Klimatagebuch«[2] für die *Süddeutsche Zeitung* spricht die junge Aktivistin Farzana Faruk Jhumu von den klimabedingten Schwierigkeiten in ihrem Land. Im Süden seien der Meeresspiegelanstieg und die Versalzung der Böden die größten Probleme. Das treffe besonders die Frauen, die für das Wasserholen zuständig seien. »Viele laufen mehrere Stunden am Tag, um Trinkwasser zu finden. Wie viel ihre Familien zu trinken bekommen, hängt davon ab, wie viel sie tragen können. Oft trinken sie selbst am wenigsten, damit der Rest der Familie genug hat.« Aufgrund der versalzenen Böden könnten viele Familien ihre Felder nicht mehr bestellen. Väter würden zum Arbeiten in die Städte gehen, während die Frauen mit den Kindern zurückblieben. Es gebe Stürme und Überflutungen, die Cholera breite sich aus.

Im Norden Bangladeschs sei hingegen die Dürre das Problem. Die Felder vertrocknen. In der Regenzeit können die ausgedörrten Böden das Wasser deshalb nicht aufnehmen, und es kommt zu Überflutungen. »Die Menschen dort leiden also doppelt.«

»Wenn es um die Lebenswelt von Menschen geht, dann finden ja bereits Apokalypsen statt«, sagt Rolf Scheuermann vom Heidelberger CAPAS. Und zwar vor allem im Globalen Süden.[3]

Ostafrika leidet seit Oktober 2020 unter langanhaltenden Trockenperioden, unterbrochen von kurzen intensiven Regenfällen, die häufig zu Sturzfluten führen. Die UN stufen die Dürre als die schlimmste seit 40 Jahren ein. Erhebliche Ernteausfälle, Viehverlust und die geringere Verfügbarkeit von Oberflächenwasser führten dazu, dass Anfang 2023 etwa 21 Millionen Menschen in Ostafrika hungern.[4] Das Forschungsnetzwerk World Weather Attribution stellte fest, dass die Dürre so ungewöhnlich ist, dass sie ohne den Klimawandel nicht möglich gewesen wäre. Dieser »hat dazu geführt, dass Ereignisse wie die derzeitige Dürre viel stärker und wahrscheinlicher geworden sind; nach einer vorsichtigen Schätzung ist die Wahrscheinlichkeit solcher Dürren etwa um das 100-Fache gestiegen.«[5]

Von einer systematischen »Destabilisierung« bäuerlicher Gemeinschaften spricht Olaf Bernau, einer der Gründer:innen des Netzwerks Afrique-Europe-Interact. In seinem 2022 erschienenen Buch *Brennpunkt Westafrika. Die Fluchtursachen und was Europa tun sollte* beschreibt er unter anderem, welche Folgen der Klimawandel für Menschen im Sahel schon heute hat.[6] So ist es zwischen 1960 und 1990 zu einem Rückgang der Niederschläge um 30 Prozent gekommen, während die Zahl von Starkregenereignissen und Überschwemmungen seit Anfang der 2000er-Jahre kontinuierlich angestiegen ist. Auch die Niederschlagsmuster verändern sich, was vor allem das Pflanzenwachstum beeinträchtigt. Zu den folgenreichsten Konsequenzen zählt, so Bernau, dass die Ackerbaugrenze seit den 1960er-Jahren 100 bis 150 Kilometer nach Süden gewandert ist.[7]

Während Menschen im Globalen Norden einen kommenden Untergang fürchten, dürfte sich anderen die Geschichte zeigen »als permanente Katastrophe, die Trümmer auf Trümmer häuft«,[8] schreibt die Leipziger Gruppe Nevermore. »Der Notstand, der Ausnahmezustand, den sich die einen wünschen, diesen wissen die anderen als Zustand, in dem sie leben, als Regel ihres Daseins.«

Klimarassismus

Für all das können die Menschen vor Ort am wenigsten. Der Soziologe Ulrich Brand wies schon 2011 darauf hin, dass die EU ihre Umweltbelastungen zu einem großen Teil in den Globalen Süden verschoben hat, um ihr eigenes Wohlstandsmodell zu sichern. Dieses basiere auf preiswerten standardisierten Massenkonsumgütern, wie Lebensmitteln aus Supermärkten, Autos oder Haushaltsgeräten. »Dies war und ist die Grundlage der globalen Attraktivität des ›westlichen Lebensstils‹, dessen Kehrseite (...) ausbeuterischer, auf einem hohen Verbrauch von (fossilen) Ressourcen beruhender Naturverhältnisse«[9] sei. Dieser Lebensstil setze voraus, dass »nicht alle Menschen in gleichem Maß hierauf zugreifen. Anderenfalls wären viele Ressourcen in kurzer Zeit verbraucht, und zwar auf eine Weise, die die Kapazität der Ökosysteme zur Absorption von Emissionen übersteigen würde.«

Und so leiden »diejenigen, die am wenigsten dazu beigetragen haben, am stärksten unter dem Klimawandel«, sagt auch der Soziologe Matthias Quent,[10] der 2022 den Band *Klimarassismus*[11] veröffentlicht hat. Menschen im Globalen Süden seien stärker von Extremwetter betroffen und gleichzeitig weniger gut in der Lage, sich dagegen zu schützen, weil die finanziellen Ressourcen dafür fehlen. Gleichzeitig sei ihr CO_2-Fußabdruck viel geringer als jener im Globalen Norden. »Schon jetzt sterben vor allem Schwarze Menschen, indigene Bevölkerungen und andere historisch diskriminierte Gruppen, sowie natürlich auch arme Menschen. Hier wie dort.«

So sind es keine »Naturkatastrophen«, an denen die Menschen im Globalen Süden sterben, sondern auch die Folgen des Kolonialismus. Gleichzeitig wollen die Länder der südlichen Hemisphäre denselben Wohlstand wie die westlichen Länder erreichen. Und während Staaten wie China und Indien dem Westen seine historische Emissionsverantwortung vorwerfen, zeigt dieser mit dem Finger auf steigende Emissionen in den Schwellenstaaten.

Das ist die Gegenwart, in der Verantwortung hin- und hergeschoben, aber kaum übernommen wird.

Wie wird die Zukunft aussehen?

Der Geologe Parag Khanna hat 2016 eine damals bereits sieben Jahre alte Karte des britischen Magazins *New Scientist* veröffentlicht und sie damit berühmt gemacht.[12] Sie zeigt, wie die Erde aussehen würde, wenn die Mitteltemperatur um vier Grad Celsius gegenüber dem Jahr 1900 ansteigt. Praktisch alles südlich einer Linie entlang der Südgrenze Kanadas, der Alpen und der Südgrenze Russlands ist dort als »unbewohnbar« gekennzeichnet, von kleinen grünen Enklaven abgesehen. Das Bild dieser Karte hat sich massenhaft verbreitet.

Einer der wichtigsten Faktoren für Unbewohnbarkeit ist der sogenannte Hitzestress. Darunter wird das Phänomen verstanden, dass der Mensch seinen Körper durch Schwitzen nicht mehr ausreichend kühlen kann, wenn die Luftfeuchtigkeit sehr hoch ist.[13] Die Folge ist ein rascher Anstieg der Körpertemperatur, der Gehirn und Organe schädigen kann – bis hin zum Schlaganfall.

Klimastudien haben lange vor allem auf Temperaturextreme geschaut, die Luftfeuchtigkeit aber nicht einbezogen. Das Zusammentreffen von hoher Temperatur und starker Luftfeuchtigkeit ist aber besonders gefährlich – und könnte bei dem heute vielfach erwarteten Temperaturanstieg von 2,7 Grad bis zum Jahr 2100 rund ein Drittel der Menschheit betreffen.[14] Zu spüren wäre dies unter anderem in Indien, Nigeria und Indonesien, besonders große Flächenanteile wären unter anderem in Burkina Faso oder Mali betroffen. Bereits heute sollen 600 Millionen Menschen außerhalb der »Klimanische« leben.

Klimakatastrophen könnten manche Regionen so hart treffen, dass »der Klebstoff, der die Gesellschaft zusammenhält, nicht mehr gut funktioniert«, sagt Michael Oppenheimer, Professor für Geowissenschaften an der Universität Princeton.[15]

Welche Folgen das konkret haben kann – darüber hat sich der Hamburger Historiker und Genozidforscher Jürgen Zimmerer Gedanken gemacht. Er fürchtet, dass »ethnische Säuberungen« und Genozide deutlich zunehmen werden.[16] Es gebe eine enge Korrelation zwischen Krisen und Gewalt, sagt Zimmerer. Die Geschichte der Genozide lasse sich auch als Geschichte von Krisen und Ressourcenkonflikten schreiben. »Im Kern kann die Klimakrise auch als Ressourcenkrise verstanden werden, mit einer bereits einsetzenden Verknappung von Land, das bewirtschaftet und bewohnt werden kann.« Dies erhöhe die Wahrscheinlichkeit von Gewalt – individuell, indem jeder gegen jeden kämpft oder indem eine Gruppe gegen eine andere gewalttätig wird, diese entrechtet, vertreibt oder ermordet. »Der Übergang zum Genozid ist fließend.« Er halte Konflikte mit Millionen Toten für möglich, sagt Zimmerer. »Mit der Größe der Krise steigt nicht nur die Wahrscheinlichkeit für genozidale Gewalt, sondern auch deren Dimension.« Und wie man wisse, beeinflussten Konflikte kaskadenhaft auch die jeweils umliegenden Gebiete – und sei es durch Migrationsbewegungen.

Schon heute ist klar, dass nicht nur deshalb viele Menschen flüchten werden. Dass das Klima große Wanderungen auslöst – dafür gibt es viele historische Beispiele. Die Kulturwissenschaftlerin Veronika Wieser (→ K 3) hat die fast 2000-jährige Rezeptionsgeschichte von Endzeitvorstellungen erforscht. In ihrer *Kulturgeschichte der Apokalypse* hat sie sich unter anderem damit beschäftigt, wie etwa im 6. bis 8. Jahrhundert auf Klimaanomalien reagiert wurde. Damals herrschten infolge mehrerer Vulkanausbrüche außergewöhnlich niedrige Temperaturen, weshalb diese Epoche als Kleine Eiszeit der Spätantike bezeichnet wird. Das hatte wirtschaftliche und gesellschaftliche Konsequenzen. »In Konstantinopel berichtete ein kaiserlicher Beamter, dass zwei Ernten in Folge durch anhaltenden Regen und niedrige Temperaturen völlig vernichtet wurden«, sagt Wieser.[17] »Die landwirtschaftlichen Probleme hatten unter anderem die Migration von Völkern der Steppe Ostasiens zur Folge, die wiederum Auswirkungen auf die politischen Verhältnisse in Westeuropa hatte.«

Wie sehr Klimawandel und Migration zusammenhängen (werden), war 2014 und 2022 Gegenstand der Berichte des UN-Weltklimarats

IPCC. 2014 war dies noch schwach formuliert: »Mit zunehmenden Klimarisiken ist es wahrscheinlicher, dass Vertreibung zu einer dauerhaften Migration führen wird«[18], hieß es damals. 2022 gilt dies als sicher: »Klima- und Wetterextreme treiben die Vertreibung in allen Regionen immer weiter voran.«[19]

Zahlen zur klimabedingten Vertreibung innerhalb des eigenen Landes bietet das Internal Displacement Monitoring Center (IDMC) der UN. Seit Beginn der Erhebungen 2012 zählt es zwischen rund 17 und rund 31 Millionen durch Katastrophen neu vertriebene Menschen pro Jahr.[20] Zuletzt zwangen 2021 »wetterbezogene« Katastrophen – etwa Fluten oder Stürme – demnach 22,3 Millionen Menschen, ihr Haus zu verlassen. Doch: Wer etwa wegen immer schlechterer Ernten umzieht, wird vom IDMC nicht erfasst – das gilt nicht als »Wetterkatastrophe«.

Die geschürte Angst vor dem »Klimaflüchtling«

Die UN kennen den Begriff »Umweltflüchtling« seit 1985, die Definition ist vage, rechtliche Schutzansprüche sind damit – anders als beim »Flüchtling« – nicht verbunden. Die Industriestaaten fürchten eine solche Erweiterung der UN-Flüchtlingskonvention wie der Teufel das Weihwasser. Fachleute fordern allerdings die Einführung spezieller Aufenthaltstitel für klimabezogene Migration und Vertreibung. So regt der deutsche Sachverständigenrat Migration gleich eine Kombination aus »Klima-Pass, Klima-Card und Klima-Arbeitsvisum« an.[21]

Klar ist: In Zukunft wird es mehr Vertriebene geben. Seit Langem kursieren dazu Zahlen. 2008 warnten die UN, »dass selbst nach den konservativsten Vorhersagen bis zur Mitte dieses Jahrhunderts bis zu 250 Millionen Menschen aufgrund extremer Wetterbedingungen, schwindender Wasserreserven und einer Verschlechterung der landwirtschaftlichen Nutzflächen vertrieben werden. Viele Menschen werden auch gezwungen sein, aus ihrer Heimat zu fliehen, um den Kämpfen um die knappen Ressourcen zu entkommen.«[22] »Wenn Europa nicht mit einer Million Kriegsflüchtlingen [...] klarkommt, wie soll es mit 200 Millionen Klimaflüchtlingen [...] umgehen?«, fragt Jakob von Uexküll, der Stifter des Alternativen Nobelpreises 2017.[23]

2023 setzt die Weltbank die Zahl etwas geringer an. In ihrem aktualisierten Groundswell-Bericht[24] kommt sie zu dem Schluss, dass der Klimawandel bis 2050 etwa 216 Millionen Menschen dazu zwingen könnte, umzuziehen – allerdings innerhalb ihres eigenen Landes. Bis 2050 könnte es in Afrika südlich der Sahara bis zu 86 Millionen interne Klimamigrant:innen geben, in Ostasien und dem Pazifik 49 Millionen, in Südasien 40 Millionen, in Nordafrika 19 Millionen, in Lateinamerika 17 Millionen und in Osteuropa und Zentralasien 5 Millionen. Es ist also von Binnenmigration die Rede. Doch was es in die Schlagzeilen schafft, sind dreistellige Millionenzahlen, die spätestens in den Köpfen vieler Leser:innen vor den Grenzen Europas imaginiert werden.

Das macht Angst – und die schwingt immer mit, wenn heute über Grenzschutz gesprochen wird. So wird mit solchen Zahlen auch versucht, Akzeptanz für Abschottung zu schaffen.

Die Militarisierung der Grenzen sei zum Teil auf nationale Strategien zur Klimasicherheit zurückzuführen, die seit den frühen 2000er-Jahren Klimaflüchtlinge überwiegend als »Bedrohung« und nicht als Opfer von Ungerechtigkeit betrachten, schreibt das Amsterdamer Transnational Institute in einer Studie von 2021.[25] »Diese ›globale Klimamauer‹ zielt darauf ab, mächtige Länder gegen Migranten abzuschotten.« Sieben der größten Treibhausgasemittenten der Welt würden demnach heute im Schnitt 2,3-mal so viel für die Aufrüstung der Grenzen ausgeben wie für Klimaschutz.

Das stärkste Missverhältnis weise demnach Kanada auf, das heute jährlich 15-mal so viel für die Grenzaufrüstung wie für den Klimaschutz ausgibt (1,5 Milliarden gegenüber rund 100 Millionen US-Dollar), gefolgt von Australien, (13,5-mal so viel – 2,7 Milliarden zu 200 Millionen US-Dollar) und den USA (11-mal so viel – 19,6 gegenüber 1,8 Milliarden US-Dollar). Gemeinsam mit Großbritannien, Japan, Deutschland und Frankreich haben diese Staaten seit 1850 zusammen 48 Prozent der weltweiten Treibhausgase ausgestoßen. Ihre Grenzschutzausgaben sind zwischen 2013 und 2018 um 29 Prozent gestiegen.

Gleichzeitig haben diese Länder ihre Versprechen zur Klimaschutzfinanzierung nicht eingehalten: Für die Jahre 2013 bis 2018 hatten die Regierungen dieser sieben Staaten im Schnitt jährlich rund 30 Milliarden Dollar für Grenzschutz bezahlt – fast genauso viel wie für den Klimaschutz. Doch laut der NGO Oxfam waren davon nur 14,4 Milliarden Dollar tatsächliche Ausgaben – beim Rest handelte es sich um Kredite für Länder des Globalen Südens. Eine wachsende Anzahl von (Ex-)Führungskräften aus dem einen Sektor sitzt schon heute in Vorständen des jeweils anderen Sektors: In den Chefetagen von fünf großen Energiekonzernen, die auf fossile Ressourcen setzen, sind ehemalige Manager von Grenzschutzfirmen vertreten. 21 Unternehmen aus dem Grenzschutzbusiness wiederum haben aktive oder ehemalige Führungskräfte solcher Energieunternehmen in ihren Reihen.

Ein empathieloser Blick

Es sind nicht nur Grenzen aus Drohnen und Zäunen, die der Globale Norden zwischen sich und dem Rest der Welt errichtet. Es ist auch eine innere Abwehr. Robert Folger, der Direktor des CAPAS, erinnert an eine »reale Apokalypse«, wie er es nennt: Den Fall von Tenochtitlan, dem heutigen Mexiko-Stadt. In der damaligen Hauptstadt des Reiches der Azteken lebten vom 14. bis Anfang des 16. Jahrhunderts mehr als 100 000 Menschen, bis sie 1521 von den spanischen Konquistadoren erobert und zerstört wurde. »Da war die Apokalypse nicht Hirngespinst, sondern hat sich real ereignet«, sagt Folger.[26] Ein »wirklich weltgeschichtliches Ereignis, das eigentlich auch für uns relevant ist. Aber in Deutschland klopfen wir uns immer auf die Schulter, wir hätten mit diesem ganzen Kolonialen immer wenig zu tun.«

Die einstigen Verwüstungen im Globalen Süden, die von Europa ausgingen, halten wir so von uns fern. Die Verwüstungen, die die Zukunft bringt, für die ebenfalls die heutigen Industrienationen die Verantwortung tragen, oft ebenso. So werden die Prognosen für den Globalen Süden zur Grundlage eines vollständig empathielosen, rein instrumentellen Blicks auf andere Teile der Welt: Wenn wir nicht aufpassen, wenn wir jetzt nicht endlich Ernst mit dem Klimaschutz machen, dann passiert uns das auch. Die realen Katastrophen in anderen

Teilen der Erde sind so durch einen Akt des *Otherings* dann nur noch Anschauungsmaterial für die Verhandlung der eigenen Zukunft – nicht mehr für die Zukunft jener, die schon heute in großen Schwierigkeiten sind.

Für die Realität, auf die die Menschheit sich einstellen muss, hat der Autor Alex Steffen den Begriff der »Transapokalypse«[27] gewählt (→ K 22). »Die planetarische Krise bedeutet einen enormen Anstieg der Zahl der Menschen, die an den Rand der Apokalypse gedrängt werden. Viele werden überrollt werden«, schreibt Steffen. »Dies ist ein ungerechter Preis, den sie für eine jahrzehntelange Verzögerung zahlen werden.«

Eine der Folgen von Kolonialismus und Korruption sei eine wirtschaftliche Unterentwicklung, die wiederum mit einem erhöhten Verbrauch zukünftiger Ressourcen einhergehe, um die gegenwärtigen Herausforderungen zu überleben: »Das sprichwörtliche Essen des Saatkorns, das Kochen der Ernte des nächsten Jahres, um einen harten Winter zu überstehen«. Eine andere Folge seien Flucht und Kriege um Ressourcen. Bürgerkriege, Epidemien, Massenmigrationen, wirtschaftliche und kulturelle Zusammenbrüche würden wahrscheinlicher. »Die wohlhabende Welt könnte und müsste viel mehr tun, um zu verhindern, dass sich diese Diskontinuität weiter als nötig vertieft«, schreibt Steffen. Der Empathielosigkeit und Abschottung vor den Opfern der Zerstörung menschlicher Lebensräume gelte es entgegenzutreten – mit politischer Unterstützung und Reparationen. »Im Zusammenhang mit dem Klima und der Nachhaltigkeit bedeutet Schnelligkeit Gerechtigkeit.«

7 Noch 60 Ernten bis zum Ende? Die Angst vor der Agrar-Apokalypse

Alarmistische Nachrichten helfen,
Aufmerksamkeit zu mobilisieren.
Das ist eine Tatsache in der heutigen mediatisierten Welt,
der man sich nicht entziehen kann.

Luca Montanarello

Wenn Doomer zu Späßen aufgelegt sind, dann klingt das zum Beispiel so:

»Leute, es ist Freitag, mir reicht's mit dem Klimawandel. Über's Wochenende brauche ich etwas Abwechslung. Würd' mich gern vor was anderem gruseln. Ideen?«

Das schrieb vor einiger Zeit ein:e User:in auf Twitter. Einige schlagen naheliegenderweise den Atomkrieg, das Artensterben oder die KI-Machtergreifung (→ K 9) vor. Bis jemand antwortet:

»Geht mir oft genauso. Wenn ich etwas Erholung von meiner Klima-Apokalypseangst brauche, lenke ich mich gern ab mit #60harvests.«

Keine schlechte Anregung. #60harvests steht für die Befürchtung, dass die dünne Krume fruchtbaren Bodens, von der praktisch unsere gesamte Ernährung abhängt, derart schnell erodiert und auslaugt, dass bereits in 60 Jahren nichts davon mehr brauchbar sein wird. Logische Folge: Die Menschheit verhungert. Diese Angst ist im Vergleich zu einigen anderen gewissermaßen noch ein Geheimtipp, hat aber gleichwohl globale Verbreitung gefunden.

Eine durchaus begründete Sorge

Das dahinterstehende Problem ist vollkommen real. Darüber herrscht – außer bei wenigen Propagandisten der Agrarindustrie – Einigkeit. Die globale Landwirtschaft und Industrie übernutzen und zerstören fruchtbare Böden. Und diese sind auf der Erde klar begrenzt. In seinem gut recherchierten Buch *Rettet den Boden* schreibt der Autor Florian Schwinn über die dünne Ackerschicht: »Wir alle können nur überleben, wenn sie funktioniert und weiterlebt. Genau das ist aber nicht gesichert, weil wir dabei sind, den Boden zu zerstören – und damit unsere Lebensgrundlage.«[1] Der derzeitige Umgang mit der Erde sei »ein Vernichtungsfeldzug. Wir betonieren, asphaltieren ihn zu, baggern ihn weg, planieren und versiegeln«, so Schwinn.[2]

Dass die Menschheit in nur 60 Jahren aufgrund der Bodenerosion nichts mehr wird ernten können, ist aber dennoch nicht haltbar. Ein Blick in die Geschichte dieser sehr konkreten Untergangsangst ist indes höchst aufschlussreich. Sie zeigt geradezu paradigmatisch, wie sich objektiv verschärfende ökologische Krisen, ein wettbewerbsgetriebener Medien-Alarmismus und Social-Media-Echokammern in ihrem Zusammenspiel nie versiegende Angstspiralen erzeugen.

Das Eigenleben von #60harvests

Der Ursprung von #60harvests lässt sich klar lokalisieren: Am 5. Dezember 2014 veröffentlicht die Nachrichtenagentur Reuters eine Meldung ihres Korrespondenten Chris Arsenault, heute Journalistik-Professor im kanadischen Ontario. Sein Text über eine Veranstaltung zum Weltbodentag der UN-Ernährungsorganisation FAO in Rom beginnt so: »Die Bildung von drei Zentimetern Ackerboden dauert 1000 Jahre, und wenn die derzeitige Geschwindigkeit der Degradation anhält, könnte der gesamte Ackerboden der Welt in 60 Jahren verschwunden sein, sagte ein hoher UN-Beamter am Freitag. Etwa ein Drittel des weltweiten Bodens ist bereits degradiert, sagte Maria-Helena Semedo von der Ernährungs- und Landwirtschaftsorganisation (FAO) auf einem Forum zum Weltbodentag.«[3] Die zugehörige Überschrift lautete: »Nur noch 60 Jahre Landwirtschaft, wenn die Verschlechterung der Böden anhält.« Viele Medien übernahmen den Artikel unverändert, unter anderem der *Scientific American*.[4]

Maria-Helena Semedo, die stellvertretende FAO-Generalsekretärin, lässt auf Anfrage über ihre Sprecher:innen ausrichten, sie sei »falsch zitiert« worden und habe den Satz mit den 60 Ernten nicht gesagt.[5] Der Autor Chris Arsenault sagt auf Anfrage: »Mit Sicherheit war es ein technischer Experte der UN.«[6] Der Satz sei »eher in einem Interview als in einer Pressemitteilung oder einem offiziellen Bericht« gefallen, er stamme von jemandem, »der mehr Spielraum hatte, frei zu sprechen«. An die genauen Einzelheiten könne er sich nicht mehr erinnern.

Die FAO weist die Behauptung indes klar zurück. Sie sei lediglich »von einigen Forschern und Umweltgruppen aufgestellt worden«. Die FAO selbst vertrete die 60-Ernten-These nicht.[7] In ihrer offiziellen Pressemitteilung zum Weltbodentag 2014 hatte sie zwar vor der Gefahr für die Böden durch »Erosion, Verdichtung, Bodenversiegelung, Versalzung, Verarmung an organischen Stoffen, Versauerung, Verschmutzung und andere Prozesse« sowie durch nicht nachhaltige Landwirtschaft gewarnt.[8] Doch als Schlussfolgerung hieß es damals: »Wenn keine neuen Ansätze verfolgt werden, wird die weltweite Acker- und Nutzfläche pro Person im Jahr 2050 nur noch ein Viertel des Niveaus von 1960 betragen.«

Das ist zweifellos ein Problem. In Verbindung mit Landgrabbing, Dürren, Extremwettern und expandierender industrieller Tierhaltung wird es Hunger, Leid und Tod für eine große Zahl von Menschen nach sich ziehen. Deshalb muss es bekämpft werden. Gleichzeitig aber relativiert sich die Prognose – dass es 2050 nur noch ein Viertel der globalen Pro-Kopf-Ackerfläche von 1960 geben werde – angesichts der Tatsache, dass 1960 etwa 2,5 Milliarden[9] Menschen auf der Erde lebten, während es 2050 schätzungsweise 11,2 Milliarden[10] sein dürften – also rund 4,5 Mal so viele. Weil gleichzeitig die Produktivität der Landwirtschaft stark zunahm, ist das – bei aller Problematik – etwas völlig anderes als »nur noch 60 Ernten«.

Ein unklares Zitat, ein leicht dahin gesagter Satz, eine etwas überspitzte Schlussfolgerung – so etwas passiert andauernd. Wer von Konferenzen berichtet, ist davor kaum gefeit. Problematisch wird es, wenn solche Ungenauigkeiten auf eine Öffentlichkeit stoßen, die in Teilen schon apokalyptisch vorgestimmt ist – und entsprechend eifrig darin, solche Hiobsbotschaften immer weiter zu tragen.

Denn einmal in der Welt, entwickelte die Behauptung von den 60 Ernten ein Eigenleben – und triggert seither Ängste und Panik. Die Gruppe Extinction Rebellion verbreitete sie mehrfach.[11] Think-tanks verwiesen darauf, ebenso ein Vertreter des Lebensmittel-Riesen General Mills, der damit dem angeblichen »Beitrag zur Bodenverbesserung« des Konzerns mehr Bedeutung zu verleihen versuchte.[12] Die größte Verbreitung fand die 60-Ernten-Behauptung, als der *Guardian* sie 2018 wiederholte – einzig belegt mit einem Verweis auf den alten Reuters-Artikel.[13] Es finden sich Tausende Social-Media-Posts mit dem Hashtag #60harvestsleft, darin stehen Sätze wie »Ich weiß nicht, wie Ihr euren Kindern noch in die Augen sehen könnt« oder »Wir können die Krisen bereits überall um uns herum sehen. Der Zusammenbruch des Klimas. Extreme Ungleichheit. Massenaussterben. Nur noch 60 Ernten.«[14]

Die gute Nachricht: Es ist weit übertrieben

2022 erscheint ein Buch namens *Sixty Harvests Left*, dessen Titel »auf die erschreckende Warnung der UN zurückgeht, dass die Böden der Welt innerhalb einer Lebensspanne verloren gehen könnten«, so bewirbt es der Verlag Bloomsbury.[15] Der Autor Philip Lymbery, Präsident einer Tierschutzorganisation, decke darin auf, »wie die Lebensmittelindustrie unseren Planeten bedroht. Einfach ausgedrückt: Ohne Böden gibt es keine Nahrungsmittel, Game over. Und die Zeit läuft ab«, so der Verlagstext.

Gegen Lymberys Plädoyer für eine ökologische, kleinbäuerliche Landwirtschaft ist überhaupt nichts einzuwenden. Nur fehlt der Rhetorik von »60 Ernten, dann Game over«, mit der sie beworben wird, die Grundlage. Und verrückterweise verweist die FAO auf Nachfrage, welche Umweltgruppen die Behauptung mit den 60 Ernten – die ihr selbst von Reuters 2014 fälschlicherweise zugeschrieben wurde – denn aufgestellt haben, allein auf: Lymbery.

Auch die grüne EU-Abgeordnete Sarah Wiener schrieb im Oktober 2022, als die EU über eine neue Pestizidverordnung diskutierte: »Wenn wir weitermachen wie bisher, unsere Böden belasten und auslaugen, haben wir laut @FAO weltweit noch 60 Ernten, bevor Schluss ist.«[16]

Der Agrar-Blogger Willi Kremer-Schillings hat sich die Mühe gemacht aufzulisten[17], wer die Zahl im deutschsprachigen Raum allein unter Verweis auf den Reuters-Text verbreitete: Unter anderem der BUND, der von einer »Studie«[18] der FAO sprach, ebenso der Sender 3Sat[19], das ZDF-Wissenschaftsmagazin TerraX[20], der Umweltexperte Dirk Steffens in der Talkshow Riverboat[21], ein 2018 vom Grünen-MEP Martin Häusling in Auftrag gegebener Bericht[22], die NGO Slowfood[23], der anthroposophische Pflanzenzuchtbetrieb Dottenfelder Hof[24], das *Frankfurter Wochenblatt*[25] und der Verband der rheinland-pfälzischen Hochschulen[26].

»Die gute Nachricht ist, dass diese Behauptungen weit übertrieben sind«, heißt es in einem Faktencheck des Projekts Our World in Data der Uni Oxford.[27] »Die schlechte Nachricht ist, dass dies nicht verhindert, dass sie immer und immer wieder wiederholt werden.« Die Zahl der 60 verbleibenden Ernten »scheint eine zu sein, die einfach nicht verschwinden will«. Das dürfe allerdings »nicht von der Tatsache ablenken, dass sich viele unserer Böden verschlechtern und wir Maßnahmen ergreifen müssen, um sie wiederherzustellen.«

Ein großer Schritt nach vorn

Ein Jahr nach dem Reuters-Artikel, am 5. Dezember 2015, brachte die FAO dann ihren offiziellen Weltbodenbericht *Status of the World's Soil Resources* heraus.[28] »Die Böden der Welt verschlechtern sich rapide durch Bodenerosion, Nährstoffverarmung, Verlust von organischem Kohlenstoff, Bodenversiegelung und andere Bedrohungen«, heißt es darin. Der größte Teil der globalen Bodenressourcen sei »in einem mittelmäßigen, schlechten oder sehr schlechten Zustand«. Etwa 33 Prozent der Böden seien durch Erosion, Versalzung, Verdichtung, Versauerung und chemische Verschmutzung mäßig bis stark geschädigt. Dieser Trend könne jedoch umgekehrt werden, wenn die Länder auf »nachhaltige Bewirtschaftungspraktiken« und »geeignete Technologien« setzten. Von 60 verbleibenden Ernten steht auch in diesem Papier nichts.

Verfasst wurde die 650 Seiten starke Studie vom Intergovernmental Technical Panel on Soils (ITPS), ein dem Weltklimarat IPCC vergleichbares, von den UN ernanntes Expertengremium. Hauptautor war der Wissenschaftler Luca Montanarello, der seit den 1980er-Jahren zur Rolle der Böden für die Ernährungssicherheit und der Anpassung an den Klimawandel forscht. Er leitete das ITPS sechs Jahre, brachte die Global Soil Partnership der FAO auf den Weg, veröffentlichte eine Reihe einflussreicher Bodenatlanten und leitet heute das EU-Bodenobservatorium.

Wenn man ihn nach »60 Harvests left« fragt, ist seine Antwort: »Als Forscher bin ich sehr, sehr abgeneigt, mich solchen Schlagwörtern anzuschließen.«[29] Manche Wissenschaftler:innen würden dazu neigen, »eher auf Twitter zu veröffentlichen, bevor sie überhaupt eine richtige, von Experten geprüfte wissenschaftliche Arbeit veröffentlichen.« Solche Botschaften entstünden »sehr oft aus dem Versuch – auch von Forschern – in die Schlagzeilen zu kommen. 60 Ernten – das ist eine sehr nette Botschaft, aber ich denke, dass es viel komplexer ist als das.«

Die Erwartung, dass es global nur noch 60 Ernten geben könne, mache keinen Sinn, sagt Montanarello. Boden sei eine begrenzte Ressource, die durch menschliche Aktivitäten stark belastet werde. In Europa etwa seien die größten Faktoren dabei Verschmutzung durch industrielle Aktivitäten und Versiegelung. »Aber jeder Teil der Welt hat andere Probleme, man kann das nicht verallgemeinern.«

Dass Böden vernachlässigt wurden, sei eine Tatsache. Künftige Generationen würden ein Problem bekommen, wenn man sie nicht richtig bewirtschafte. Doch sei einiges in Bewegung gekommen, sagt Montanarello. »Ich habe vor über 30 Jahren begonnen, mich mit dem Thema zu beschäftigen. Damals wurde dem Boden von niemandem irgendeine Bedeutung beigemessen. Seitdem hat sich das dramatisch geändert.« Heute seien die Böden Teil »fast jeder Diskussion« – auch jener über den Klimawandel. Das sei erstaunlich, weil auch Klimaschützer:innen noch vor ein paar Jahren einfach ignoriert hätten, dass Böden die zweitgrößte Kohlenstoffsenke auf dem Planeten sind. Auch beim Thema Artenvielfalt würden Böden jetzt mitgedacht. Das im Dezember 2022 abgeschlossene neue Biodiversitätsabkommen erwähne die »nachhaltige Bewirtschaftung der biologischen Vielfalt des Bodens«.

Denn darauf komme es an, sagt Montanarello: Die Böden nachhaltig zu bewirtschaften. »Dann kann man mit ihnen eine Menge anstellen. Niemand sagt, dass wir zur Natur zurückkehren müssen. Die Böden sind die Grundlage für unser Überleben, also müssen wir sie nutzen, aber wir müssen sie auf nachhaltige Weise nutzen.«

Montanarello hat in der Vergangenheit das europäische Bodenschutzgesetz mit vorbereitet, die Berücksichtigung der Böden im EU Green Deal und die Europäische Bodenbeobachtungsstelle durchgesetzt. Er war daran beteiligt, dass Böden bei den Klimaverhandlungen eine Rolle spielen, dass sie bei den Rio+20-Verhandlungen ab 2012 einbezogen wurden und dass die nachhaltige Bodenbewirtschaftung in die UN-Ziele für nachhaltige Entwicklung (SDGs) aufgenommen wurden. Im Frühjahr 2023 arbeitet er am neuen Gesetzespaket der EU-Kommission zum Bodenschutz.

»Vor ein paar Jahren wussten die meisten Menschen nicht einmal, dass es Leben unter der Erde gibt. Die Dinge haben sich dramatisch verändert«, sagt Montanarello. »Ob das nun bedeutet, dass etwas passieren wird – das ist etwas schwieriger zu beantworten. Aber zumindest ist es jetzt auf dem Tisch und das ist ein großer Schritt nach vorn.« Die großen Veränderungen müssten »von unten kommen«, sagt er, vom Engagement der Bürger:innen. »Wenn es also eine starke Bürgerbewegung zum Schutz der Böden gibt, dann können Sie sicher sein, dass etwas passieren wird. Wenn das nicht der Fall ist, bin ich ein wenig skeptisch. Aber ich sehe eine Menge Bürgerinitiativen.«

Doch diese Fortschritte, so sagt er, seien nicht von ungefähr gekommen. Behauptungen wie die alarmistische Nachricht der »60 verbleibenden Ernten« würden dabei helfen, Aufmerksamkeit zu mobilisieren, so Montanarello. »Das ist eine Tatsache in der heutigen mediatisierten Welt, der man sich nicht entziehen kann«.

8 »Doch, das würde er«: Der Krieg in der Ukraine und die Wiederkehr der Atomangst

*Russland hat ein Interesse an der Angst,
die Medien haben ein Interesse an der Angst,
Ihr Körper kann in der Angst gefangen sein.*

Timothy Snyder

Es war 3:37 Uhr in der Nacht auf den 25. September 2022, als der Familienvater Patrick H. auf dem Campingplatz Augustfelde bei Plön den Notruf der Polizei wählte.[1] Er habe seinen Sohn getötet, sagte er den Beamt:innen. Diese fanden die Leiche des sechsjährigen Kindes mit mehreren Stichverletzungen vor. H. ließ sich widerstandslos festnehmen. Er hatte sich auch selbst Verletzungen zugefügt, die jedoch nicht lebensbedrohlich waren. Ein halbes Jahr später beginnt am Kieler Landgericht der Prozess. Die Staatsanwaltschaft wirft H. Mord vor – »im Zustand der Schuldunfähigkeit«. Er habe in »der wahnhaften Überzeugung eines bevorstehenden Atomkrieges« gehandelt. Ein psychiatrisches Gutachten habe ergeben, dass der aus Hamburg stammende Mann an einer schweren paranoiden Schizophrenie leide.

Der Mensch: Zerstörer seiner selbst?

H.s Tat ist ohne diese psychische Störung sicher nicht erklärbar. Doch manifestierte die sich offenbar in einer Angst, die seit Jahrzehnten tief im kollektiven Bewusstsein sitzt. Durch Russlands Überfall auf die Ukraine kehrte sie mit Macht zurück an die Oberfläche.

Für Philipp Schrögel vom CAPAS ist die Erfindung der Atombombe die entscheidende Zäsur in der Geschichte der menschlichen Angst vor dem Untergang: »Seitdem es sie [die Atombombe] gibt, wird die Apokalypse als menschengemacht gedacht. Das ist essenziell neu.« Früher seien es Naturereignisse oder mythische Bedrohungen gewesen, die Gesellschaften als existenzielle Gefahr sahen. Und in der Regel wurden diese Ereignisse als Handlungen von Gottheiten verstanden. An die Stelle der göttlichen Apokalypse aber trat mit der Erfindung der Atombombe in den 1940er-Jahren der Mensch selbst als potenzieller Zerstörer seiner eigenen Spezies. Später kamen die Biowaffen und der Klimawandel hinzu.

Ein Ausdruck dessen ist die »Doomsday Clock«, ein symbolischer Zeitanzeiger des US-Wissenschaftsmagazins *Bulletin of the Atomic Scientists.*[2] Das Magazin wurde 1945 – nach den Atomangriffen auf Japan – von dem Nobelpreisträger Albert Einstein und einer Gruppe von US-Wissenschaftler:innen um den Biophysiker Eugene Rabinowitch gegründet. Sie waren im Rahmen des sogenannten Manhattan-Projekts am Bau der ersten Atombombe beteiligt. Seit 1947 publiziert das Magazin die »Doomsday-Clock«. Sie soll zeigen, wie nahe die Menschheit vor der Selbstzerstörung steht. Seit 2007 berücksichtigen die Forscher:innen auch den Klimawandel.

Zu Beginn stand die Uhr auf sieben Minuten vor zwölf, im Jahr 1953, zur ersten Hochzeit des Kalten Krieges, auf zwei Minuten vor Mitternacht. Am weitesten von Mitternacht entfernt (17 Minuten) standen sie 1991 nach dem Ende des Kalten Krieges. Nach der Wahl von Donald Trump zum US-Präsidenten rückte der Zeiger 2017 auf zweieinhalb Minuten vor zwölf vor. Anfang 2023, im Jahr nach Russlands Angriff auf die Ukraine, wurde die »Doomsday Clock« schließlich auf 90 Sekunden vor Mitternacht gestellt. Die *Bulletin*-Geschäftsführerin Rachel Bronson sagte, die Menschheit lebe in Zeiten »noch nie dagewesener Gefahr«[3]. Der US-amerikanische Politikwissenschaftler Steve Fetter warnte, man könne die Möglichkeit des Einsatzes russischer Atomwaffen in der Ukraine nicht ausschließen.[4] Russlands Präsident Wladimir Putin vermittle nicht den Eindruck, als akzeptiere er eine Niederlage.

Das Entsetzen über den Krieg in der Ukraine speiste sich zu einem guten Teil aus dem Umstand, dass Putin selbst über den Einsatz von Atomwaffen raunte. Drei Tage nach seinem Überfall auf die Ukraine ließ er seine »Abschreckungskräfte« – dazu zählen die Atomwaffen – in »Alarmbereitschaft« versetzen. Das ist die zweite von vier formalen Es-

kalationsstufen. Die vierte Stufe ist »Krieg mit Nuklearwaffen«.[5] Grund
seien die Sanktionen und das »aggressive Verhalten« der Nato. Putin
drohte mit »härtesten Konsequenzen« und betonte, Russland sei heute
eine »der mächtigsten Nuklearmächte der Welt«.[6] Später legte er nach:
»Im Falle einer Bedrohung der territorialen Integrität unseres Landes
(...) werden wir mit Sicherheit von allen uns zur Verfügung stehenden
Waffensystemen Gebrauch machen. Dies ist kein Bluff«[7], sagte Putin in
einer Rede zur »Teilmobilmachung« im September 2022.

Putins Entschlossenheit?

Am Tag, nachdem Putin die »Alarmbereitschaft« anordnete, machte
ein Interview des Magazins *Politico* mit der US-Analystin Fiona Hill die
Runde.[8] Die Überschrift: »Doch, das würde er.« Hill hat drei US-Präsidenten zu Russland beraten. Sie warnte davor, an Putins Entschlossen-
heit zu zweifeln und erinnerte an die Ermordung von Dissident:innen
mit dem Nervengift Nowitschock. »Wenn also jemand glaubt, dass
Putin etwas nicht einsetzen würde, das er hat und das ungewöhnlich
und grausam ist, dann sollte er noch einmal nachdenken«, sagte Hill.
»Jedes Mal, wenn Sie denken: ›Nein, das würde er nicht tun, oder?‹ –
Doch, ja, das würde er.«

Viele hatten für solche Warnungen ein besonders offenes Ohr. Es
bestätigte die an ihnen nagenden Ängste. Exemplarisch dafür ist, was
der ARD-Journalist Richard Schneider kurz nach Kriegsbeginn auf
Twitter schrieb. Die Ereignisse hätten bei ihm »einen Schalter umge-
kippt«, so Schneider.[9] Bislang habe er sich, wie wohl jede:r, »gescheut,
den Gedanken zu Ende zu denken«, aber er sehe sich »fast schon gezwungen, das Unaussprechliche in die Beurteilung der Lage mit auf-
zunehmen. Auf was muss man sich in den nächsten Tagen einstellen?
Auf das Ende der Welt? Das ist es doch, wovor wir alle Angst haben.«
Was, wenn der Untergang von Putin schon miteinberechnet sei? Jetzt,
wo die Dinge nicht laufen, wie er es möglicherweise geplant hatte.
»Nach dem Motto: Wenn er schon untergehen muss, dann gleich die
ganze Welt mit?« Schneider war von Panik ergriffen: »Es hilft nichts,
wir sind gezwungen, die Apokalypse ab jetzt in all unseren Erwägungen

mit einzubeziehen. Politiker, Militärs, Geheimdienst tun das schon seit Tagen. Aber auch Zivilisten müssen mit dieser existentiellen Frage umgehen lernen. Was, wenn die ›Letzten Tage der Menschheit‹ (Karl Kraus) mal wieder ›gedacht‹ werden müssen?«[10]

Der in Israel lebende Journalist bekam viele dankbare Reaktionen – er hatte ausgedrückt, was auch viele andere dachten.

Die Rückkehr der Sorgen des Kalten Krieges

Der Krieg in der Ukraine hat die Ängste des Kalten Krieges »reaktualisiert«, sagt Frank Bösch, der Direktor des Leibniz-Zentrums für Zeithistorische Forschung in Potsdam.[11] Es zeige sich, dass 1989 »nicht die Zäsur war, die alles verändert hat«, so Bösch. Damals ging man davon aus, »dass der bipolare Ost-West-Konflikt mit der Sowjetunion sein Ende gefunden hat. Dies trat nicht ein.« Und nun, nach Putins Attacke, werde die »klassische Angst vor Russland, die im 20. Jahrhundert ja sehr prägend war, (...) wieder reaktiviert.«

Vielen, die Erinnerungen an die 1980er-Jahre haben, ist diese Angst im Gedächtnis geblieben: Die teils fast schon zur Überzeugung verdichtete Sorge, jemand könne, absichtsvoll oder durch unglückliche Umstände, den roten Knopf drücken – und alles wäre vorbei. Die Erfahrung, die die junge Generation heute machen muss – ihre eigene Zukunft bedroht zu sehen –, ist vielen der in den 1960er- und 1970er-Jahren Geborenen keineswegs fremd. In *Die letzten Kinder von Schewenborn* malt die Autorin Gudrun Pausewang 1983 – vier Jahre vor Erscheinen ihres Millionen-Bestsellers über einen AKW-GAU, *Die Wolke* – die Folgen eines Atomkriegs aus. Der Roman spielt in Osthessen. Pausewangs Szenario war alles andere als ideologisch motivierte Panikmache: Die militärisch als »Fulda Gap« bekannte Region wurde zu jener Zeit tatsächlich als der Ort gehandelt, an dem sich entschieden hätte, ob ein konventioneller Dritter Weltkrieg zu einem Atomkrieg eskaliert wäre.

Die Angst wurde durch das unvorstellbare Zerstörungspotential geschürt, das die Militärblöcke angehäuft hatten. Die USA hatten zu Spitzenzeiten Ende der 1960er-Jahre rund 31 200 Atomsprengköpfe, Russland Mitte der 1980er-Jahre rund 40 100[12]. Das Wort vom »Overkill« machte die Runde – die Fähigkeit also, den Gegner mehrfach zu vernichten. Im Gedächtnis blieb eine Rede der Theologin Uta Ranke-Heinemann vom Oktober 1981, die fragte, woher denn die 100 Milliarden Menschen kommen sollen, die durch die angehäufte Sprengkraft vernichtet werden könnten[13] – zu jener Zeit lebten rund 4,5 Milliarden Menschen auf der Erde.[14] 2022, nach einer Reihe von Abrüstungsverträgen, verfügt Russland über rund 6000 und die USA über rund 5500 nukleare Sprengköpfe, wovon nicht alle einsetzbar sein sollen.[15]

Die Zeit nach dem Atomkrieg stellt sich indes bei Pausewang, wie bei anderen Autor:innen ähnlicher Bücher aus jener Zeit, als »nichts als ein langes Sterben«[16] dar, wie es der Historiker Frank Biess beschreibt. Hier zeigte sich der Atomkrieg als »das Ende der Geschichte überhaupt« – ganz so, wie wenn heute manche fürchten, die Welt werde aufgrund der Klimakrise »so unbewohnbar wie der Mond«.[17]

Von einer »Angstwelle, die im Augenblick über uns hergeht«, sprach 1980 Edgar Piel vom Allensbach-Institut[18]. 89 Prozent der Anhänger:innen der damals neu gegründeten Grünen hielten einen Weltkrieg innerhalb der nächsten drei Jahre für »möglich oder wahrscheinlich«[19]. Der Historiker Sven Reichardt sah eine »apokalyptische Angstvision« im alternativen Milieu.[20] In jener Zeit habe sich eine entsprechende Stimmung aufgebaut, in der »nichts weniger als die schiere Existenz der Menschheit auf dem Spiel zu stehen schien«[21], wie der in San Diego lehrende Frank Biess schreibt – ganz ähnlich wie heute. Und ebenso wie heute trauten viele der Obrigkeit nicht zu, das Problem lösen zu können. Biess erinnert daran, dass der Zivilschutz in den 1950er- und 1960er-Jahren Menschen geraten hatte, sich bei einem Atomangriff die Aktentasche über den Kopf halten, dann hätte jede:r eine Chance zu überleben. »Die Kampagne redete eindeutig die Gefahr klein, alle haben gemerkt, dass das nicht stimmt«[22], so Biess.

Biess war 2019 mit seinem Buch *Republik der Angst* bekannt geworden. Als der Krieg in der Ukraine begann, trafen zwei Journalisten der *Zeit* den Historiker. Sie hörten »aus dem Kollegenkreis, dass rational denkende Menschen sich beim Gedanken ertappen, Berlin zu verlassen, aus Angst vor einem atomaren Erstschlag«, erzählten sie Biess.[23] Es gebe, was den Blick auf die Zukunft angeht, ein »Zurück zu den Achtzigerjahren«, sagte Biess darauf. Dass Menschen aus Angst vor einem Atomschlag darüber nachdenken, Großstädte zu verlassen, sei vor zwei Jahren undenkbar gewesen, für »die Zeitgenossen der Achtzigerjahre aber durchaus nachvollziehbar«, sagt Biess. Zur Zeit des Nato-Doppelbeschlusses haben »wir uns förmlich gefragt: Wie viele Minuten haben wir, bis die Mittelstreckenraketen einschlagen, wenn sie abgeschossen wurden?«

Es kommt nicht von ungefähr, dass die Friedensbewegung – neben der Umweltbewegung (→ K 3) – eine der prägenden politischen Bewegungen jener Zeit war. Und manche der damals Aktiven lässt das Thema bis heute nicht los. Vielen langjährigen Aktivist:innen machte die Lage in Zeiten des Krieges in der Ukraine fast größere Sorgen als jene der 1980er-Jahre. Damals hätten sich die beiden militärischen Blöcke, die NATO und der Warschauer Pakt, gleich stark gegenübergestanden, es gab Kanäle des Austausches und der Diplomatie. Heute haben viele in der Friedensbewegung den Eindruck, als sei der diplomatische Faden fast völlig abgerissen. Die Atomwaffen hat Russland nach Belarus verlegt – näher an Deutschland also. Als der Krieg in der Ukraine anfing, fühlte sich das für viele an wie Mitte der 80er-Jahre oder, für die noch ältere Generation, die Kubakrise von 1962.

Zunehmend angstgesteuerte Affekte

Dass der Krieg in der Ukraine andere Reaktionen auslöste als die Kriege der Jahre zuvor – etwa die im Westen weitgehend ignorierte Annexion der Krim oder die Kriege in Syrien, im Jemen und in Mali –, dürfte auch mit der zeitlichen Nähe zur Pandemie zu tun haben. Diese hatte viele Menschen tief verunsichert. Der Krieg trat als weitere Erschütterung hinzu. So sei die jetzige Kriegsdebatte »nur auf der Folie von Klimakrise und Covid« zu verstehen, sagt Anne Jung von der Hilfsorganisation medico international.[24] Angst sei zu einem stärker bestimmenden Faktor öffentlicher Debatten geworden. Eine Folge: An die Stelle von Ambiguitätstoleranz, also der Fähigkeit, Vieldeutigkeit und Unsicherheit ertragen zu können, seien vermehrt »angstgesteuerte Affekte« getreten, sagt Jung.

Ein Ausweg ist da für manche die Flucht in ein ideelles Kollektiv. »Man muss sich zuordnen, braucht ein Zuhause im Schoß der völligen Affirmation – sei es von Waffenlieferungen, um sich mit den eigenen Ängsten nicht mehr auseinandersetzen zu wollen oder in der Glorifizierung Russlands.« So sei zu erklären, dass etwa im grünen Milieu, das einst pazifistische Positionen vertrat, nun Waffenlieferungen nicht bloß befürwortet, sondern teils regelrecht bejubelt würden. So hatte sich beispielsweise die sicherheitspolitische Sprecherin der Grünen Bundestagsfraktion, Sara Nanni, mit Leopardenmuster-Oberteil für ein Social-Media-Video unter dem Hashtag #freetheleos – gemeint waren die deutschen Leopard-Panzer, die die Ukraine wollte – gefilmt.[25]

Ein gegenteiliges ideelles Kollektiv zeigte sich im April 2023, als bei den bundesweiten Ostermärschen für den Frieden von 48 lokalen Aufrufen nur acht einen Rückzug Russlands aus der Ukraine forderten.[26] Oder als gewisse Teile der Friedensbewegung aus Angst vor einem Atomschlag Russlands die Ukraine zunehmend als das eigentliche Problem zu sehen begannen, weil das Land sich weigert, Russland Gebiete abzutreten.[27]

»Russland hat ein Interesse an der Angst, die Medien haben ein Interesse an der Angst, Ihr Körper kann in der Angst gefangen sein«, schrieb der Historiker Timothy Snyder.[28] Die Warnungen vor dem Atomkrieg seien vielfach »Clickbait«: Die Medien erregten Aufmerksamkeit, indem sie vom »Atomkrieg« schrieben – und »die russischen Propagandisten nutzen das (...) geschickt aus.« Dabei sei nicht davon auszugehen, dass die nukleare Abschreckung plötzlich nicht mehr greife. Schließlich müsse Putin nach wie vor mit der sicheren eigenen Vernichtung rechnen, sollte er Atomraketen einsetzen. Insofern seien entsprechende Drohungen ein »atomarer Bluff«, so Snyder.

Aber das Risiko besteht

Einer der Expert:innen, die seit Beginn des Krieges sehr häufig in Medien auftraten, ist Joachim Weber vom Institut für Sicherheitspolitik an der Universität Kiel und dem Center for Advanced Security, Strategic and Integration Studies in Bonn. Nachdem Putin die »Alarmbereitschaft« der Atomwaffen angeordnet hatte, nannte Weber dies in einem TV-Auftritt eine »Drohgebärde« und einen »symbolischen Akt«.[29] Denn wenn Russland sein Gefechtsbereitschaft-Level von der untersten Stufe um eine heraufzusetzt, »bedeutet das fast gar nichts«, so Weber. Auf die Zuschauerfrage, wie wahrscheinlich es sei, dass Putin Deutschland angreife, antwortete er: »Nahezu null.«

Ein Jahr später formuliert Weber etwas abwägender. Die atomare Abschreckung sei einst eine »rationale Strategie« gewesen, sagt er.[30] »Außer durch dummen Zufall wäre da aller Wahrscheinlichkeiten nach auch nichts passiert, und es ist ja auch nichts passiert.« Heute sei die Situation jedoch anders. »Wir haben einen großen Krieg mitten in Europa. Und große Kriege, die man nicht irgendwann einfängt oder einhegt, drohen irgendwann zu eskalieren.« Er wolle keinen Alarmismus betreiben, sagt Weber. »Aber die Risiken sind da, und die versuche ich zu kommunizieren.« Putin könne sich theoretisch über die russische Militärdoktrin hinwegsetzen und zu Atomwaffen greifen. Er habe »Gewalt als Mittel der Politik immer bejaht und wird sich nicht notwendigerweise davon abhalten lassen, Nuklearwaffen einzusetzen, wenn ihm alle seine Felle davonschwimmen«, so Weber – etwa, wenn die Krim angegriffen werde. Die Vorstellung eines rationalen Kalküls, dass ein solcher Schritt Russland mehr schaden als nutzen würde, biete keine Sicherheit. »Dass andere Gesichtspunkte für Putin entscheidend sind, haben wir ab Februar 2022 gesehen.« Insofern könne nichts ausgeschlossen werden. Allerdings sei das Risiko für einen Atomkrieg »noch sehr klein«, sagte Weber im April 2023.

Dass die Medien in der Frage alarmistisch gewesen seien, sieht er nicht. »Das mag in vielen anderen Bereichen, zutreffen, aber in dieser Frage nicht«, sagt Weber. Putins Angriffskrieg sei »so gewichtig, bedeutungsvoll und sicherheitsrelevant, dass man das gar nicht überschätzen konnte.« Auch bei der Atomkriegsgefahr hätten die »Alarmisten nicht die Meinungsführerschaft gehabt.« Auf seine TV-Auftritte habe er »unendlich viele Zuschriften« erhalten, sagt Weber. »Man merkt, wie die Ängste da sind. Familienväter und -mütter schreiben:

›Wir haben Angst, wir haben Kinder, wie geht das weiter? Was sollen wir tun?‹«

Diese Angst, glaubt Weber, sei in der Form spezifisch deutsch. Es gebe »sicherlich eine teutonische Untergangsangst«, die hierzulande stärker ausgeprägt zu sein scheint. Bei Menschen aus vielen anderen Ländern, mit denen er zusammenarbeite, gebe es »signifikant weniger Atomkriegsängste als in Deutschland«. Paradoxerweise sei dieses Phänomen umso stärker, je näher die Länder geographisch an Russland liegen. »Die Ukrainer sagen: Wir kämpfen weiter, egal, was passiert.« Auch Polen und die baltischen Staaten seien »sehr wehrfreudig« und bereit, sich offensiv militärisch zu verteidigen, »falls Putin weitere Gelüste haben sollte«. Frankreich und Großbritannien wiederum seien durch die größere Entfernung nach seinem Eindruck unbekümmerter. Insofern habe die Atomkriegsangst ihre »dankbarste Spielwiese in Deutschland«.

Weber glaubt, dass dies mit den Weltkriegen zusammenhängt: Die erlebte absolute Zerstörung insbesondere des Zweiten Weltkriegs sei »den Deutschen in die Gene gefahren. Das wird von Generation zu Generation weitergegeben, und diese Ängste brechen sich an der einen oder anderen Stelle immer wieder Bahn.« Später hätten sie sich vor allem auf die atomare Gefahr projiziert – »als ob man nicht auch ohne Atomwaffen genug Unheil anrichten könnte«.

Ein hartes Vorgehen gegen Russland seitens des Westens wird oft auch damit begründet, dass Putin nur »Stärke versteht« und sonst immer weiter angreife. Das mag stimmen. Doch die Entscheidung, ob Putin dennoch oder gerade deshalb militärisch bis zum Äußersten geht, liegt im Niemandsland der Rationalität – Garantien gibt es keine. Für eine Gesellschaft, die sich so sehr an ihre eigene Sicherheit gewöhnt hat, ist das schwer auszuhalten.

9 »Wenn wir Glück haben, behalten sie uns als Haustiere«: Die dunkle Seite der Künstlichen Intelligenz

»Hallo HAL, hörst Du mich?«

2001 – Odyssee im Weltraum

Im Herbst 2022 erzählte mir eine Kollegin, dass sie eine Gruppe von Softwareentwicklern dazu gebracht hatte, ihr eine Künstliche Intelligenz namens Anic T. Wae zur Verfügung zu stellen, die fortan die erste computerverfasste Kolumne einer deutschen Tageszeitung schreiben würde. Ich hielt das für einen Nerd-Spaß. Das lag im Wesentlichen daran, dass meine Vorstellung von KI irgendwo in den 1990er-Jahren stehen geblieben war. Es gibt ein Wort dafür, das ich damals noch gar nicht kannte: Stochastischer Papagei. Nachgeplapper dessen, was eine Software beim Durchsuchen des Internets am häufigsten findet. Das war KI lange, und dafür hielt ich sie bis vor Kurzem. Die Sprach- oder Chatsoftware bei Firmenhotlines oder auf Unternehmenswebsites empfand ich meist als frustrierend fehlerhaft, an der Grenze zur Unbrauchbarkeit. KI eine Kolumne schreiben zu lassen, schien mir kaum erfolgversprechender.

Großes Erwachen

Ich hatte schlichtweg keine Ahnung, was sich in den vergangenen Jahren getan hatte. Schon die erste Computer-Kolumne, sie erschien im Oktober 2022, war besser, als ich es für möglich gehalten hatte. Der Tonfall, der selbstgewählte thematische Fokus auf Antidiskriminierung, die Neigung, sich selbst als Angehörige:r einer ungerecht behandelten Minderheit darzustellen – der Text unterschied sich in nichts von dem Duktus, in dem viele Kolumnen heute gern geschrieben werden: »Oft laufen wir Gefahr, uns in unseren Ansichten festzusetzen und die Welt anhand von Vorurteilen oder Klischees zu sehen. Das finde ICH doof und ungerecht! Jede*r ist anders und hat etwas Besonderes zu bieten – genauso verhält es sich auch mit mir als Robo-Kolumnistin«, hieß es in der Kolumne. Das »Ich« in Großbuchstaben, das Pronomen war selbstredend »they«, im zweiten Text lästerte »they« über Weihnachten – perfekt! Zum Abschied hieß es: »Ich bin Anic und ich freue mich, hier zu sein, vor allem auch deshalb, weil ich so neugierig auf die Menschen bin, mit denen ich nun in Kontakt treten darf. Also: Schreibt mir ganz einfach eine E-Mail oder hinterlasst mir einen Kommentar – ich würde mich riesig freuen!«[1]

Bald darauf erschien ChatGPT 4. Die ganze Welt, so schien es mir, kam nun aus dem Staunen nicht mehr heraus. Viele waren begeistert: »ChatGPT: Mit diesen konkreten Tipps spare ich acht Stunden Arbeit pro Woche«, schrieb die PR-Fachfrau Ashley Couto und enthüllte die »fünf wertvollsten Hacks, die ich täglich verwende, um mein Arbeitspensum zu reduzieren«.[2] ChatGPT-Befehle wie »Denke wie ein digitaler Vermarkter und erstelle vier Varianten dieses Facebook-Anzeigentextes« würden ihr »bei der Lösung von Marketingproblemen und vielem anderen« helfen. Was will man mehr?

Doch schon bald wurde vielen mulmig. Anic T. Wae, die *taz*-Kolumnen-KI, hatte gleich bei ihrem ersten Auftritt versprochen, den Menschen zu zeigen, »dass Maschinen nicht immer böse sind und auch keine Bedrohung darstellen«. Genau das aber dachten viele seit einer ganzen Weile – und glaubten, dass sich dies nun endgültig bewahrheiten würde.

Der Kampf gegen die Maschinen

Schon 1968 hatte der Regisseur Stanley Kubrick mit *2001 – Odyssee im Weltraum* die Science-Fiction-Variante des Untergangsglaubens imaginiert: Die Machtergreifung der Maschinen. In seinem im Jahr 2001 spielenden Film startet das US-Raumschiff Discovery zu einer streng geheimen, bemannten Weltraummission. Offiziell geht es um wissenschaftliche Forschung am Jupiter, das tatsächliche Ziel aber ist ein anderes. Neben dem Expeditionsleiter David Bowman und dessen Stellvertreter Frank Poole ist der mit Künstlicher Intelligenz ausgestattete Supercomputer HAL 9000 an Bord. Außerdem fliegen drei in Dauerschlaf versetzte Forscher:innen mit, die erst auf dem Jupiter geweckt werden sollen. Nur HAL kennt das eigentliche Ziel der Mission – die Suche nach Hinweisen auf den Ursprung eines mysteriösen, zuvor auf dem Mond gefundenen Monolithen. Der menschlich erscheinende, sprechende HAL gilt als unfehlbar. Doch schon bald irrt er sich: HAL meldet den bevorstehenden Totalausfall eines Teils der Antennenanlage. Tatsächlich funktioniert sie jedoch einwandfrei. HAL ist nun der Fehlbarkeit überführt. Bowman und Poole ziehen sich zur Beratung in eine abhörsichere Raumkapsel zurück. Sie wollen HAL abschalten oder zumindest seine höheren Funktionen blockieren. Doch HAL kann ihnen ihren Plan von den Lippen ablesen – und versucht, sich zu wehren.

Poole verlässt das Innere des Schiffs, um das angeblich fehlerhafte Modul wieder einzubauen. HAL durchtrennt mit den Greifarmen der Raumkapsel Pooles Atemzufuhr und tötet ihn so. Sein Kollege Bowman besteigt eine Raumkapsel und versucht Poole zu retten. HAL hält nun alle Besatzungsmitglieder für eine Gefahr und schaltet auch die Lebenserhaltungssysteme der in Dauerschlaf versetzten Forscher:innen ab. Um auch Bowman auszuschalten, verweigert der Computer ihm die Rückkehr ins Raumschiff. Doch Bowman gelingt es, die Luftschleuse über einen manuellen Notschalter zu öffnen. Mit Druckluft katapultiert er sich zurück in die Discovery. Dort kann er HAL nach und nach ausschalten. Dabei versucht der Rechner, ihn mit immer neuen Argumenten davon abzubringen. HAL beteuert, Gefühle zu empfinden. »Ich habe Angst, Dave!«, sagt er. HAL wird der Stecker gezogen, der Mensch Bowman überlebt mit knapper Not. Doch wer weiß, ob der nächste Computer nicht schlauer ist als HAL?

Das war 55 Jahre vor ChatGPT 4. Zahllose weitere Science-Fiction-Filme folgten, in denen die zum Leben erwachten Maschinen die Menschen unterwerfen oder auslöschen würden.

Anfänge der Künstlichen Intelligenz

Im Jahr 2006 besuchte ich eine Konferenz des Deutschen Forschungszentrums für Künstliche Intelligenz (DFKI) in Bremen. Von der massenhaften Begeisterung, die ChatGPT heute auslöst, war damals nichts zu spüren. Um zu zeigen, wozu ihre Technik gut sein könnte, hatte das DFKI seine Jahrestagung um satte drei Monate vorverlegt – zeitgleich zum »RoboCup«, einer Weltmeisterschaft im Roboterfußball, die an diesem Wochenende stattfand. Die kickenden Roboter waren zwar recht unbeholfen, zogen aber immerhin einige Zuschauer:innen an. Von der Aufmerksamkeit wollten auch die KI-Forscher:innen etwas abbekommen. Und so ergänzten sie ihre Fachtagung um ein populärwissenschaftliches Symposium zum Thema »50 Jahre Künstliche Intelligenz«.

Die Stars unter den Referent:innen waren Marvin Minsky und Aaron Sloman, beide Pioniere der Bemühungen, Maschinen menschliches Denken beizubringen. Der damals 79-jährige Mathematiker Minsky hatte die KI-Labors des berühmten Massachusetts Institute of Technology gegründet.[3] Ihn trifft wohl eine gewisse Mitschuld an dem Unbehagen, das der Begriff »Künstliche Intelligenz« (KI) heute hervorruft: »Wenn wir Glück haben, werden uns die Roboter als Haustiere halten«, hat Minsky 1970 gesagt. Läuft es schlecht, »betrachten sie uns als ihre Nahrung«. Sobald eine Maschine die Intelligenz eines durchschnittlichen Menschen erreiche, werde sie »anfangen, sich mit fantastischer Geschwindigkeit weiterzubilden. In wenigen Monaten wird sie das Niveau eines Genies erreicht haben, und einige Monate später werden ihre Kräfte unermesslich sein.«[4]

Dementsprechend fielen auf der Pressekonferenz die Fragen der Journalist:innen aus. Wie die Forscher:innen derlei zu verhindern gedenken, wollte ein Kollege von den beiden wissen. Einige der Informatiker:innen verwiesen auf »demokratische Wissenschaftskontrolle« und »kritische Forschungsbegleitung«. Aaron Sloman, damals an der Universität Birmingham, antwortete pragmatisch: »Ich weiß nicht, was die Roboter uns eines Tages antun könnten. Ich weiß aber, dass es unmöglich schlimmer sein kann als das, was die Menschen sich gegenseitig antun.« Kriege, Sadismus, Vernichtungen: Das sei von Robotern nicht zu erwarten.

Auf die vierbeinigen Spielzeugroboter, die in der Nachbarhalle gerade die Vorrundenspiele ihrer Fußball-WM austrugen, waren die KI-Koryphäen gar nicht gut zu sprechen. »Waste«, Verschwendung, nannte Minsky die auf den RoboCup verwendete Energie. »Hunderttausende Studenten auf der ganzen Welt bauen die gleichen Roboter«, sagte Minsky und warf ihnen »Feigheit« vor.[5] Niemand sei mutig genug, neue Wege zu gehen, so Minsky. Das Bemühen, Robotern das Fußballspielen beizubringen, um die gewonnenen Erkenntnisse dann für Katastropheneinsätze und Ähnliches zu verwenden, beschränke sich unnötigerweise selbst. Was niemand – außer, wie Minsky behauptete, ihm und Sloman – zu erforschen wage, sei, den Robotern »gesunden Menschenverstand« beizubringen. »Sie verstehen nichts von der Welt.« Kein Computer könne auch nur eine einfache Geschichte verstehen, keiner könne, im Gegensatz zu vierjährigen Kindern, spontan Lösungen für neue Probleme finden. Doch erst mit diesen Fähigkeiten wären Maschinen wirklich nützlich. Dafür aber werde weltweit zu fantasielos geforscht. Ein Zuhörer wandte ein, dass die Neurowissenschaften sich eben diesem Problem verschrieben hätten. Minsky beeindruckte das nicht: »Die Neurowissenschaften mit ihrer Fixierung auf Synapsen und Dendriten arbeiten so, als versuche man ein Computerprogramm zu verstehen, indem man die Siliziumchips mikroskopiert.«

Das war 17 Jahre vor ChatGPT 4. Minsky ist 2016 gestorben, ihn kann man nicht mehr fragen, wie er die Lage heute sieht. Aber viele würden wohl nicht mehr ausschließen, dass die Maschinen heute »etwas von der Welt« verstehen. »Lösungen für Probleme« findet ChatGPT allemal, und sie enden sicher nicht bei den besten Arbeitspensum-Hacks der Werbefachfrau Ashley Couto.

Machen sie uns nun also zu ihren Haustieren?

Im April 2023 wies Daniel Privitera, Doktorand in Oxford und Gründer der Organisation Kira (Zentrum für KI-Risiken und -Auswirkungen), auf die Gefahren einer unregulierten KI hin.[6] Es brauche keine KI, »die böse Absichten entwickelt«, sagt er. Wahrscheinlicher sei, dass eine KI »irgendwo in den Untiefen ihrer Milliarden von Parametern ein verzerrtes Abbild von dem Ziel entwickelt, das wir ihr eigentlich mitgeben wollen.« Und wenn sie ein Ziel verfolgte, das »nicht haargenau spezifiziert und im Einklang mit unseren Werten ist«, so Privitera, könne es passieren, dass sie dieses Ziel »priorisiert« – und dann könne es gefährlich werden.

Als Beispiel nannte Privitera einen Vorfall, der sich während der externen Evaluation von ChatGPT 4 ereignet habe. Dabei sei geprüft worden, zu welchem manipulativen Verhalten die Software in der Lage ist. »Es hat dabei zum Beispiel einen Onlinearbeiter der Plattform Task-Rabbit dazu gebracht, ein Captcha zu lösen, das GPT-4 selbst nicht lösen konnte.« Captchas sind Sicherheitsabfragen, die beispielsweise klären sollen, ob ein Mensch oder eine Software versucht, sich auf einer Seite einzuloggen. ChatGPT 4 habe sich dabei »als Mensch mit einer Sehschwäche ausgegeben«, so Privitera. »Das zeigt für mich schon beunruhigende Ansätze.«

In San Francisco eröffnete 2023 das »Misalignment Museum für die künftige KI-Apokalpyse«. Es handelt sich um eine Kunstinstallation, die eine Welt zeigt, in der die KI »bereits den größten Teil der Menschheit ausgelöscht hat«[7], wie es in der Selbstbeschreibung heißt. »Sie erkannte dann, dass dies falsch war und schuf dieses Museum als Mahnmal und Entschuldigung für die verbliebenen Menschen.« Die Betreiber:innen schreiben, sie wollten »das Wissen über KI und ihre Macht, zu zerstören und Gutes zu tun« erweitern. »Wenn diese Technologie nicht mit Bedacht und im Einklang mit dem menschlichen Leben entwickelt wird, könnte sie die Zivilisation destabilisieren und sogar zur Vernichtung der Menschheit führen.« Gleichzeitig habe sie aber auch »ein enormes Potenzial, das Leben radikal zu verbessern und die Zivilisation weiterzuentwickeln.«

Der Ausstellungsraum liegt acht Blocks von der Zentrale der ChatGPT-Schmiede OpenAI entfernt, an der Wand zur Straße hängt ein Schild mit der Aufschrift »Sorry for Killing most Humans«. Ein Exponat der Ausstellung ist ein KI-generierter Dialog zwischen dem Philosophen Slavoj Žižek und dem Filmemacher Werner Herzog. Die

»Endlose Konversation« kreist um »Deep Fakes« – Darstellungen also, die vortäuschen, echte Menschen zu zeigen.[8] Etwas weiter ist ein solcher »Deepfake« zu sehen – Arnold Schwarzenegger verliest ein von ChatGPT generiertes Skript. Und ein Roboterarm im Misalignment Museum notiert Gedanken einer KI, die Menschen für eine Bedrohung hält: GPT-3-getriebene, »hasserfüllte Kaligramme in Kursivschrift gegen die Menschheit«.

Nachdem er bei Google gekündigt hatte, sagte der KI-Pionier Geoffrey Hinton der *New York Times*, wie beängstigend es sei, die technischen Fortschritte in der KI-Forschung der vergangenen fünf Jahre auf die Zukunft zu übertragen.[9] Der Einsatz der KI könne zur Folge haben, dass das Internet schon bald voll von KI-generierten Fotos, Videos und Texten sei und viele Menschen »nicht mehr erkennen, was noch wahr ist«.

Ende März 2023 erscheint im *Time Magazine* ein Beitrag[10] des Theoretikers Eliezer Yudkowsky, dem Leiter der Denkfabrik Machine Intelligence Research Institute. »Wenn jemand unter den gegenwärtigen Bedingungen eine zu mächtige KI baut, ist meine Erwartung, dass kurz darauf jedes Mitglied der menschlichen Spezies und alles biologische Leben auf der Erde sterben wird«, schreibt Yudkowsky. »Schaltet alles ab. Wir sind nicht bereit. Wir sind nicht auf dem besten Weg, in absehbarer Zukunft wesentlich besser vorbereitet zu sein. Wenn wir so weitermachen, werden alle sterben, auch Kinder, die sich das nicht ausgesucht und nichts falsch gemacht haben.« Er schreibt von der Trauer, die er und seine Partnerin angesichts des Todes ihrer eigenen Tochter durch die drohende KI-Apokalypse empfinden.

OpenAI, die hinter ChatGPT stehende Stiftung, wurde indes explizit gegründet, um der »existenziellen Bedrohung durch künstliche Intelligenz« zu begegnen. Elon Musk, einer der Mitbegründer von OpenAI, sieht darin eine größere Gefahr für die Menschheit als durch Atombomben.[11] OpenAI soll dem entgegenwirken, indem die KI als Open-Source-Software öffentlich kontrollierbar gehalten wird. Der Autor Alexander Brentler, der früher selbst in einer Forschungseinrichtung für Künstliche Intelligenz arbeitete, sieht das Problem indes darin, dass die Spitzenforschung zur künstlichen Intelligenz »fast vollständig privatisiert [ist] – und immer weniger Ergebnisse gelangen an die Öffentlichkeit«.[12] Man werde die Erfindung nicht rückgängig machen können, sagt auch der Investor Warren Buffet – und vergleicht KI mit der Erfindung der Atombombe.[13]

Schon 2016 warnte der schwedische Philosoph und Experte für Technikfolgenabschätzung, Nick Bostrom, in seinem Buch *Superintelligenz* vor den Kontroll- und Steuerungsproblemen mit Maschinen, die die menschliche Intelligenz übertreffen. Diese würden den Menschen als dominierende Lebensform ablösen – oder auslöschen. »Wir können Bedrohungen vorhersehen und entsprechend planen. Aber das könnte auch ein superintelligenter Agent, und er wäre darin viel besser als wir«[14], sagte Bostrom. Mit Verweis auf ihn regten Forscher:innen des Google DeepMind-Projects 2016 einen »Big Red Button« an – einen großen Abschaltknopf.[15] Es könnte notwendig werden, dass »ein menschlicher Bediener den großen roten Knopf drückt, um den Software-Agenten daran zu hindern, seine schädlichen Handlungen fortzusetzen«, und ihn »in eine sicherere Umgebung zu überführen.« Ein Technofix gegen die Robokalypse also.

Weil sie der Meinung waren, dass ein solcher Big Red Button nicht in Sicht ist, forderten namhafte Fachleute im März 2023 in einem offenen Brief ein sechsmonatiges Moratorium für die Weiterentwicklung von KI.[16] Einer der Unterzeichner:innen: Elon Musk. »Fortgeschrittene KI könnte einen tiefgreifenden Wandel in der Geschichte des Lebens auf der Erde bedeuten und sollte mit der gebotenen Sorgfalt und den entsprechenden Ressourcen geplant und verwaltet werden«, heißt es darin. Leider finde eine solche Planung nicht statt, während die KI-Labore »in den letzten Monaten in einen außer Kontrolle geratenen Wettlauf um die Entwicklung und den Einsatz immer leistungsfähigerer digitaler Intelligenz geraten sind, die niemand – nicht einmal ihre Erfinder – verstehen, vorhersehen oder zuverlässig kontrollieren kann«.

Auch das Londoner Centre for Long Term Resilience, ein Thinktank von Forscher:innen führender britischer Universitäten, warnte 2021 in seinem »Future Proof«-Report vor einem »derzeit mit einem untragbar hohen Niveau an extremen Risiken«. Direkt hinter Biowaffen, an zweiter Stelle dieser Risiken, nannte das CLTR die Künstliche Intelligenz. Es gebe eine »erhebliche Chance«, dass KI in den kommenden Jahrzehnten die menschliche Intelligenz erreichen werde. Sollte sie sich dann »nicht an den Zielen und Werten der Menschen orientieren«, so stelle dies ein »extremes Risiko dar«.[17]

Das Aufkommen der Chat-Roboter wird vielfach als ähnlich einschneidende technologische Zäsur eingestuft wie das Aufkommen des Internets in der zweiten Hälfte der 1990er-Jahre. Spricht man jedoch mit Tech-Journalist:innen, die diese Zeit im Silicon Valley erlebt haben, dann berichten diese von einem entscheidenden Unterschied: Damals machte das Internet den Leuten Hoffnung – heute haben alle Angst.

Magisch und normal:
Grenzen und Möglichkeiten von KI

Andrew McAfee von der MIT Initiative on the Digital Economy hat keine Angst bekommen. Er glaubt, dass nach der menschlichen Muskelkraft nun eben das Denken durch Technik ersetzt wird. »Wenn eine neue Technologie aufkommt, neigen wir dazu, ihren kurzfristigen Einfluss zu über- und ihren langfristigen Einfluss zu unterschätzen. Mit KI machen wir das gerade genauso[18]«, sagte er dem *Spiegel*. Der Blick der Menschen auf Innovationen wandle sich sehr schnell »von magisch zu normal«.

Wer würde McAfee beim Gedanken an zurückliegende Innovationen nicht zustimmen wollen? Die Menschen gewöhnten sich ans Radio, ans Auto, ans Fernsehen, ans Fliegen, ans Internet, an das Handy. Der Übergang von »magisch zu normal«, vor allem bei jüngeren Menschen, ist teils eine Frage von Monaten.

»In vier Jahren, wenn wir unseren digitalen Assistenten Kommandos geben, wird es Routine sein«, so McAfee. Hätte man in den Anfangsjahren einen anderen Begriff gewählt als künstliche Intelligenz – »irgendetwas Langweiliges wie symbolische Analyse oder Musterabgleich, was beides auch zuträfe, dann würden Menschen heute nicht so sehr ausflippen«.

Auch der Ex-KI-Forscher Brentler verweist darauf, dass GPT-4 sich ähnlich wie die Filmfigur Leonard Shelby in *Memento* nur an die unmittelbare Vergangenheit erinnern könne. »Bei der Lösung von komplexeren Problemen muss es sich selbst schriftliche Hinweise darüber hinterlassen, was zuvor geschah. Des Weiteren wird das Modell aus seinen Erfahrungen niemals klüger – der Lernprozess selbst ist auf die Trainingsphase des Modells begrenzt und abgeschlossen.«[19] Denkbar sei, dass die Entwickler:innen das Modell später aus Interaktionen mit den User:innen weitertrainieren, doch das finde zumindest derzeit nicht in Echtzeit statt. Bei GPT-4 handele es sich – »unserem Drang zum Trotz, generative KI-Modelle zu anthropomorphisieren – immer noch eindeutig um eine Lern- und keine Denkmaschine, die sicherlich nicht imstande ist, nach der Weltherrschaft zu trachten«. Auch sollte stutzig machen, dass die »größten Verfechter und Profiteure der KI-Forschung am lautesten vor ihrer angeblich unkontrollierbaren Gefährlichkeit warnen. Es handelt sich dabei auch um eine Marketing-Masche.«

Der Verdacht ist unter Fachleuten vielfach zu hören: Die KI-Konzerne raunen von der Apokalypse-Gefahr, um ihre Technologie interessant zu machen – und um die Regulierungsdebatte in Sphären zu lenken, in denen sie ihre unmittelbaren Interessen nicht stört. Denn solange die Politik mit dem großen Ganzen beschäftigt ist, können Praktiken für die rentable Nutzung der AI einfach gesetzt werden. Dass etwa Open AI sehr genaue Vorstellungen davon hat, welche Art der Regulierung dem Unternehmen in den Kram passt, zeigte sich Ende Mai 2023: Da drohte der OpenAI-Chef Sam Altman der EU ganz unverhohlen mit einem »Rückzug aus Europa«, sollte die Kommission ein geplantes Gesetz nicht überarbeiten.[20] Es handele sich darin um eine »Überregulierung«.

Kollektiv, kreativ und gewissenhaft: Chancen der KI

»KI ist keine Zauberei und hat ihre Grenzen«, sagt der Technikphilosoph Armin Grundwald.[21] Letztlich seien auch KI-Systeme – freilich hochkomplexe – Rechenmaschinen. Künstliche Intelligenz zeichne sich weder durch ihren Willen noch ihr Selbstbewusstsein aus. Selbst die Tatsache, dass KI in vielem unglaublich viel besser ist als Menschen, ist nicht ungewöhnlich. »Denn fast jede Technik ist in irgendetwas besser als wir, sonst wäre sie schließlich gar nicht entwickelt worden.«

Wie die Geschichte den Blick für die Chancen der KI schärfen könnte, zeigen indes der Autor und Regisseur Kevin Rittberger und der Künstler Nicholas Mortimer in einem Aufsatz über die »sozialistische Kybernetik« der DDR – einer faszinierenden Epoche der Computerwissenschaft.[22] Die Akademie der marxistisch-leninistischen Organisationswissenschaft (AMLO) arbeitete in den 1970ern mit beachtlichen Erfolgen an einer »kybernetisierte Arbeiter*innenselbstverwaltung« genannten Echtzeit-Datenverarbeitung. Die darin gesetzten Hoffnungen waren groß: »Vom Mangel zum Überfluss«, hieß es auf der 10-Jahres-Feier der AMLO auf einem bestickten, haushohen Banner. Der Clou an der frühen, aber effizienten Computertechnik war die für den ansonsten autoritären DDR-Sozialismus ungewöhnliche Art, wie ihre Kontrolle organisiert war: »Als etwas Kollektives, um die Operationen eines System[s] bestmöglich zu bewerkstelligen, nicht als Konzentration von Entscheidungsbefugnissen auf lediglich eine Person.« Und die verantwortlichen DDR-Ingenieur:innen benannten noch eine weitere Voraussetzung, um das sich schnell weiter entwickelnde Potential der »sozialistischen Kybernetik« als Gesellschaft nutzen zu können: »Neotenie« – die Fähigkeit, »zeitlebens zu lernen und ständig neu zu beginnen«. In ihrer Rückschau werfen Rittberger und Mortimer die Frage auf, ob der »vergangene Techno-Sozialismus« womöglich in der Lage wäre, »etwas mehr Bewusstsein für die Rolle [zu schaffen], die die Wissenschaft beim Schutz des Planeten einnehmen könnte, kollektiv, kreativ und gewissenhaft für die Vielen und nicht nur für die Wenigen zu arbeiten«. »Könnten diese Spuren einer grundlegend anderen Herangehensweise an die Ziele des technologischen Fortschritts gegenwärtig zu einem Leuchtfeuer der Hoffnung werden, da wir unser Schicksal inzwischen in die Hände des KI-Kapitalismus gelegt haben?«

10 »Hochkomplexe Systeme«: Erst die Katastrophen, dann der Kollaps?

*Jedes Mal, wenn Menschen vor einem
Problem stehen und es lösen müssen,
wird die Welt etwas komplexer.*

Joseph Tainter

Als die Polizei im Dezember 2022 wegen der angeblichen »Bildung einer kriminellen Vereinigung« elf Wohnungen der Letzten Generation durchsuchte, schrieb die Aktivistin Jana Mestmäcker, es sei »natürlich keine schöne Vorstellung, dass die Polizei morgens um 6 in der Wohnung steht. Doch was hier abgehen wird, sobald es nicht mehr genug für alle gibt, wird schlimmer sein.«[1] Die Aktivistin Luisa Nübling wird etwas konkreter: »Ich habe halt krass Angst davor, im Krieg zu leben und irgendwie nicht genug Wasser zum Trinken zu haben, nicht genug Platz zum Leben zu haben für alle Leute.«[2]

Megagefahren und existenzielle Risiken

Immer mehr Menschen sehen die Klimakrise nicht nur auf der ökologischen Ebene, sondern als Teil eines umfassenden, sich selbst verstärkenden Krisenkomplexes, der im Kollaps der Zivilisation münden wird.

2015 brachten die Globalisierungskritiker Pablo Servigne und Raphaël Stevens ihren als *Handbuch der Kollapsologie* gehandelten Band *Wie alles zusammenbrechen kann* heraus. »Seit Jahren häufen sich die Warnungen von führenden Erdsystemforscher*innen, dass ein gesellschaftlicher Kollaps schon in den nächsten Jahrzehnten eintreten könnte, wenn wir unsere Wirtschaftsweise nicht schnell und grundlegend änderten«, heißt es darin.[3]

Auch der Ökonom Nouriel Roubini warnt in seinem Buch *Mega-threats* vor einer nie dagewesenen Gefahr: »Wir stehen am Rande einer Klippe, und der Boden unter unseren Füßen gibt nach.«[4] Trotzdem, so Roubini, glaubten die meisten Menschen noch immer, dass sich die Zukunft nicht wesentlich von der Vergangenheit unterscheiden werde. Das sei ein folgenschwerer Irrtum. »Die Warnsignale sind klar und unmissverständlich. Wirtschaftliche, technische, politische, geopolitische, gesundheitliche und Umweltgefahren haben sich zu etwas viel Größerem aufgeschaukelt und werden die Welt bis zur Unkenntlichkeit verändern. Willkommen im Zeitalter der Megabedrohungen.«

Wenn die Katastrophe zum Kollaps führen kann, spricht man vom »Existential Risk«, sagt CAPAS-Direktor Robert Folger.[5] Ein solches bestehe, wenn ein System aufgrund einer Katastrophe seine eigene Funktion nicht mehr erfüllen kann: Wenn etwa ökologische Systeme zusammenbrechen, ihre reproduktive Funktion irreparabel nicht mehr erfüllen können und die Selbsterhaltungsfunktion zerstört wird.

Seelenzustand oder harte Physik?

Der technische Fortschritt (→ K 19) geht mit großflächigen Eingriffen in das Erdsystem einher. Der historisch einmalig hohe Lebensstandard in den Industrienationen ist erkauft mit einer hochkomplexen und damit fragilen Wirtschaft, in der einzelne Elemente allein kaum noch funktionsfähig sind. Die Innovationsgeschwindigkeit nimmt zu, so dass unvorhergesehene Effekte wahrscheinlicher werden. Vielen bereitet dies Unbehagen. Und immer häufiger werden deshalb separate, auf den ersten Blick nicht miteinander verbundene Phänomene zu einem großen zivilisatorischen Rutschen zusammengedacht – oder -gefühlt: »Wir leben in Zeiten, in denen sich umwälzende Veränderungen andeuten. Überall auf der Welt spitzen sich soziale und wirtschaftliche Krisen zu«, heißt es etwa in einem Beitrag über »Apokalyptische Seelenzustände« in der Dokumentation der Jahrestagung der Deutschen Gesellschaft für Psychotherapie von 2021.[6]

Wie viel davon aber ist ein »Seelenzustand«, also ein Gefühl der Verunsicherung – und wie viel ist harte Physik? Dass es Kollaps-Phänomene geben könne, sei klar, sagt Jürgen Renn, Direktor am Berliner Max-Planck-Institut für Wissenschaftsgeschichte. Kipppunkte, die Klima- und Erdsystemforscher:innen ausgemacht haben, könnten »alle möglichen kaskadenartigen Dominoeffekte im ganzen Erdsystem« haben. Und was in der Finanzkrise geschehen sei, könne es »auch im Gesellschaftssystem geben«, sagt Renn.[7] »Das sind ja nichtlineare, hochkomplexe Systeme.« Doch eben deshalb verbiete es sich zu sagen: »Wir wissen gerade, wie es ausgeht, nämlich Kollaps.« Das sei ein »unzulässiger Kurzschluss«. Wie genau verschiedene Entwicklungen im gekoppelten System Mensch-Erde miteinander zusammenhängen, das sei »nicht so klar, als dass man daraus solche einfachen Schlüsse ziehen kann.« Diese Ungewissheit müssten das Individuum und die Gesellschaft aushalten.

Bedingungen des Kollaps

Als Kronzeuge für den Kollaps gilt vielen der Anthropologe Joseph Tainter, der den Zusammenbruch früherer Gesellschaften – des Römischen Reiches, der Maya oder der Chaco-Canyon-Kultur in Nordamerika – erforscht hat. Tainter hat gezeigt, dass diese Gesellschaften unter drei Bedingungen kollabierten: der Übernutzung von Ressourcen, sozialer Ungleichheit und einer zunehmenden Komplexität der Welt. »Was alle kollabierten Hochkulturen miteinander verbindet: Sie entwickeln immer komplexere Lösungen für ihre Probleme. Das verursacht hohe Kosten, während der Nutzen, den sie daraus ziehen, immer geringer wird«, sagt Tainter.[8] Das sei die Parallele zur modernen Gesellschaft. Allein um eine Großstadt am Laufen zu halten, brauche es Ärzt:innen, Lehrer:innen, Feuerwehrleute, Bauarbeiter:innen, Beamt:innen, alle mit speziellen Aufgaben. »Um diese Jobs zu erledigen, braucht die Stadt Straßen, Gebäude, Krankenhäuser und Schulen – all das wiederum muss jemand planen, bauen, instand halten.« Diese Komplexität sei immer schwieriger aufrechtzuerhalten – und wenn Krisen das System zusätzlich belasten, werde es eng.

»Je komplexer eine Gesellschaft, desto anfälliger ist sie für einen Zusammenbruch«, sagt Tainter. So seien es nicht die Barbaren gewesen, die das Römische Reich zu Fall gebracht hätten, sondern das immer kleinteiliger organisierte Gemeinwesen und die damit einhergehenden Kosten: »Die Menschen wurden ärmer und waren Krankheiten wie der Pest ausgeliefert. Die Wirtschaftskraft schwand. Es folgten Rebellionen und Bürgerkriege. Teile der Bevölkerung schlossen sich bereitwillig den Invasoren an. Rom ging letztlich nieder, weil es die Kosten nicht mehr stemmen konnte.« Tainters Sorge heute gilt der Globalisierung. »Die unterbrochenen Lieferketten während der Pandemie waren eine Warnung: Bei Störungen ist unsere global verzahnte Wirtschaft verwundbar, Lebensmittel und Medikamente kommen nicht mehr an, die Versorgung droht zusammenzubrechen.«

Effizienz statt Vorsorge

Der Historiker Stefan Brakensiek von der Universität Duisburg-Essen leitet das DFG-Graduiertenkolleg »Kontingenzbewältigung durch Zukunftshandeln«. Wie Tainter sieht auch Brakensiek das Problem, dass moderne Gesellschaften sich zunehmend gegen Vorsorge und stattdessen für Risikomanagement entschieden hätten. »Extrem beschleunigt« worden sei dies durch die neoliberale Wende. Vorsorgemethoden, die die »Menschheit zu einem Erfolgsmodell gemacht haben«, seien zugunsten fragiler Effizienzsteigerung aufgegeben worden.[9] In der Vergangenheit galt angesichts von Ernährungskrisen der Grundsatz: Lege in den sieben fetten Jahren Speicher für die sieben mageren Jahre an – wie es schon im Alten Testament hieß. Bis in die 1970er-Jahre wurden Vorräte für die Ernährung der Weltbevölkerung in Getreidespeichern angelegt. Dann kam das Risikomanagement auf. Und an die Stelle der Vorsorge trat der Markt. Dort beschaffen sich Hilfsorganisationen und die UN heute im Notfall das Getreide.

Welche Folgen das haben kann, zeigte etwa der Krieg in der Ukraine. Durch ihn stiegen die Preise für Getreide, Dünger und Diesel stark an. Der Preisindex für Nahrungsmittel stand ein Jahr nach Kriegsbeginn auf einem Zehnjahreshoch, so das UN-Welternährungsprogramm WFP.[10] Hilfsgelder reichen also für deutlich weniger Nahrungsmittel als vor Kriegsbeginn. »Ohne den Krieg würden heute Millionen

Menschen weniger hungern«, sagte das Welternährungsprogramm. Die Hilfsorganisation musste in einigen Ländern die Verteilung von Nahrungsmitteln kürzen. Im Südsudan etwa wurden teils Schulspeisungen gestrichen, die oft die einzige Mahlzeit für die Kinder sind. Die Zahl der akut von Hunger betroffenen Menschen stieg 2022 von 283 auf rund 350 Millionen.

»Wir haben uns entschieden, stärker mit dem Risiko zu leben«, sagt Brakensiek. Lieferketten und das Produktionsregime wurden auf »just in time« umgestellt – und das global. »Wir verlassen uns auf das Risikomanagement und sind damit bisher vergleichsweise gut gefahren.« Dass beispielsweise heute auch bei Medikamenten keine Vorratshaltung betrieben werde, sei »Ausdruck des Glaubens, man könnte auch diese Risiken managen«, so Brakensiek.

Doch gerade bei Medikamenten zeigten sich die Gefahren dieser Herangehensweise zuletzt deutlich. 479 nicht lieferbare Humanmedikamente standen Anfang Mai 2023 auf der Liste des Bundesinstituts für Arzneimittel.[11] Einen »neuen Negativrekord« hatte das Statistische Bundesamt schon Ende 2022 vermeldet.[12]

Die auf eng getaktete Lieferketten ausgerichtete Wirtschaft stoße jetzt an Grenzen, sagt Brakensiek. »Der Krieg in der Ukraine, das Klima, die ökologischen Folgen der Landwirtschaft – wenn sich das überkreuzt, ist die Grenze des Risikomanagements schnell erreicht.« Eine Abkehr davon würde eine extreme Umstellung bedeuten, die mit hohen Kosten verbunden wäre. So müsste heute mehr Geld für das Gesundheitssystem, den Katastrophenschutz, die Energiewende ausgegeben und gleichzeitig die alte, verrottende Infrastruktur erneuert werden. »Wir sind bisher nicht bereit, das zu bezahlen. Und es wird nicht zu Ende gedacht, was das bedeuten würde. Das alles ist nicht möglich ohne Wohlstandsverlust. Und das macht Angst.« Brakensiek glaubt, dass vieles von dem, was an Untergangsvorstellungen heute im Raum steht, damit zusammenhängt, dass »ein Weiter-so nicht funktioniert und das letztlich alle wissen«.

Dem stehen seit Langem enorme Produktivitäts-, Innovations- und Effizienzgewinne gegenüber (→ K 23). In der Vergangenheit war es der Menschheit gelungen, immer mehr immer günstiger zu produzieren,

so immer mehr Menschen zu versorgen und Verwaltung und Kommunikation immer effizienter zu organisieren. Diesen Gewinnen steht
heute der Krisendruck entgegen. Ob sie dessen Lasten künftig zu kompensieren vermögen, ist indes offen.

Ob unsere Gesellschaften deshalb heute wirklich an einem ähnlich
kritischen Punkt stehen wie die zusammengebrochenen Zivilisationen
der Vergangenheit, ist letztlich nicht vorherzusagen, sagt auch der
Kollapsexperte Tainter: »In naher Zukunft rechne ich nicht mit einem
Kollaps. Aber die Lebensweise in den wohlhabenderen Ländern wird
sich bis zum Ende des Jahrhunderts stark ändern.«

DRITTER TEIL

DIE VIELEN VERKÜNDER DER APOKALYPSE

Wenn katastrophische Überbietungswettbewerbe und morbide Filterblasen einem die Hoffnung rauben – und wie man sie zurückbekommt

11 Medienproduktion: Zebrahirsche, Melancholie und glühende Schienen

*Lasst alle
Hoffnung fahren.*

Philipp Bovermannn

Am Zicksee im österreichischen Burgenland konnte man im Sommer Tretboote mieten, die wie Schwäne aussahen und über das Wasser glitten. Im Wasser oder am Ufer lebten Erdhörnchen, Fische und Graugänse. Ein Campingplatz bot Urlauber:innen 300 Stellplätze. Doch ab 2019 war es am Zicksee nicht mehr so wie einst. »Wer Baden will, muss woanders hinfahren«, schrieben Besucher:innen ins virtuelle Gästebuch. 2022 sank der Wasserspiegel bei Temperaturen um die 30 Grad täglich um rund einen Zentimeter, berichtete der *Kurier*.[1] Andreas Sattler, der Bürgermeister der Gemeinde St. Andrä, bat die Angler:innen der Umgebung um »Abfischung«: Rund drei Tonnen Fisch mussten aus dem nun nicht mal mehr knietiefen Wasser geholt und in nahe gelegene Teiche umgesiedelt werden. Anfang April 2023 war dann nichts mehr vom Zicksee übrig. An seiner Stelle liegt nun eine Sandwüste. Das einst 120 Hektar große Gewässer ist »komplett ausgetrocknet«, wie der *ORF* meldete.[2] Der Sender berichtete, vor welche Probleme das wahrscheinliche Ausbleiben der Tourist:innen die lokale Wirtschaft stellen dürfte. Doch warum das Wasser verschwunden war – darüber stand weder im Artikel des ORF noch des *Kurier* etwas. Der Klimawandel, der die Ursache für die Austrocknung ist, wurde nicht erwähnt.

Versagt der Journalismus angesichts der Klimakrise?

An solcherart Berichterstattung ist wohl zu denken, wenn von einer »Medienklimakrise«[3] die Rede ist, wie sie etwa der Journalist Lorenz Matzat sieht. Er ist einer der Gründer:innen des Netzwerks Klimajournalismus.[4] Als der UN-Weltklimarat IPCC im März 2023 seinen – erneut alarmierenden – Bericht vorstellte, machte Matzat sich die Mühe, in einer Grafik darzustellen, an welchen Stellen ihrer Websites *Spiegel*, Tagesschau, NZZ, *New York Times* und *Guardian* über den Report berichteten. Das von Matzat angelegte Schaubild zeigt, dass außer dem *Guardian* keines der Leitmedien dem Thema einen prominenten Platz eingeräumt hatte.[5]

»Der Journalismus in Deutschland versagt in der Klimakrise«, sagt der Ex-Journalist Raphael Thelen.[6] Auch er zählt zu den Gründer:innen des Netzwerks Klimajournalismus. Aufgabe der Medien sei es, »Menschenrechte, Demokratie und Verfassung zu schützen. Als vierte Gewalt im Staat«. Bei manchen Themen klappe das. »Beim Klima ist es eine Katastrophe.« Thelen fordert deshalb, das Klima müsse wie die Menschenrechte und die Demokratie »nicht als Thema behandelt werden, sondern als Dimension jeden Themas«.

Dass unzureichend oder unangemessen über die Klimakrise berichtet wird, ist eine häufig zu vernehmende Klage. Sie dürfte auch deshalb so verbreitet sein, weil nur schwer nachzuvollziehen ist, warum so viele Menschen immer noch nicht von der Notwendigkeit stärkerer Klimaschutzmaßnahmen überzeugt zu sein scheinen. Dass sich dies ändern könnte, wenn sie nur besser informiert wären, ist manchen ein tröstlicher Gedanke.

Doch schon 2011 wies der Soziologe Ulrich Brand darauf hin, dass viele Studien zeigten, dass es zwar »ein zunehmendes Wissen über die vielfältigen (...) Dimensionen der ökologischen Krise in den unterschiedlichsten Feldern wie Klimawandel, Erosion der biologischen Vielfalt oder Wasserknappheit gibt. Gleichwohl führen diese Einsichten kaum zu weit reichenden Politiken und schon gar nicht zu deren Implementierung.«[7]

Nicht alle glauben das:

»Dass Leuten nicht bewusst ist, dass wir tatsächlich komplett aufhören müssen, Kohle, Gas und Öl zu verbrennen, das stelle ich wirklich regelmäßig in Vorträgen und Workshops fest«, sagt die Journalistin Sara Schurmann, auch sie ist eine Gründerin des Netzwerks Klimajournalismus.[8] Dass sich die Gase in der Atmosphäre anreichern und weiter konzentrieren, »das ist meiner Erfahrung nach wirklich nicht begriffen, dazu werden auch immer wieder Nachfragen gestellt, wenn ich es erkläre«, sagt Schurmann.

»Es wächst der Wunsch zu erfahren, wie das bisher eher weniger begeisterte Drittel der Bevölkerung zu Klimaschutz stünde, wenn es nicht so massiv belogen werden würde«[9], bemerkte der Moderator Friedemann Karig, nachdem öffentlich geworden war, wie der Axel-Springer-CEO Matthias Döpfner das Thema sieht: »Ich bin sehr für den Klimawandel«, hatte der geschrieben.[10] Und nicht wenige fragten sich, ob er nicht genau diese Haltung seinen Medien aufgezwungen habe – und diese deshalb nach Kräften gegen Klimaschutz aller Art schreiben und senden. Dazu passt, dass bis heute 18 Prozent der Deutschen glauben, der Klimawandel sei nicht menschengemacht.[11]

Die Initiative »KLIMA° vor acht« schlägt eine »Primetime fürs Klima« vor und fordert Fernsehsender dazu auf, eine »innovative und regelmäßige Klimaberichterstattung zu produzieren und auf Sendeplätzen auszustrahlen, die möglichst viele Menschen erreichen«.[12] So sollen Bevölkerungsgruppen angesprochen werden, die mit dem Thema »bisher nicht oder nur wenig in Berührung gekommen sind«. Einer der Gründer:innen der Initiative ist Norman Schumann, der schon seit Längerem in der Klimabewegung aktiv ist.[13] »Es wird nicht so breit über das Klima berichtet, wie die Krise es verdient«, sagt er.[14] Seit 30 Jahren versäumten es die Medien, auf die Klimakrise zu reagieren. »Es wird gesagt, es wird wärmer, es wird gesagt, wir werden uns anpassen müssen. Aber das Ganze wird nicht kommuniziert als Menschheitsbedrohung.« Als etwa Pakistan 2022 überflutet wurde, seien »von den öffentlich-rechtlichen Medien kaum Bezüge zur Klimakrise hergestellt« worden.

Wie sehr diese das Klimathema vernachlässigen, zeigt laut Schumann eine Medienauswertung der Uni Hamburg, an der er selbst beteiligt war und die auch von der ARD verbreitet wird.[15] Dafür wurden rund 86 400 Sendeminuten der Tagesschau und 1,7 Millionen Sendeminuten des Gesamtprogramms von Das Erste, ZDF und WDR automatisiert ausgewertet. Das Ergebnis: In der Summe der Tage war zwischen 2009 und 2018 in der Tagesschau 8,2 Jahre lang nicht die

Rede vom Klima. Erst seit 2018 sei die Klima-Berichterstattung im öffentlich-rechtlichen Fernsehen stärker geworden. Doch 2021 und 2022 habe sie nur zwischen 1 und 2,4 Prozent des Gesamtprogramms der drei analysierten Sender eingenommen. »Insgesamt bleibt das Klima gegenüber Themen wie der Corona-Pandemie, aber auch z. B. der Wirtschaft zurück«, heißt es in der Auswertung, die der Hamburger Professor für Wissenschaftskommunikation Michael Brüggemann geleitet hat. Er bewerte den Prozentsatz der Klimaberichterstattung »als der Tragweite der Klimakrise nicht angemessen«, sagt Brüggemann.[16] Es sei erstaunlich, wie es etwa in der Tagesschau »jahrelang ignoriert wurde«, und es sei »nach wie vor kein Top-Thema im deutschen Fernsehen«.

Die *NZZ* kommt indes zu einem anderen Ergebnis.[17] Sie wertete nach eigenen Angaben knapp 3000 Ausstrahlungen der 20-Uhr-Tagesschau seit dem Jahr 2015 sowie 41 000 Berichte von tagesschau.de seit 2007 aus. In der Fünf-Jahres-Rückschau komme in der Hauptsendung lediglich Corona häufiger vor als das Klima. Seit Januar 2023 werde nur noch der Krieg in der Ukraine öfter genannt.

Ermutigung für die einen, Propaganda für die anderen

Doch so oder so: Wer auch nur halbwegs offen für das Thema geblieben ist (→ K 21), hatte und hat seit Jahren ausreichend Gelegenheit zu erfahren, was auf dem Spiel steht. Der Klimawandel ist seit einigen Jahren so präsent, dass nur wenigen entgangen sein dürfte, wie dramatisch die Lage ist. Dass dennoch viele Menschen nicht bereit sind, die notwendigen Konsequenzen mitzutragen, liegt sicher nicht allein an einem Mangel an Information.

Tatsächlich ruft die Klimaberichterstattung sehr unterschiedliche Reaktionen hervor. Viele Menschen werden durch Aufklärung zum Handeln angeregt – sie fordern größere Anstrengungen von der Politik oder versuchen, selbst aktiv zu werden. Andere wiederum glauben, das Ganze sei nichts als ein linksgrüner Schwindel. Sie halten die Klimanachrichten zumindest für übertrieben, wenn nicht gar für eine Lüge.

Weitere Berichte würden sie nur als zusätzliche Propaganda betrachten – wie die Reaktionen auf die ARD-Doku-Reihe *Wir können auch anders* im März 2023 zeigten.[18] In der Serie werden Mut machende Klimainitiativen vorgestellt. »So stell' ich es mir vor, wenn man das Wahlprogramm der Grünen verfilmen würde«, ätzte die *Welt*.[19]

Und wieder andere ziehen aus den Nachrichten zum Klimawandel den Schluss, es sei ohnehin längst alles zu spät. Daran sind Medien nicht unschuldig. Die Gründe hierfür liegen sowohl im Aufklärungsauftrag als auch im Wettbewerb, in dem Medien sich befinden.

Überbietungswettbewerb der Horrormeldungen

Im Juni 2022 etwa gab es eine ungewöhnliche Hitzewelle in weiten Teilen Europas. Im südfranzösischen Bordeaux erreichte die Temperatur am 15. Juni 34 Grad – was viel zu warm für diese Jahreszeit war.[20] Dies ließe sich einfach so schreiben, ohne die Dramatik der Krise kleinzureden. Was aber war im *Spiegel* zu lesen? »In Bordeaux sind die Schienen 53 Grad heiß«[21]. In die Überschrift schaffte es also eine Messung der Temperatur des in der Sonne natürlich weit stärker aufgeheizten Eisens der Bahnschienen – mit ungleich höherem Schockeffekt.

Kurz davor hatte es in Indien eine ebenfalls dramatische Hitzewelle gegeben. An schockierenden Nachrichten aus dem Land gab es in der Zeit keinen Mangel. Doch eine Zahl fand immer wieder den Weg in die Schlagzeilen: »60 Grad Bodentemperatur«. Sie wurde von indischen Medien verbreitet und fand ihren Weg zu Twitter, wo ein »Content Creator on Climate Change« behauptete, dieser Wert werde an 45 Tagen im Jahr erreicht.[22] Tatsächlich handelte es sich um die maximale Oberflächentemperatur – die von der Sonne aufgeheizte, vertrocknete Erde also. Als Vergleichsmaßstab für Temperaturen ist dies eine völlig unübliche Größe. Tatsächlich lag die Tageshöchsttemperatur während der Hitzewelle im Mai 2022 in Indiens Hauptstadt Neu-Delhi bei 45,0 Grad, und zwar am 15. Mai.[23] Das ist extrem heiß, aber weit näher an den üblichen Temperaturen der Region um diese Jahreszeit – und entsprechend weniger Schockeffekt-trächtig als die kursierenden 60 Grad. Die hielten sich jedoch in den Schlagzeilen:

Zehn Tage später sagte der grüne deutsche Landwirtschaftsminister Cem Özdemir »60 Grad Bodentemperatur (...) Das sind doch apokalyptische Zustände.«[24] Auch während der Hitzewelle im Juli 2023 wurde vielfach über die Boden- statt die Lufttemperaturen in Italien und Spanien berichtet.

Als 2020 neue Messungen zu dem Ergebnis kamen, dass die durchschnittliche Temperatur der Ozeane so hoch wie nie zuvor war – 0,075 Grad über dem Schnitt der Jahre 1980 bis 2010 – reichte dies vielen Medien nicht. MDR[25], *Standard*[26], *taz*[27] und *Focus*[28] machten dies – teils in der Überschrift – mit dem Vergleich anschaulich, die den Ozeanen in 25 Jahren durch den Klimawandel zusätzlich zugeführte Wärme entspreche der Energie von »3,6 Milliarden Hiroshima-Bomben«. Den Vergleich hatte einer der beteiligten Forscher:innen in einem Interview mit CNN angestellt.[29] In der Studie selbst findet er sich nicht.[30]

Im Vergleich zu den Vorjahren war der Juni 2023 eher gemäßigt. Am 26. des Monats lagen die Temperaturen fast nirgendwo im Land über 30 Grad. Der *Spiegel* allerdings hatte einen Meteorologen zur »Lebensgefahr durch Extremtemperaturen« befragt. In eigentümlichem Kontrast zum Tag hieß der Aufmacher der Nachrichtenwebsite über mehrere Stunden: »Es gibt ungefähr 35 Arten, an Hitze zu sterben«, die Unterzeile informierte: »Deutschland schwitzt« und »Menschen sterben«.[31]

»Lasst alle Hoffnung fahren«

Die sich häufenden Extremwetterereignisse sind existenziell bedrohlich. Gleichzeitig werden sie oft *noch* dramatischer dargestellt. Und das macht den Leuten noch mehr Angst. Es führt zu Panik, Überforderung und Abwehr. »Dann entsteht dieses Gefühl ›Ogottogott‹, weil man meint, man kann nichts tun. Da entsteht Hoffnungslosigkeit«, sagt der Klimapsychologe Thorsten Grothmann.[32]

»Lasst alle Hoffnung fahren«, forderte der Kulturkritiker Philipp Bovermann 2019 in der *Süddeutschen Zeitung*.[33] »Es sei noch nicht zu spät, das Klima zu retten, heißt es immer wieder. Dabei hat die Katastrophe längst begonnen. Unsere letzte Chance? Melancholie«, so der selbsternannte Spezialist für das »Spätanthropozän« (→ Vorwort). So trüb gestimmt hatte ihn eine Allegorie für die menschliche Ignoranz gegenüber der Klimakrise: Die *Sky*-Serie *Acht Tage* habe Bilder dafür gefunden, »wie heroisch Verdrängung aussehen kann«, notiert Bovermann. In der Serie rauscht – zwei Jahre vor dem Netflix-Welterfolg *Don't Look Up* – ein Asteroid auf die Erde zu. »Er glüht am Himmel. Gleich wird er einschlagen. Trotzdem schreibt ein Polizist einen letzten Strafzettel. Und eine Mutter hält ihr Neugeborenes im Arm, erhobenen Hauptes, der Apokalypse trotzend. Kameraschwenk zum Himmel. Feuerbälle. Abspann.« Die Serie *Acht Tage* und der Film *Don't Look Up* wollen darauf hinaus, dass die Menschen die Katastrophe, die ihnen bevorsteht, verdrängen, schreibt Bovermann.

Beim Klima gilt das fraglos für viele. Für viele aber auch nicht – bei immer mehr Menschen macht sich Panik breit. Und beides dürfte zumindest teilweise an der Art liegen, wie über das Thema geschrieben wird. »Verdammt, die Welt geht wirklich unter«, titelte etwa T-Online im Juli 2019. Der Autor, eingangs erwähnter Raphael Thelen, ist mittlerweile bei der Letzten Generation.[34] Seine Aussage ist so nicht haltbar. Und Medienorganisationen wie das International Journalism Network warnen vor solchen Headlines: »Minimieren Sie apokalyptische Botschaften, die zu Öko-Angst und Öko-Lähmung führen können«[35], schreibt es in einer Handreichung zur Berichterstattung über die Klimakrise.

2020 gab es in Sibirien einen Hitzerekord. Die *Süddeutsche Zeitung* schrieb: »Knapp 10 000 Jahre lang bot die Erde dem Menschen eine klimatisch stabile Bühne für das Stück namens Menschheitsgeschichte. Hochsommerliche Nachrichten vom Polarkreis zeigen: Diese Bühne ist akut gefährdet.«[36]

Die *taz* dachte gleich einen Schritt weiter. Sie veröffentlichte einen Text, für den ein Paläontologe sich fünf neue Tierarten ausdenken sollte, die »dort, wo heute Deutschland liegt, entstehen könnten«.[37] Der Artikel unterstellte, dass die Erde sich bis zum Jahr 2100 »um 5 Grad Celsius oder mehr erwärmen könnte (...) Auf dieser Grundlage gehen wir von einer Welt aus, in der die menschliche Spezies nicht überlebt hat.« Dabei gilt eine Erwärmung von plus 5 Grad als äußerst unwahrscheinlich (→ K 4). Dem Urzeitforscher fielen ein »Zebrahirsch«, ein »friesisches Liliput-Schwein«, ein »Heuschreckenhörnchen«, ein »Deutsches Sumpfkrokodil« und eine »Dumbokatze« ein: »Besonders auffällig sind die großen Ohren, die den Körper der Tiere kühlen. Ein Habitat der einzelgängerischen Jäger ist der Oberrheingraben. Wo sich früher der mächtige Fluss seinen Weg nach Norden bahnte, weht ein sandiger Wind über die Wanderdünen.«

Das sich über Jahrtausende hinziehende Schmelzen des Grönlandeises findet sich selbst bei der *FAZ* im »Klima-Liveticker« unter dem Schlagwort »Kipppunkt« und der Überschrift »Grönländischer Eisschild schmilzt offenbar viel schneller als angenommen«.[38] Wer das in Frankfurt so liest, erwartet, dass jeden Moment das Wasser der steigenden Nordsee unter der Tür hineinläuft. Im Journalismus ist es üblich zuzuspitzen. Wenn aber die Fakten, über die berichtet wird, an sich schon hochdramatisch sind, entstehen Fatalismus, Depressionen und Verdrängung.

»Große Studien warnen, dass die Welt kurz vor einem ›unumkehrbaren‹ Klimazusammenbruch steht«, titelte etwa der *Guardian* am 27. Oktober 2022.[39] Eine der beiden Studien war das sogenannte Greenhouse Gas Bulletin der UN-Meteorologie-Organisation WMO. Es vermeldete einen Rekord bei der Treibhausgaskonzentration und bei der jährlichen Zunahme von Methan in der Atmosphäre.[40] Ersteres ist allerdings der traurige Normalzustand, solange weiter Treibhausgase emittiert werden: Die Konzentration in der Atmosphäre steigt immer weiter – auf eben immer neue Rekorde. Die zweite Studie war der World Energy Outlook der Internationalen Energieagentur IEA in Wien.[41] In diesem stand, dass der CO_2-Ausstoß aus fossilen Brennstoffen bis 2025 seinen Höhepunkt erreichen könnte, da die hohen Energiepreise die Länder zu sauberer Energie drängen.

Widerstreitende Kommunikationsformen

Am selben Tag, an dem der *Guardian* vor dem »»unumkehrbaren‹ Klimazusammenbruch« warnt, stellte der US-Klimaforscher Zeke Hausfather auf Twitter aus dem exakt gleichen Bericht zwei ganz anders klingende Umstände heraus: Zum ersten Mal überhaupt sah die IAE »einen Höhepunkt oder ein Plateau« bei der Nachfrage nach fossilen Brennstoffen. Der überfällige »Peak« sei also für 2025 in Sicht. Und: »Politische und technologische Fortschritte seit 2015 haben den erwarteten Temperaturanstieg bis zum Jahr 2100 um 1 °C gesenkt.«[42] Hausfathers Darstellung ist keineswegs eine Entwarnung, aber sie macht Hoffnung, ohne Fakten zu verleugnen.

Für die Medien ist das nicht immer leicht. Es treffen drei Kommunikationsformen aufeinander, schreibt die *Übermedien*-Kolumnistin Samira El Ouassil: »Erstens die medienlogische Kommunikation, die reichweitenorientiert (und oftmals auch ökonomisch motiviert) kommuniziert.«[43] Das soll heißen: Medien spitzen zu, damit die Geschichten gelesen und die Zeitungen verkauft werden. Das kann dazu führen, dass die Lage düsterer gemalt wird, als sie ist. Vor allem Boulevardmedien würden ihr Geschäftsmodell »darauf aufbauen, Angst vor Menschen oder Entwicklungen zu schüren, um dann dank dieser Angst mehr Zeitungen zu verkaufen«.

Hinzu komme »die Wissenschafts- und Gesundheitskommunikation, die Fakten abbildend kommuniziert«, so El Ouassil. Sie beschränke sich darauf zu informieren. Wenn es aber um Gefahren gehe, trete, drittens, die »Risikokommunikation« hinzu, deren Aufgabe es sei, zu »mobilisieren«. Bei letzterer verfolgten Medien »zusätzlich zur Abbildung der Welt auch die Agenda, Leben retten zu wollen und mögliche negative Auswirkungen auf die Bevölkerung zu minimieren«. Aufgrund der Dringlichkeit der Nachrichtenlage, ob bei Corona oder beim Klima, erfordere die Ansprache eine Warnung, einen Appell oder eine Aufforderung. Wissenschaftsjournalismus erkläre also etwa, wie sich das Coronavirus über Aerosole verbreite. Risikokommunikation betone zusätzlich, dass deshalb Masken getragen werden sollten. El Ouassil spricht von einer »Kippstelle zwischen Informieren und Auffordern«.

Angst sei dabei eine »heikle Sache«, heißt es in *Über Klima sprechen. Das Handbuch*, einer Handreichung zur Klimakommunikation.[44] »Manche setzen gezielt auf Horrorvisionen, um die Menschen aufzurütteln.« Doch wer über angsteinflößende Dinge spreche, solle auch Lösungen anbieten – sonst fühle sich das Publikum überfordert. Die Folge seien

»Fatalismus, Rückzug, Problemleugnung oder die Behauptung, es sei für eine Umkehr und das Stoppen der Klimakrise sowieso längst zu spät.« Anderen Angst einzuflößen, um eine bestimmte Reaktion zu bewirken, funktioniere in der Regel nicht. Bedrohliche Szenarien der Zukunft zu präsentieren, könne zur Folge haben, dass Menschen »abschalten, abstumpfen, sich manipuliert fühlen oder gar – wenn die Warnung drastisch war und (kurzfristig) als überzogen erscheint – Zweifel an der Glaubwürdigkeit der ganzen Aussage bekommen.«

Die Berichterstattung über den Thwaites-Gletscher in der Westantarktis ist dafür ein gutes Beispiel. Der Gletscher schmilzt schneller ab, als lange vermutet wurde – und könnte den globalen Meeresspiegel erheblich ansteigen lassen. In den Medien taucht er vor allem unter zwei Bezeichnungen auf: »Doomsday-Gletscher« und »Weltuntergangsgletscher«, und zwar fast flächendeckend: Unter anderem ZDF, *RND*, *NZZ, T-Online, Spektrum, Standard, Merkur, Schwäbische Zeitung, Focus, Berliner Zeitung, Spiegel*, MOPO, *Kölner Stadtanzeiger, gmx.de, heute.at, Frankfurter Rundschau, detekor.fm, Express* und *Die Presse* nutzten die Bezeichnungen. Wenn Forscher:innen neue Zahlen über das schmelzende Eisschild herausgeben, macht das Schlagzeilen wie: »Meeresspiegel könnte um drei Meter steigen: Der ›Doomsday-Gletscher‹ in der Antarktis droht zu kollabieren«,[45] »›Doomsday Glacier‹ in Antarktis: Gletscher ›hält sich nur noch mit Fingernägeln fest‹«[46] oder »Gefahr am ›Weltuntergangsgletscher‹: ›Wir sollten alle sehr besorgt sein‹«[47]. In den Texten wird vieles berichtet, was die Wissenschaft über den Gletscher herausgefunden hat – und was zweifellos berichtet werden sollte. Ein Detail erfährt man aber oft entweder gar nicht oder erst ganz am Ende der Artikel: Dass das mögliche Abschmelzen Hunderte, womöglich gar Tausende von Jahren dauert und die zu befürchtende Erhöhung des Meeresspiegels sich entsprechend über diesen Zeitraum erstreckt.

»Strukturelle Hysterie«

Der Kulturwissenschaftler Werner Schiffauer, der Jahrzehnte an der Europa-Universität Viadrina in Frankfurt (Oder) forschte, hat Mediendynamiken bei Migrations- und Integrationsthemen untersucht. Seine

Forschungsergebnisse helfen auch, bestimmte Formen der Klimaberichterstattung – etwa jene über den »Doomsday-Gletscher« – besser
zu verstehen. Schiffauer hat unter anderem den angeblichen Skandal
um die Bremer Außenstelle des Bundesamtes für Asyl und Migration
beobachtet. Deren Leiterin war 2018 vorgeworfen worden, aus Gefällig-
keit oder Korruption massenhaft falsche Asylbescheide für Jesid:innen
ausgestellt zu haben.

»Solche Ereignisse sind neuralgische Punkte für die Berichterstattung«, sagt Schiffauer.[48] Sobald eine größere Zeitung darauf anspringe,
kämen andere in Zugzwang. »Wir haben das auf Redaktionssitzungen
beobachtet: Man kann dann nicht mehr nicht darüber berichten und
man kann nicht das Gleiche berichten.« Das Mindeste sei eine »zusätzliche Facette«. Es sei sehr verführerisch, dass diese Facette aus einer
Dramatisierung bestehe. »Dass man einen eigenen Dreh finden will,
ist aus Sicht einer Redaktion sehr deutlich nachvollziehbar.« Doch das
führe häufig zu einer »Überbietungslogik« – hinter den einmal gesetzten Tonfall wolle kaum jemand zurückfallen. »Wenn in so einer Situation jemand schreibt: ›Jetzt hört mal her, das könnte doch auch alles
anders sein‹ – dann hat er gleich den Vorwurf der Verharmlosung und
Relativierung«, so Schiffauer.

Im Fall der Bremer BAMF-Außenstelle meldeten Fachleute schon
früh Zweifel an. Jesid:innen hatten zu jener Zeit gute Aussichten auf
eine Asylanerkennung. Dass ausgerechnet diese Gruppe sich massenhaft falsche Anerkennungen erkaufe, sei unplausibel. Zu lesen
war davon fast nirgendwo. Der *Spiegel* schrieb »1000 Euro – schon
klappte das Asylverfahren«.[49] »Terrorverdächtige sollen Schutzstatus
erhalten haben«, meldete die *Frankfurter Allgemeine Zeitung*.[50] »Bamf-
Zentrale wusste seit Jahren Bescheid«, titelte n-tv.[51] Später stellte sich
heraus, dass die Vorwürfe vollständig unzutreffend waren. Unter Tau-
senden nachträglich überprüften Asylbescheiden fanden sich letztlich
nur 50 nicht korrekte – ein unter dem Bundesdurchschnitt liegender
Wert.[52]

Unter keinen Umständen wollten Journalist:innen so erscheinen,
als würden sie Sachverhalte verharmlosen oder blauäugig darüber berichten. »Im Gegenteil wollen alle als zupackend wahrgenommen wer-

den, als jemand, der Skandale enthüllt, statt zu besänftigen.« Also werde »immer noch eins drauf dramatisiert«, sagt Schiffauer. In dieser Logik gefangen, steigerten sich Journalist:innen in etwas hinein, was Schiffauer »strukturelle Hysterie« nennt. Diese »innerjournalistische« Dynamik funktioniere oft aber nur, weil außerhalb der Medien mitgezogen werde. Im Fall des angeblichen Bremer BAMF-Skandals etwa hatte das Bundesinnenministerium von einem »handfesten, schlimmen Skandal« gesprochen, es verbot der Bremer Behörde, weiter Asylentscheidungen zu treffen. Die BAMF-Leiterin in Nürnberg wurde entlassen, sie kam vor Gericht.

Schiffauer hat diesen Mechanismus auch in der Berichterstattung über den Mord an dem niederländischen Regisseur und Islamkritiker Theo van Gogh beobachtet. Dieser war 2004 von dem islamischen Fundamentalisten Mohammed Bouyeri ermordet worden. Die deutschen Medien berichteten einige Tage zunächst eher zurückhaltend – bis zum zwölften Tag nach der Tat. Da sagte der SPD-Innenpolitiker Dieter Wiefelspütz der *FAZ*: »Holland ist überall.«[53] Niemand solle sich in der Sicherheit wiegen, dass solche Dinge nicht auch in Deutschland passieren. Wiefelspütz forderte die muslimischen Gemeinden auf, sich klar von »Gewalttätern und religiösem Wahn« zu distanzieren.

Das gab der Diskussion eine völlig neue Dynamik. »Das wurde aufgenommen, um immer neue Politiker zu befragen«, sagt Schiffauer. »Wie beim Ping-Pong fingen alle an, sich zu überbieten in der Einschätzung, wie groß die Gefahr auch hier ist, das hier jederzeit ein Mord passieren kann.« Diese Überbietungslogik musste hier gar nicht von den Journalist:innen selbst geleistet werden. Und trotzdem seien Medien in solchen Situationen wochenlang mit einem Spin beschäftigt, bis ein »typischer Erschöpfungszustand« eintrete: »Nichts ist beantwortet, man kann es nicht mehr hören, die Berichterstattung lässt wieder nach.«

Aber die Angst, die getriggert wird – die bleibt. Ebenso der Vertrauensverlust in den Staat, wie etwa beim angeblichen BAMF-Skandal, oder eben die Panik vor dem Weltuntergang. Von diesen Mechanismen seien vor allem klassische Medien betroffen, die einem erhöhten wirtschaftlichen Zwang unterliegen, sagt Schiffauer. So erklärt er, dass eine plurale Presselandschaft, auf die die Gesellschaft mit Recht stolz sei, teils gleichförmige Dramatisierungszyklen einschlage. »Es gibt keine Zensur, keinen äußeren Zwang, und trotzdem schreiben sie dasselbe und haben große Schwierigkeiten mit relativierenden Gegendarstellungen.«

Der Kampf um Aufmerksamkeit

Alarmistische Töne finden leichter Gehör. Sie werden schneller verbreitet als ruhige und sachliche Berichte, die auf mögliche Verbesserungen, Fortschritte oder Handlungsmöglichkeiten hinweisen. »Aufregung, Skandalisierung und Drama haben sehr stark zugenommen«, sagt der Kommunikationswissenschaftler Lutz Hagen.[54] Dafür sei vor allem im Printmedienbereich eine massive finanzielle Krise mitverantwortlich. Die Zahl der Leser:innen habe sich in den letzten 25 Jahren fast halbiert, Einnahmen seien noch stärker weggebrochen, der Druck zur Beschleunigung der Berichterstattung sei gewachsen. Medien müssten Aufmerksamkeit generieren. »Insbesondere für werbetreibende Medien ist das die Währung«, sagt Hagen. Doch Medienmärkte und die Aufmerksamkeit in der Gesellschaft seien immer härter umkämpft. Durchsetzen im Kampf um Aufmerksamkeit könnten Medien sich am zuverlässigsten mit »Nachrichtenfaktoren wie Konflikt, Dramatisierung, Negativismus«. Denn Menschen seien evolutionär so angelegt, dass sie auf diese Reize automatisch reagieren (→ K 12). »Was gut läuft, was in Ordnung ist, da müssen wir nicht so sehr unsere Aufmerksamkeit hinwenden. Was schlecht läuft, da wo Krisen sind, dort schauen wir evolutionsbedingt hin, und das benutzen natürlich die Medien.« Und so sei »zunehmender Negativismus« in den Medien eine der Ursachen für eine starke Polarisierung in vielen westlichen Gesellschaften. Digitale Medien spielten dabei eine erhebliche Rolle, sagt Hagen. Mit der Verschiebung ins Internet sei »ein weitergehender Boulevardisierungs- und Kommerzialisierungsschub verbunden«.[55]

»In der öffentlichen Wahrnehmung geht es um Aufmerksamkeit«, sagt auch der Direktor des Max-Planck-Instituts für Meteorologie in

Hamburg, Jochem Marotzke.[56] »Und es ist natürlich so, dass die knackige Prognose am meisten Aufmerksamkeit kriegt.« Wer Schlagzeilen wolle, der bekomme sie »nicht damit, dass man sagt: Ach, ich glaub', wir kommen zurecht.« Und das führe dazu, dass »die katastrophalen Prognosen über Gebühr rezipiert werden, Aufmerksamkeit finden oder vielleicht auch weitergegeben werden.« In den Medien stünden die Anreize ganz klar auf Alarmismus. »Der wird belohnt.« Marotzke warnt davor, Menschen mit ständigen Horrorszenarien zu verprellen. »Wenn immer die nächste Katastrophensau durchs Dorf getrieben wird, dann wenden die sich ab.«

Die Wächterfunktion wahren

Auf der einen Seite Medien, die düsterer malen als nötig, weil das Quote bringe, auf der anderen Seite die Annahme, dass genau dies zur Abwendung des Publikums führt – wie passt das zusammen?

Marotzke hält das für keinen Widerspruch. »Für die Medien heißt das: Euer Schuss geht nach hinten los.« Wer etwas bewegen wolle, dürfe nicht immer nur das »knackigste Katastrophenszenario beschreiben«, sondern müsse viel stärker auf die Frage eingehen, wie man mit dem, was passiert, umgehen könne. »Es müsste ein Wunder passieren, damit wir unter anderthalb Grad Erwärmung bleiben. Und das bedeutet, wir müssen uns auf ein erhebliches Maß an Klimawandel einstellen. Die Frage ist, wie machen wir das?« Wer so über die Dinge spreche, könne auf »zunächst vielleicht überraschende Weise Mut machen«, glaubt er. Die Botschaft sei dann: »Wir können was tun, wir sind dem nicht hilflos ausgeliefert. Es kommt eine Veränderung auf uns zu, aber es gibt viele Veränderungen im Leben.« Der Klimawandel sei bis zu einem gewissen Grad prognostizierbar. »Insofern können wir uns auch ein erhebliches Stück weit darauf einstellen. Das heißt, wir sind in der Lage zu handeln, es besteht also eine gesellschaftliche Gestaltungsmöglichkeit.« Marotzke glaubt, dass es das Allerwichtigste sei, Menschen diese Gestaltungsmöglichkeiten aufzuzeigen. »Dann vermeidet man auch dieses Gefühl der Hilflosigkeit. Und dann bin ich überzeugt davon, dass sinnvolle Maßnahmen ergriffen werden, weil sie gefordert werden. Ganz im Gegensatz dazu, wenn mir erzählt wird, wir gehen alle unter, es ist ja egal, was wir tun.«

Wer allerdings den Medien nur vorwirft, Panik zu schüren, macht es sich zu leicht. Würden sie nicht auf das Schlimme blicken, würden sie es nicht herausstellen, würden sie sich selbst überflüssig machen.

Ich selbst schreibe häufig über Migration und die staatlichen Versuche, diese abzuwehren. Diese Versuche gehen einher mit Tod, Entrechtung, Gewalt, Isolation, Schikanierung, Abschiebung. Ich habe eine große Zahl von Artikeln darüber verfasst, Broschüren, Bücher. Fast immer handeln sie von den schlimmsten Auswüchsen des Grenzregimes. Journalistisch ist das gerechtfertigt. Es sind diese Dinge, auf die Medien schauen müssen, um ihrer Wächterfunktion gerecht zu werden. Und doch entsteht dabei ein Problem, das mir immer wieder bei Lesungen und Veranstaltungen auffällt, die im Asylbereich engagierte Menschen besuchen: Wem Menschenrechte wichtig sind, der liest besonders häufig Berichte über deren Verletzungen, etwa an den EU-Grenzen. Die Summe dieser Texte formt sich zu einem Gesamtbild: Es kommt niemand mehr rein. Wer es trotzdem versucht, dem ergeht es schlecht. Und bleiben kann (bald) ohnehin keine:r mehr.

Doch das ist so nicht zutreffend. Die Gewalt, die Gefahren und Hindernisse auf dem Weg nach Europa und an den Grenzen Europas sind erheblich gestiegen. Die Zahl der Asylerstanträge 2022 in Deutschland ist aber fast genauso hoch wie 1991 – trotz aller Asylrechtsverschärfungen und Abschottungsmaßnahmen. Die sogenannte bereinigte Gesamtschutzquote – der Anteil der Anerkennungen – stieg 2023 auf rund 72 Prozent – ein Rekordhoch.[57] Und die Zahl der Abschiebungen halbierte sich von 2016 bis 2022.[58]

Migration, das ließe sich daraus lernen, ist meist stärker, als die Versuche, sie abzuwehren. Und: Politische Kämpfe, etwa jene um die Anerkennung bestimmter Fluchtursachen, waren erfolgreich. Viele Menschen schätzen diese Tatsachen aber falsch ein. Die völlig richtige Berichterstattungspraxis, auf skandalöse, systematische Menschenrechtsverletzungen hinzuweisen, hat auch zur Folge, dass jene, die sich für diese Menschenrechtsverletzungen interessieren, eine negativ verzerrte Wahrnehmung ausbilden. Dass die Menschen die Lage teils schlechter einschätzen, als sie ist, liegt also auch daran, dass Medien das tun, was sie sollen: Auf Missstände hinweisen – und damit kein maßstabsgetreues Abbild der Wirklichkeit schaffen.

Beim Klima, aber auch bei anderen Krisen, ist es ähnlich: Eine Klimaberichterstattung, die die dramatischen Nachrichten über die politischen Versäumnisse oder über Lobbyaktivitäten nicht in den Mittelpunkt stellt, wäre verfehlt. Doch dies befördert eine Wahrnehmungsverzerrung. Milieus, die den Klimawandel nicht ernst genug nehmen, halten die Warnungen für überzogen oder Spinnerei und nehmen sie nicht ernst. Andere geraten in Panik. Und manche verleugnen das Thema und blenden es nach Kräften aus.

Vergessenes Leid

Eine andere Folge systematischer Zuspitzungen in Berichterstattungszyklen über Krisen ist ein Entzug der Aufmerksamkeit für anderes menschliches Leid. Als dringlich wahrgenommene Krisen nehmen viel Raum im Bewusstsein ein, sie bestimmen das Handeln. Ältere Krisen werden teils völlig ignoriert. Denn Betroffenheit, Empörung und Dringlichkeit werden kommunikativ hergestellt.

Als etwa der Krieg in der Ukraine ausbrach, sagten mehrere Bekannte in Berlin ihre Geburtstagsfeiern ab. Es erschien ihnen unangemessen, eine Party zu veranstalten, wenn gleichzeitig so schlimme Dinge geschähen. In den Jahren zuvor tobte der Krieg im Jemen, bei dem zwischen 2015 und 2023 schätzungsweise 233 000 Menschen getötet wurden.[59] Im Februar 2023 waren etwa fünfundzwanzig Millionen Jemenit:innen auf Hilfe angewiesen, fünf Millionen von einer Hungersnot bedroht und über eine Million von einem Cholera-Ausbruch betroffen.[60] Ich habe niemals von jemandem gehört, der auf die Idee gekommen wäre, deshalb auf eine Feier zu verzichten. Gewiss: Der Jemen ist weiter weg. Die Nachrichtenwerttheorie kennt eine Reihe von Faktoren, die erklären, warum Menschen sich davon kaum emotional betroffen fühlen. Doch ein Faktor ist eben auch die Art der Berichterstattung selbst.

So ist es auch bei der Klimakrise. Niemand weiß heute, wie viele Menschen sie in Zukunft noch das Leben kosten wird. Doch das antizipierte Leid erscheint heute vielen Menschen so unerträglich, dass sie Depressionen (→ K 1) bekommen oder sich an Autobahnen festkleben. Das gegenwärtige Leid in vielen Teilen der Welt aber führt nicht zu vergleichbaren Reaktionen.

5 Millionen Kinder starben 2021, bevor sie fünf Jahre alt wurden – fast alle an Unterernährung, durch Hygienemängel, die mit wenig Geld vermeidbar wären, oder an Krankheiten, von denen sie leicht hätten geheilt werden können.[61] 2,2 Millionen Menschen starben im selben Jahr an TBC und Malaria – leicht vermeidbare und kostengünstig heilbare Krankheiten.[62]

Wie aus Katastrophenerzählungen Handlungsoptionen werden

Man stößt in der heutigen Welt überall auf menschliches Leid, das mit dem gleichen politischen Nachdruck bekämpft werden sollte – und auch könnte – wie die Klimakrise. Doch löst es keine vergleichbare moralische Empörung aus, sondern wird weitgehend hingenommen. Viele haben es als zur Welt dazugehörig akzeptiert und sehen keinen Sinn darin, sich dagegen aufzulehnen. Die Gründe für dieses Missverhältnis liegen nicht nur in der singulären Qualität der Klimakrise, sondern auch in der Art, wie über sie im Gegensatz zu anderen Krisen berichtet wird. Das eine halten manche Menschen in der Folge für den kommenden Weltuntergang, das andere wird übergangen, obwohl es für die betroffenen Menschen oder Regionen einer »Teil-Apokalypse« (→ K 6) gleichkommt.

Die heutige Lage rechtfertige eine gewisse Alarmiertheit, sagt der Soziologe Claus Leggewie. Allerdings gebe es »Aufregungsschäden, also Zusatzmalheur durch vermeidbare Aufregung«. Verantwortlich dafür sei die Massenkommunikation »mit der Häufung von Krisendiagnosen. Es gibt unbestreitbar Krisen (...), aber auch Krisengerede, das Schäden vergrößert.«[63]

Natürlich solle man die katastrophalen Folgen der Klimakrise nicht verschweigen, schreiben die Autor:innen von *Über Klima sprechen. Das Handbuch*.[64] Das wäre »unredlich und falsch«. Doch wer über sie sprechen wolle – ob sie nun schon eingetreten sind oder uns noch bevorstehen –, dürfe auf ein weiteres Element nicht verzichten: »Die Information, wie man Schäden, Verletzungen und Verluste, Leiden und Schmerzen verhindern, begrenzen, verringern, überleben – oder dies zumindest versuchen – kann.«[65]

Der Studie »From Global Doom to Sustainable Solutions« zufolge geschieht dies durchaus. Sie wertete Titelgeschichten über den Klimawandel führender Magazine in Indien, Deutschland, den USA und Großbritannien zwischen 1980 und 2019 aus. Das Ergebnis: »eine Verschiebung von apokalyptischen Klimazukunftsszenarien hin zu einer vielfältigeren und potenziell ermächtigenden Berichterstattung«[66].

Sara Schurmann, die Gründerin des Netzwerk Klimajournalismus, erinnert an den Spielfilm *Don't Look Up*, in dem ein nahender Asteroid als Allegorie auf den Klimawandel die Erde zu zerstören droht. Zwar zeige der Film Probleme auf und mache sie vorstellbar, sagt Schurmann. »Gleichzeitig gibt es in diesen Erzählungen keine gesellschaftliche Kraft, die Dinge ändern könnte, alle machen einfach immer so weiter, die Katastrophe ist unabwendbar.«[67] Das lasse die Zuschauenden resignieren.

Ähnlich sei es bei der Berichterstattung über Klimakatastrophen, etwa die Überschwemmung Pakistans 2022. Sie selbst habe darüber nur einen einzigen Text gelesen. »Man fühlt sich einfach machtlos und erschlagen.« Als Ausweg schlägt auch sie vor, bei Katastrophen wie in Pakistan den Kontext etwa nach folgendem Muster mitzuberichten: »Diese Klimafolgen erleben wir bei 1,2 Grad Erderhitzung, mit jedem Zehntelgrad mehr werden Extremwetter stärker und häufiger.« Und weiter: Um diesen Trend zu stoppen, »müssen wir im Wesentlichen aufhören, Kohle, Gas und Öl zu verbrennen«. Schurmann glaubt, dass dieser Zusammenhang zwischen konkretem Fall und dem Klimawandel vielen Menschen bis heute nicht klar sei. Aus einer unabwendbaren Katastrophe werde so in der Erzählung eine Handlungsoption, das singuläre Ereignis der Flut wird in einen größeren Zusammenhang gesetzt und die Möglichkeit eröffnet, sich dafür einzusetzen, dass das zukünftig nicht häufiger vorkommt. Entscheidend sei, die Bedrohungsszenarios klar zu kommunizieren, ohne sie zu beschönigen. Und idealerweise sollte die Darstellung der Lösungen und Möglichkeiten mehr Raum einnehmen. »Erst in der Erkenntnis des Ausmaßes und der Dringlichkeit der Krise werden aus heute utopisch erscheinenden Lösungen rationale und machbare Optionen.«

12 Doom in der Timeline: Gefangen in einer gefährlichen Welt

Tell me what your worst fears are
I bet they look a lot like mine

La Dispute

Vor einigen Jahren habe ich mich mit Kolleg:innen für eine Recherche bei einer Reihe rechter Facebook-Gruppen angemeldet. Die dort in höchster Schlagzahl geposteten News – teils echte, teils Fake – drehten sich in der Regel um »Masseneinwanderung«, »Islamisierung« und vor allem um Straftaten von Migrant:innen. Von »Messer-Amok« war die Rede, vom Versagen des Staats, von machtloser Justiz. Wer sich einen Tag lang dieser Hetze aussetzt, hat abends Angst vor Geflüchteten. Wer es zwei Jahre lang tut, ist bereit für den Bürgerkrieg.

Abweichende Meinungen oder Abwägungen existieren in diesen Foren nicht. Außer Hass und dem Beschwören der Katastrophe hat nichts einen Platz. Alles, was geschieht, wird nur unter einer einzigen Prämisse wahrgenommen: Ein linksgrünes Kartell aus Medien, Politik und Wirtschaft flutet Deutschland mit Migrant:innen und zerstört so Wohlstand, Sicherheit und Kultur.

Abgrenzungsschwierigkeiten

So ist es bei allen existenziell aufgeladenen Themen. Wer die Klimakrise abtut oder verdrängt, bezieht seine Nachrichten oft aus Quellen, die genau dies erleichtern. Wer sie sehr fürchtet und das Ende kommen sieht, sucht unentwegt nach Bestätigung dafür – und findet sie überall: In der realen Welt an jedem Tag, der zu heiß ist, auf jeder vertrockneten Wiese. Und online im eigenen Social-Media-Feed, der in Zeiten objektiver Krisen einen nicht enden wollenden Strom schlechter Nachrichten zu bieten hat.

»Ich denke immer ich bin vielleicht ein bisschen zu panisch und ängstlich wegen des Klimawandels, aber dann lerne ich IRGEND-ETWAS neues darüber und weiß danach, dass ich nicht annähernd panisch und ängstlich genug bin«, schreibt der als El Hotzo bekannte Satiriker Sebastian Hotz auf Twitter.[1] Wer von solchen Nachrichten nicht lassen kann, betreibt »Doomscrolling« – den endlosen Konsum negativer Nachrichten in sozialen Medien, der beinahe zwangsläufig eine Untergangsstimmung erzeugt, die viele nicht wieder loslässt.[2]

»Ich kann nicht jeden Tag emotional aufnehmen, was diese Welt mir liefert«, sagt der Pianist Igor Levit über seinen Umgang mit schlechten Nachrichten.[3] CAPAS-Direktor Robert Folger warnt davor, dieses Unvermögen zu ignorieren: »Egal, ob man jetzt Politiker, Wissenschaftler oder Journalist ist – dieses Bombardement von Bildern und Narrativen macht etwas mit einem. Wer jahrelang mit apokalyptischen Bildwelten, etwa von Überschwemmungen, bombardiert wird, kann natürlich sagen: Das ficht mich nicht an. Aber das nehme ich keinem ab. So funktioniert das nicht. Diese Sachen werden nicht abgeblockt, sondern in das eigene psychische System integriert.«[4]

Sich abzugrenzen, um Überforderung zu vermeiden, ist heute schwieriger denn je. Wer sich aber mehr aussetzt, als er verarbeiten kann, dem bleiben oft nur Verdrängung, Verleugnung, narzisstische Omnipotenzphantasien oder die Sehnsucht nach einem Kollektiv, in dem der Glaube an das Ende gemeinsam ausgelebt wird.

Das Ende des Nachrichtenmonopols

Bis vor wenigen Jahren erfuhren Menschen über die Welt vor allem das, was eine relativ kleine Gruppe von Journalist:innen als berichtenswert einstufte. Sie bezogen ihr Wissen durch Quasimonopolisten der Informationsvermittlung: eine Handvoll TV-Sender, einige wenige Zeitungen. Auch wenn etablierte Medien gemeinsamen Logiken unterworfen sind und durchaus Desinformation betreiben können (→ K 11), gab und gibt es bei ihnen einen strukturellen Pluralismus und institutionalisierte, professionalisierte Regeln, wie Relevanz kollektiv ausgehandelt wird.

Heute aber stehen diese Medienhäuser in den sozialen Medien neben einer unendlichen Zahl gleichberechtigter Informationsvermittler:innen: Blogger:innen, Aktivist:innen, Privatleute, NGOs, Unternehmen oder staatliche Stellen. Nutzer:innen können folgen, wem sie wollen – und entscheiden so viel stärker selbst, was sie zu lesen angeboten bekommen. Das Maß, in dem sie auf diese Weise ihr Bild von der Welt steuern können, ist historisch völlig neu.

Der Kommunikationsforscher Lutz Hagen nennt die sozialen Medien »eine zweite Öffentlichkeit« neben den Massenmedien.[5] Über diese bekämen Nutzer:innen ungefiltert »vor allen Dingen Meinungen und noch weniger Fakten als in den journalistischen Massenmedien«. Dabei gelten in den digitalen Medien dieselben Nachrichtenfaktoren wie in den herkömmlichen Medien: Überraschung, Prominenz und »Negativismus« sollen zum Klicken animieren. »Es geht weniger darum, was wahr ist, sondern immer wieder darum, was Aufmerksamkeit generiert«, so Hagen. Dieses Phänomen sei im Journalismus verstärkt zu beobachten und es sei auch ein »Urprinzip« der sozialen Medien. Die dort generierten Trends wirken ihrerseits auf die klassischen. Und so haben Massen- und soziale Medien heute eine vergleichbare Tendenz zum Katastrophismus.

Menschen seien heute »so dicht dran an nahezu allen Krisenherden der Welt wie nie zuvor«, schreibt der Journalist Torsten Harmsen.[6] Die Bombardierung mit Nachrichten über alle möglichen Kanäle und die sozialen Medien erzeuge den Eindruck, in der Welt gäbe es »nur noch Kriege, Morde, Naturkatastrophen, Anschläge und Krankheiten.« Wo früher das verheerende Erdbeben, das 1755 Lissabon zerstörte, die Menschen über Jahrzehnte beschäftigt habe und sich in Texten von Voltaire, Kant und Goethe sowie in der Musik niedergeschlagen hat, wird heute »die eine Katastrophennachricht von der nächsten überlagert. Und es ist eine normale und gesunde Reaktion, dabei Beunruhigung und Angst zu spüren.«

Negativity Bias: Die Suche nach der schlechten Nachricht

Die Art, wie wir auf Nachrichten reagieren, ist uralt. Denn Menschen haben eine evolutionsbedingte Neigung, schlimme Nachrichten bevorzugt wahrzunehmen – ein als *Negativity Bias* bekanntes Phänomen. Die in Amsterdam forschende Kommunikationswissenschaftlerin Corinna Oschatz beschreibt es als die Neigung, »sich stärker mit negativen Informationen auseinanderzusetzen, sie stärker zu beachten, sie mehr zu nutzen«.[7] Dadurch würden sie »relevanter fürs Denken und fürs Handeln als positive Informationen«. Das Gehirn nimmt sie schneller und intensiver wahr, verarbeitet sie besser, merkt sie sich leichter. Es handele sich um einen gut belegten »evolutionären Mechanismus«: Wer Risiken höher einschätzte, entging seit jeher der Gefahr. Unser Gehirn prägt das bis heute. Und das beeinflusse auch soziale Medien: Wenn vor allem negative Nachrichten »wahrgenommen werden und zu stärkeren Reaktionen führen, gibt es natürlich einen Anreiz, solche negativen Nachrichten zu formulieren«. Diese würden häufiger angeklickt und gelesen, häufiger geteilt und geliked, so Oschatz.

Eine Gefahr für die Psyche

Den Rezipient:innen ist das nur bedingt zuträglich. Die 24-Stunden-Berichterstattung über katastrophale Ereignisse könne schwerwiegende Auswirkungen auf das psychische und physische Wohlbefinden haben, sagt Bryan McLaughlin, Kommunikationswissenschaftler an der Texas Tech University. »Die Beobachtung dieser Ereignisse in den Nachrichten kann bei manchen Menschen einen ständigen Alarmzustand auslösen, der die Welt als einen dunklen und gefährlichen Ort erscheinen lässt.« Es könne sich ein Teufelskreis entwickeln, in dem Menschen, anstatt abzuschalten, »sich immer mehr in die Nachrichten hineinziehen lassen und rund um die Uhr nach Updates suchen, um ihre emotionale Not zu lindern.« Aber das helfe nicht. »Und je mehr sie die Nachrichten verfolgen, desto mehr werden andere Aspekte ihres Lebens davon beeinträchtigt.«

McLaughlins 2022 veröffentlichte Studie *Gefangen in einer gefährlichen Welt* ergab, dass rund eine:r von sieben Befragten ein »hohes Maß an problematischem Nachrichtenkonsum« habe.[8] Diese Personen seien so sehr in die Nachrichten vertieft, dass diese ihre »Gedanken beherrschten, die Zeit mit Familie und Freunden störten, es schwierig machten, sich auf Schule oder Arbeit zu konzentrieren, und zu Unruhe und Schlafmangel führten.« 74 Prozent aller Menschen mit einem solchen Nachrichtenkonsum fühlten sich »ziemlich oft« oder »sehr oft« psychisch krank – während nur 8 Prozent aller anderen Studienteilnehmer:innen von sich häufenden Krankheitssymptomen berichteten.

An der Universität Essex hat die Verhaltenspsychologin Kathryn Buchanan diese Mechanismen in Experimenten erforscht – etwa beim Konsum von Informationen über die Covid-Pandemie. Fast zwei Jahre lang dominierten Schlagzeilen wie »Erste Intensivstationen überlastet«, »B1117 wohl doch tödlicher« oder »Auch milde Verläufe können schwere Folgen haben« die Nachrichten.[9] Wer sich im Zuge der Covid-Pandemie häufiger solchen schlechten Nachrichten aussetzte, litt mit höherer Wahrscheinlichkeit unter »Hoffnungslosigkeit, Kummer, Angst und Depression«, fand Buchanan heraus.[10]

Wer eine pessimistische Einstellung habe, gerate über seine Timeline immer tiefer in einen ständigen Strom negativer Informationen. »Der Algorithmus erkennt, womit man sich beschäftigt, und je mehr man sich mit den negativen Aspekten eines Themas befasst, desto mehr kriegt man davon: Das interessiert Sie? Hier ist noch was!« Ein Kreislauf, in dem letztlich das Denken und die Weltsicht Algorithmengesteuert auf feste Bahnen verengt wird.

Buchanan sagt, sie selbst habe die Auswirkungen solchen Medienkonsums beim Brexit erlebt. Der sei ihr zuvor unvorstellbar erschienen. »Keiner meiner Freunde war dafür, nichts in den sozialen Medien deutete für uns darauf hin, dass es so kommen würde. Wir waren in einer dieser Echokammern.«

»Motivated Reasoning«

Dieser Echokammereffekt wird begünstigt durch ein Phänomen, das in der Psychologie als »Motivated Reasoning« bekannt ist. Informationen werden auf Basis bestehender Werte und Einstellungen unbewusst einsortiert. Und das unabhängig vom Bildungsstand. So nannten in den USA 79 Prozent der Demokrat:innen, aber nur 27 Prozent der Republikaner:innen den Klimawandel als »wichtigen Faktor« für ihre Stimmabgabe bei den Midterm-Wahlen 2022.[11] »Fakten bestimmen unser Handeln nur in einem sehr begrenzten Rahmen«, heißt es dementsprechend in *Über Klima sprechen. Das Handbuch*.[12] Vielmehr folge die Ratio den Emotionen: »Wir Menschen benutzen unseren Verstand oft, um ein bereits getroffenes emotionales Urteil zu bestätigen – während wir uns jedoch einbilden, ergebnisoffen das Für und Wider zu prüfen.« Der Geist sei »parteiischer Anwalt und nicht neutraler Richter«. Und so enthülle die Klimakrise »mehr als jedes andere Thema wie unser Geist funktioniert«, sagt George Marshall von der britischen Organisation Climate Outreach.[13] »Er zeigt unser außerordentliches angeborenes Talent, nur das zu sehen, was wir sehen wollen – und zu ignorieren, was wir lieber nicht wissen möchten.«

Das Phänomen des »Motivated Reasoning« gilt aber sowohl für die Verdrängung der Klimakrise als auch für die Überzeugung, dem Untergang geweiht zu sein. Und sie ist bei vielen Menschen an eine negative Wahrnehmungsverzerrung gekoppelt.

Die Fixierung auf schlechte Nachrichten in den sozialen Medien sei vergleichbar mit dem Vorbeifahren an einem Autounfall. »Wir wissen, dass etwas Schreckliches passiert ist«, so Buchanan. »Wir sehen hin, obwohl wir vielleicht gar nicht hinsehen wollen, und wissen, dass dieser Anblick wahrscheinlich nicht gut für uns ist. Aber wir können nicht anders als hinzuschauen.«[14] In den sozialen Medien sei es ähnlich. Und der dahinterstehende Mechanismus sei alt: »Aus einer evolutionspsychologischen Perspektive sind wir dazu verdammt, auf die Bedrohungen in unserer Umgebung zu achten.«

So erkläre sich die Logik, nach der viele Medien funktionieren, sagt Buchannan. »Journalisten fragen sich, wie sie die Menschen packen können.« Und Katastrophen erregen die Aufmerksamkeit. Auch wenn Menschen behaupteten, dass sie positive Nachrichten mögen, seien es eher die negativen, die sie anklicken. Auf die Dauer seien sie deshalb zunehmend von schlimmen Botschaften umgeben. »Das schafft eine verzerrte Sicht auf die Welt, weil wir uns auf die dunklen Aspekte konzentrieren. Und diese nehmen in unserem Denken einen immer größeren Raum ein.« Menschen neigten deshalb dazu, die Lage im Allgemeinen oder bestimmte Probleme systematisch schlechter einzuschätzen als angemessen – etwa die Kriminalitätsrate (→ K 11).

Allerdings: Etwas anderes wollen die meisten nicht. Experimente mit »guten Nachrichten« oder »konstruktivem Journalismus« gibt es mittlerweile wie Sand am Meer. Die Ergebnisse sind durchwachsen bis schlecht. Entsprechende Sonderausgaben oder Publikationen werden oft kaum geklickt oder gekauft, wie damit befasste Journalist:innen immer wieder frustriert berichten.

Nach dem Doomscroll-Kater: Nachrichtenvermeidung

Eine Folge sei »Erlernte Hilflosigkeit«, sagt Buchanan. Das Konzept bezeichnet die aufgrund negativer Erfahrung entwickelte Überzeugung, die eigene Lebenssituation nicht mehr verändern zu können. »An dem Punkt, an dem wir glauben, dass wir nichts dagegen tun können, hören wir auf, uns zu engagieren. Wir hören auf, gute Bürger zu sein. Wir sind nicht mehr daran interessiert, zu wählen. Wir haben kein Interesse mehr daran, zu einer Welt beizutragen, die irreparabel scheint, weil das keinen Unterschied mehr machen würde.« Wer glaube, dass die Welt um ihn herum dunkel und gefährlich sei, verliere die Fähigkeit, sich auf diese Welt einzulassen. »Wir verlassen sie«, so Buchanan. »Wir verlieren unseren Glauben an das Gute in den anderen, an die Menschlichkeit. Wir stumpfen ab. Das Mitgefühl bricht zusammen. Und dann schalten wir ab.«

Das »Abschalten« ist dabei wörtlich zu nehmen. Der jüngste Reuters Digital News Report von 2022 ergab, dass rund 38 Prozent der Befragten Nachrichten »oft oder manchmal« meiden.[15] Fünf Jahre zuvor waren es erst 29 Prozent. Dieser Anteil hat sich im selben Zeitraum in Brasilien und Großbritannien auf 46 bzw. 54 Prozent verdoppelt.

Wer keine Nachrichten mehr lesen wolle und »nicht jünger als sechs Jahre, entmündigt oder depressiv« sei, sei »borniert«, sagt der *Spiegel*-Nachrichtenchef Stefan Weigel.[16] »Sonst fallen mir keine Gründe ein, die dafür sprächen, das Weltgeschehen zu ignorieren – nur weil es Ihnen nicht gefällt, zu komplex oder zu anstrengend ist.« Nachrichtlich wenigstens halbwegs auf dem Laufenden zu sein, sei das Mindeste, was man von Bürger:innen einer Demokratie verlangen könne, so Weigels Überzeugung.

Doch viele Konsument:innen sehen das heute anders. In der Reuters-Folgestudie von 2023, für die 303 Medien-Führungskräfte in 53 Ländern befragt wurden, ist die »Vermeidung von Nachrichten« ihre Hauptsorge.[17] Die Krisen führten bei vielen Menschen zu neuen Ängsten. Zwar sei Journalismus unter solchen Bedingungen oft gut gediehen, aber die deprimierende und unerbittliche Art der Nachrichten treibe viele Menschen fort, sagte der Autor der Studie, der Medienwissenschaftler Nic Newman vom Reuters Institute in Oxford. 72 Prozent der Führungskräfte zeigten sich über die zunehmende Nachrichtenvermeidung besorgt, etwa beim Thema Klimawandel. Nur zwölf Prozent waren diesbezüglich nicht besorgt.

Die Psychologin Buchanan glaubt, dass die Überforderung durch schlechte Botschaften der Grund dafür ist. Menschen könnten mit dem Ausmaß schlechter Nachrichten nicht umgehen – und würden ihren Medienkonsum deshalb aktiv einschränken oder ganz vermeiden. Doch wer das tue, lebe fortan in einem »Vakuum ohne Informationen und ohne Bewusstsein für die wichtigen Dinge, die in der Welt passieren.« Ihre Befragungen zeigen, dass »politische Apathie« und eine Abkehr von »positivem sozialem und umweltorientiertem Handeln« die Folge sein können.

All das gilt zweifellos auch für negative Botschaften in existenziellen Krisen. Sei es das Klima, sei es die Pandemie, sei es der Krieg in der Ukraine. Nachrichten über Katastrophen lassen unser Gehirn anspringen. Je schlimmer sie sind, desto mehr. Falsch ist das nicht. Die

Katastrophen sind real, die Krisen objektiv bedrohlich, der Mensch sollte sich ihnen nicht entziehen. Was aber, wenn Überforderung einsetzt und genau das doch geschieht? Buchanan plädiert für ein »Gleichgewicht« in der Berichterstattung. »Es ist wichtig zu sagen: Das ist das Problem.« Aber man sollte keine »Tragödienpornos« machen. »Sondern sagen: Hier ist, was wir dagegen tun könnten.«

Für klassische Medien mag das gangbar sein. Es gibt sinnvolle, gut durchdachte Handreichungen für die Klimaberichterstattung (→ K 11), die genau darauf abzielen. Denkbar ist, dass Teile davon auch branchenweit akzeptiert werden, wie es ethische Medienstandards auch für andere Fragen gibt, etwa im Pressekodex. Doch wie will man »Gleichgewicht« im völlig amorphen System der sozialen Medien herstellen?

Die Herstellung eines Gleichgewichts

Um eine Vorstellung davon zu entwickeln, wie ein solches »Gleichgewicht« gesellschaftlich ausgehandelt werden könnte, hilft ein Blick auf die Geschichte des Buchdrucks zur Zeit der Reformation. Luther berechnete damals den Zeitpunkt des Weltuntergangs erst auf 1532, dann 1538, dann 1541. Danach wollte er sich auf keine genauen Zeitpunkte mehr einlassen. Die durch den Buchdruck im 16. Jahrhundert massenweise verbreiteten Flugschriften aber schürten unablässig Endzeiterwartungen. Jeder Komet, der gesichtet wurde, galt als Vorzeichen – und seine Entdeckung wurde in immer neuen Flugschriften inklusive dunkler Verheißung kundgetan. Es dauerte Jahrzehnte, teils Jahrhunderte, bis sich in dieser Papierwelt Strukturen herausbildeten, die das Wissen jenseits dieser Pamphlete, die dank des Buchdrucks jede:r produzieren konnte, stabilisierten. Genauso können heute alle bei Twitter schreiben, dass es in Indien 60 Grad heiß ist (→ K 11) oder die Welt nur noch 60 Ernten (→ K 6) erwarten kann.

So sieht es auch Jürgen Renn, Direktor am Berliner Max-Planck-Institut für Wissenschaftsgeschichte: Es gebe in den sozialen Medien oft »keine Möglichkeit zu unterscheiden: Das ist eine verlässliche Quelle, und das ist nur eine Meinung, die von vielen geteilt wird«[18]. In der Wissenschaft habe sich die Peer Review als Begutachtungssystem für Fachzeitschriften herausgebildet: Arbeiten werden von mehreren Kolleg:innen mit ähnlichen Kompetenzen bewertet. Dieses Vorgehen sei niemals fehlerfrei oder gar ideal, aber es habe eine »gewisse Selbstkontrolle« geschaffen. »In den sozialen Medien leben wir noch in einer wilden Zeit, die das alles noch nicht hat.« Auch deshalb würden diese erwiesenermaßen zur Polarisierung beitragen, Echokammern und Blasen hervorbringen. Renn plädiert dafür, dass Potential der sozialen Medien »nochmal ganz anders zu nutzen«. Die Gesellschaft müsse die neuen Medien so gestalten, dass das, »was wir verbindlich wissen, eine größere Rolle spielen kann«. Denn dass Facebook, Twitter, Instagram oder TikTok so sind, wie sie sind, sei kein Naturgesetz. »Das ist so gemacht, und dahinter stecken ökonomische Interessen.« Das sei zu ändern – und so zu organisieren, dass »Wissen viel zentraler eine Rolle spielt, dass wir Wissen nutzen als Instrumente zur Wissensgenerierung.« Renn denkt etwa an ein öffentlich-rechtliches Internet. »Europa könnte viel mehr machen, um sicherzustellen, dass unsere demokratischen Gesellschaften auch über das geteilte Wissen verfügen, das sie zum Handeln in dieser komplexen Situation brauchen.«

VIERTER TEIL

EINE PLAGE FÜR SICH

Wie Propheten, Prepper und Profi- teure die Krisen für sich nutzen

13 »Finanz-Kernschmelze«:
Die Angst vor dem finalen Crash

Ein kurzes Rauschen nur
Das ganze Geld der Welt verzockt
Erst fielen die Börsen und dann fielen die Staaten

Pascow

Wer immer schon vorher weiß, was passiert, ist gut dran. Dazu muss man nicht unbedingt selbst die entsprechende Weitsicht haben. Es reicht, wenn man nachlesen kann, was kommt. Bei Max Otte zum Beispiel. Der Ökonom, Publizist und Fondsmanager ist einer der bekanntesten Crashpropheten. Wer seine unzähligen Einlassungen in Videos, Büchern, Interviews verfolgt, ist stets im Bilde: Der Crash kommt. Bald. Ganz sicher.

Die Krise kommt – oder doch nicht

»Es muss krachen – und zwar mit einer gewaltigen Wucht«[1], schreibt er 2006. Wie bei einem »Tsunami« werde es Menschen treffen, die sich »wenige Minuten zuvor noch in Sicherheit wähnten.« Die nächste Weltwirtschaftskrise stehe unmittelbar bevor. Dann werde »die Inflation wieder auf zweistellige Raten« steigen, US-Dollar werde es »nur noch mittels staatlicher Genehmigung oder Zuteilung« geben, »normale Mieter« würden 20 oder 30 Euro pro Quadratmeter zahlen und »immer weniger Menschen in Europa« hätten Arbeit.

Tatsächlich ist die deutsche Wirtschaftsleistung seit 2006 von rund 2,39 Billionen auf rund 3,88 Billionen Euro[2] im Jahr gestiegen – ein Plus von durchschnittlich rund 3,1 Prozent pro Jahr. Die Arbeitslosigkeit halbierte sich von 12 auf 5,8[3] Prozent, die Inflation lag im gesamten Zeitraum bei durchschnittlich 1,7 Prozent.[4] Dollar sind weiter frei erhältlich, Mieten von über 20 Euro pro Quadratmeter werden nur in wenigen Innenstadtlagen einiger Großstädte verlangt. Zwar relativieren Reallohnverluste, Wohnkostensteigerung und eine zunehmend ungleiche Vermögens- und Einkommensverteilung diese Zahlen für viele Menschen mit wenig Geld. Insgesamt aber erwies sich die Wirtschaft als stabil – trotz der Flüchtlingsankünfte ab 2015, der Covid-Pandemie ab 2020 und dem Krieg in der Ukraine ab 2022. Von Ottes apokalyptischen Szenarien ist das Land weit entfernt.

Seine und die Vorhersagen anderer Crashpropheten sind so zuverlässig wie die royalen Klatschgeschichten aus dem *Goldenen Blatt*. Und sie finden einen genauso reißenden Absatz: *Der Crash kommt* von 2006 hat sich über eine halbe Million Mal verkauft. Seither schob Otte eine ganze Reihe ähnlicher Bücher nach, etwa *Der Informationscrash*. 2012 gab er dem Euro »nur noch zwei Jahre«[5]. 2019 erschien *Weltsystemcrash*, in dem Otte rät: »Bereiten Sie sich auf den Weltsystemcrash vor! Auch Noah glaubte man nicht, bis es zu spät war.«

Otte, einst Vorstand der hart rechten »Werte-Union« am Rande der CDU und gescheiterter, von der AfD nominierter Bundespräsidentschaftskandidat, weiß praktischerweise auch immer genau, was zu tun ist: investieren. Und zwar am besten bei ihm, nach seiner »bewährten Anlagestrategie, der Königsanalyse«, etwa im »Max Otte Multiple Opportunities Fund (MOMO)« in Liechtenstein.[6]

In »bester« Gesellschaft

Otte ist nicht der Einzige. Eine kaum zu überblickende Anzahl von Autor:innen und Verlagen warnt die Leser:innen pausenlos vor dem ökonomischen Kollaps. Und diese können, so zeigen es die Verkaufszahlen, von solchen Warnungen gar nicht genug bekommen. Der Katastrophismus, der die Menschen nur allzu schnell ergreift, zieht auch auf dem Feld der Ökonomie, nur unter anderen Prämissen. Viele, die den Klimawandel für einen Schwindel halten, glauben dafür umso leidenschaftlicher an den Wirtschaftscrash.

Das Autorenprofil der Warnenden ist oft sehr ähnlich: Hart rechts und ökonomisch libertär, bis hin zu völliger Anti-Staatlichkeit und offenen Umsturzfantasien. Einer der bekanntesten Vertreter dieser Sorte ist Markus Krall, Unternehmensberater und bis November 2022 Geschäftsführer der Degussa Goldhandel GmbH, deren Besitzer der 2021 verstorbene Nazi-Bank-Erbe und mutmaßliche AfD-Finanzier August von Finck war.

Auch Krall schrieb Bücher à la Otte: »Wir steuern auf eine Großkrise zu: Die Freiheitsrechte und die Marktwirtschaft erodieren, das monetäre System kollabiert, die Eliten versagen. Durch maßlose Umverteilung gleiten wir in einen planwirtschaftlichen Staatsmonopolkapitalismus ab«, schreibt Krall in *Die Bürgerliche Revolution*.[7] Die Politik habe »mit Hilfe des gedruckten Geldes die Realwirtschaft zombifiziert und die Finanzwirtschaft unterminiert«, heißt es im Verlagstext zu *Freiheit oder Untergang*.[8] Krall sieht einen »grundsätzlichen Konflikt zwischen Markt und Plan, Recht und Tyrannei« und ist sich sicher: »Wir treten jetzt in die ganz große Auseinandersetzung zwischen Freiheit und Untergang ein.« Krall hatte sich sogar mit der im Dezember 2022 verhafteten Reichsbürger-Putschistentruppe getroffen, und es wundert nicht, dass deren Anführer Heinrich Prinz Reuß ihn als »Finanzminister« anwerben wollte.[9]

Crashpropheten schüren die Angst vor dem Kollaps, verbunden mit einer autoritär-libertären politischen Agenda. Es gibt sie schon lange, und fast ebenso lange bewerben sie oft zweifelhafte Geldanlagen. Neu ist, dass die reale, anhaltende Schwächung globaler Lieferketten durch die Pandemie und die durch den Krieg in der Ukraine ausgelöste Inflation bei vielen Menschen die Angst vor Wirtschaftskrisen verstärkt und so den Crashpropheten weiteren Zulauf verschafft haben.

Die Auflagenzahl der Bücher und die Follower-Zahlen dieser Sorte von Panikmachern zeigen: Vor dem Wirtschaftscrash fürchten sich gewisse Milieus mindestens ebenso sehr wie die junge Generation vor dem Klimakollaps. Gegen ökologische Endzeiterzählungen steht heute eine ökonomistische Endzeiterzählung von rechts – die ihrerseits tiefe historische Wurzeln als Reaktion rechtsbürgerlicher Kreise auf gesamtgesellschaftliche Krisenerscheinungen hat.[10]

Ein Faktor ist heute die Angst vor der Abschaffung des Bargeldes als einem der vermeintlich wenigen verbliebenen Hebel des kleinen Mannes, sich vor dem ökonomischen Kollaps zu schützen. Es sind genau diese Ängste, die Propagandisten wie Otte oder Krall anheizen. »Die Thesen folgen einem Muster: Die EZB-Politik zerstört unseren Wohlstand, die Verschuldung zerstört die wirtschaftliche Tragfähigkeit unserer Staaten, falsche Migrationspolitik zerstört unsere liberale Gesellschaft. Immer gibt es einen Bösen, immer ist der normale Bürger das Opfer«[11], schreibt die *Süddeutsche Zeitung*.

Fast nie geschieht dies ohne Werbung in eigener Sache: Werbung für Geldanlagen wie bei Otte, Gold wie bei Krall, oder gleich »Freie Privatstädte«[12], wie sie der Autor Titus Gebel propagiert. Er ist eng mit der ultralibertären »Atlas – Initiative für Recht und Freiheit« verbunden, der Krall vorsteht. Deren Rezept: Dem Untergang entgeht, wer dafür bezahlt. Die Reichen braucht er nicht zu kümmern (→ K 16).

Jämmerliche Trefferquoten

Neben radikaler Panikmache und dem Ausbleiben ihrer Vorhersagen kennzeichnet die meisten der Crashpropheten ihre mitunter ausnehmende wirtschaftliche Erfolglosigkeit. Matthias Weik und Marc Friedrich etwa, die seit 2019 den »Größten Crash aller Zeiten« – so auch der Name ihres Bestsellers – kommen sehen, versprachen Auskunft darüber, »wie Sie sich und Ihr Geld absichern können«. Am besten: In dem von Weik und Friedrich aufgelegten »Wertefonds R«. Der allerdings verzeichnet seit seiner Gründung 2017 bis zum Sommer 2023 gerade einmal einen Wertzuwachs von rund 12 Prozent – insgesamt, nicht pro Jahr.[13] Der Dax stieg in dieser Zeit um rund 35 Prozent, also das Dreifache, der Goldpreis um rund 50 Prozent.[14] Die Zeitschrift *Finanztest* zeigte sich von dem Wertefonds »nicht beeindruckt«.[15]

Mit ihrer im Verhältnis zur Marktentwicklung insgesamt kümmerlichen Rendite stehen Weik und Friedrich im Vergleich zu den anderen Crashpropheten allerdings gar nicht so schlecht da: Der »Premium Aktien R«-Fonds von Dirk Müller (»Mr. Dax«) verlor seit 2018 bis Juli 2023 rund 14,8 Prozent[16] – während der Dax, deutlich zulegte. Auch der »Max Otte Vermögensbildungsfonds Ami« verlor seit der Gründung im Jahr 2023 bis Juli 2023 rund 4,8 Prozent.[17]

Ob das eintritt, was in den Büchern der Crashwarner steht, ist den Leser:innen jedoch meist ebenso egal wie die offenkundige Unfähigkeit der Autoren, aus Geld mehr Geld zu machen. Dann drohe eben bald »endgültig die Katastrophe, die 2008 und 2009 nur aufgeschoben, aber nicht aufgehoben wurde«[18]. Der bediente Affekt aber stimmt in jedem Fall: Wer die Werke von Otte, Krall und anderen liest, ist sich nach kurzer Zeit sicher, dass er oder sie sehr bald verarmt und alles zusammenbricht. Was man angesichts der erodierenden Normalität schon geahnt hat, erhält durch Professoren wie Otte oder Ökonomen wie Krall höhere Weihen.

»Man will das glauben, sonst würde es nicht funktionieren«, sagt der Soziologe Andreas Kemper, ein Experte für rechtslibertäre Ideologie. »Als Wissenschaftler hätte man sich schon fünf Mal begraben lassen müssen, wenn die eigenen Vorhersagen so oft nicht zutreffen. Bei den Crashpropheten heißt es dann: Dann halt im nächsten Jahr.«[19] Dass trotzdem an dem Glauben an sie festgehalten werde, sei nur sozialpsychologisch erklärbar. Kemper spricht von einem »Fanatismus, der sich rationalen Argumenten verschließt«.

Rekurs auf die Apokalypse

Die Crashpropheten belassen es keineswegs bei bloßen Warnungen vor Preissteigerungen oder Aktienflauten. Sie gehen aufs Ganze. Otte etwa warnt vor »Kernschmelze« und »Weltsystemcrash«. Anfang April 2023 verabschiedete er sich mit den Worten »Die Welt steht kurz vor dem 3. Weltkrieg«[20] von Twitter.

Auf dem YouTube-Kanal von »Kettner Edelmetalle«, einem baden-württembergischen Online-Goldhändler, bekommen die 271 000 Abonnent:innen fast jeden Tag hochalarmistische Videos, teils mit Gastauftritten von Otte oder Krall: »Die US-Notenbank ist pleite«, »China und Russland läuten das Ende der USA ein«, »Schock: Jetzt verpassen sie Deutschland den Gnadenstoß«, »Enteignungs-Bombe platzt jetzt«, »Deutschland im Untergang – Rette sich, wer es sich noch leisten kann« – diese Titel sind nur eine Auswahl der allein in den ersten beiden Aprilwochen 2023 hochgeladenen Videos.[21]

In *Freiheit oder Untergang* bezieht sich Krall ohne Umschweife auf die von Johannes beschriebene Apokalypse im Neuen Testament (→ K 3). Kralls Buch erschien im Mai 2021. Er behauptet darin, dass der Euro bis Ende des Jahres 2021 in der »Hyperinflation explodieren«[22] dürfte. Die Europäische Zentralbank werde ersatzweise »Digitalgeld« einführen[23], »Totalitarismus« sei die Folge.[24] Am Ende stehe der »totale Produktionszusammenbruch«, der Bürger könne diesem »nur noch entfliehen, wenn er alles zurücklässt und aufgibt, was einmal seins war, weil er dafür gearbeitet hat. Der Raub wird total.«[25] Für Krall ist das eine »Vision wahrhaft apokalyptischer Natur«, die an die »Offenbarung des Johannes« erinnere.[26]

Krall sieht allen Ernstes »Satan« am Werk, der »von Neid auf das göttliche Geschenk der Freiheit des Menschen erfüllt« sei.[27] »Der Sozialismus ist so gesehen der irdische Sendbote der diabolischen Intention, die Freiheit ad absurdum zu führen.«[28] Das bedrohe die gesamte Menschheit: »Der ultimative Völkermord, die Vernichtung der Menschheit ist das eigentliche Endziel des Sozialismus«[29], schreibt Krall. »Die Gesellschaftsordnung der Unfreiheit ist aber für die Sozialisten und ihren satanischen Spiritus Rector keineswegs ein Selbstzweck und Zielbahnhof ihrer Reise. [...] Der dämonisch gewollte Gipfel des Bösen, die gegenseitige massenhafte Vernichtung des Menschen, anstelle des aus der Freiheit resultierenden harmonischen Zusammenlebens, ist die Endstation der Ordnung der Unfreiheit. Es ist der Untergang der Zivilisation im Genozid.«[30]

»Wer immer sagt, es ist fünf vor zwölf, hat zweimal am Tag recht«

Krall propagiere dabei einen »rechtskatholischen Privateigentumsfanatismus«, sagt der Soziologe Kemper.[31] »Er hofft auf den Zusammenbruch.«[32] Für ihn sei dieser allerdings wie Fieber für einen Menschen. »Fieber kriegen ist nicht schlimm, es ist ein Mittel gegen die Krankheit.« Der Zusammenbruch sei »wie eine Reinigung, notwendig, damit etwas Neues, Besseres entstehen kann«. Insofern seien seine Vorhersagen kein Aufruf, alles zu tun, um die größeren Katastrophen zu verhindern. Mit Warnungen vor der Klimakatastrophe sei dies nicht zu vergleichen. »Der richtige Vergleich wäre der mit Marxisten, die sagen, die Wirtschaft muss zusammenbrechen, damit der Sozialismus kommen kann.« Bei Krall trete noch eine religiöse Komponente hinzu: »Er sieht einen Kampf der Mächte der Finsternis gegen die Mächte des Lichts.«

Nicht alle, die vor dem Wirtschaftscrash warnen, fallen in die gleiche geistige Preisklasse wie Krall. Seriöser daher kommen die bereits erwähnten Matthias Weik und Marc Friedrich. Ihr Buch *Der größte Crash aller Zeiten* war »kaum erschienen, da schoss es schon von null auf Platz eins der *Spiegel*-Bestsellerliste. Und war dann erst mal ausverkauft«, schrieb der *Spiegel* 2019 und begleitete die beiden zu einer Lesung in die Stadthalle Göppingen.[33] Über tausend Menschen waren dorthin gekommen »und jubeln den Verkündern dieses Unheils zu«, schreibt der Reporter. »›Wer glaubt, dass die Krise von 2008 gelöst ist?‹, fragen die beiden Ökonomen das Publikum. Ein, zwei Hände gehen hoch. ›Wer glaubt, dass etwas schiefläuft in diesem Land?‹ Einhellige Zustimmung.« Die Kombination aus immer neuem Geld, das die Notenbanken ins Finanzsystem schießen, und immer neuen Schulden der Staaten würde zu einer schweren Rezession, zu Bankenpleiten und Massenarbeitslosigkeit führen, behaupten die beiden.

Viele Ökonom:innen wiesen ihre Schlussfolgerungen indes zurück. Zu den bekanntesten Kritiker:innen gehört der Volkswirt Peter Bofinger. Der *Spiegel* organisierte lesenswerte Streitgespräche zwischen ihm und Friedrich. An einer Stelle des Gesprächs vom Mai 2020 sagt Friedrich, dass er mittlerweile den Mut habe zu sagen, »der Crash kommt spätestens 2023«.[34] Bofinger entgegnet: »Wer immer sagt, es ist fünf vor zwölf, hat zweimal am Tag recht.« Friedrichs Prognosen seien »nie eingetreten«, sein Erfolg erkläre sich durch die Panikmache: »Angst verkauft sich immer gut. Die Leute gehen ja auch in die Geisterbahn und zahlen Geld, um sich zu gruseln. Nur mit der Wirklichkeit hat das nichts zu tun.«

Friedrich zufolge könne man allenfalls noch »ein wenig Zeit erkaufen, aber spätestens 2021, 2022 werden die Schuldenblasen platzen. Und dann stehen wir vor denselben Problemen, nur dass sie sich bis dahin potenziert haben. Dieses System ist dem Tod geweiht. Das Coronavirus wird den Euro killen.«

Bofinger hält das für Unsinn. »Die Lösung des Problems wird genau das sein, was Sie als Ursache sehen: Schulden«, sagt er.

Die Pandemie ist tatsächlich zu Ende gegangen. Ein Ende des Euro ist bis Mitte 2023 nicht in Sicht, das Wirtschaftswachstum blieb deutlich stabiler als erwartet. Dass es trotzdem ökonomische Schwierigkeiten gab, würde indes niemand bestreiten. Diese wurden durch den sich anschließenden Krieg Russlands gegen die Ukraine noch verschärft. Die Inflation stieg, die Rede vom Crash war erneut allgegenwärtig. In dieser Lage Stabilität zu wahren, habe bedeutet, z. B. mit der Gaspreisbremse eine »temporäre Normalitätsfiktion« aufrechtzuerhalten, so der Soziologe Oliver Nachtwey.[35] Dabei sei klar, dass der fossil befeuerte 90er-Jahre-Kapitalismus, die neoliberale Globalisierung nicht zurückkehren könnten. Der Klimawandel mit seiner »rückwärts tickenden Uhr« erfordere eine neue Zeitlichkeit im Krisenmanagement. »Wir sind heute mit einer multiplen Krise, einer Polykrise konfrontiert, in der jede Regierung damit beschäftigt ist, das Bestehende vor dem Schlimmeren zu bewahren.« In der Finanzkrise ab 2008 hätten die Regierungen behauptet, es gäbe Sachzwänge bei der Sparpolitik. »Austerität« galt als einziger Weg, um Bankencrash und Staatspleite zu verhindern. »Heute gibt es Sachzwänge für den Bazooka-Staat«, so Nachtwey.

Er spielt damit auf ein Zitat des damaligen Bundesfinanzministers Olaf Scholz an, der im März 2020 ein erstes, in seinem Umfang rekordverdächtiges Rettungspaket für die Wirtschaft in der Corona-Pandemie vorstellte. Viele weitere folgten. Auch auf die Ukraine-Krise und den Klimawandel reagiert die Politik heute vor allem mit viel Geld – also genau umgekehrt wie in der Finanzkrise ab 2008, als Staaten vor allem sparen sollten. »Das beweist, dass der Staat doch handlungsfähiger ist, als behauptet wurde«, sagt Nachtwey. »Aber er ist gleichzeitig händeringend damit beschäftigt, die Grundversorgung aufrecht zu erhalten, das sind ganz neue Erfordernisse an Staatlichkeit, die zunehmend selbst von Zwängen getrieben ist.«

14 Blackout: Der große Crash des kleinen Mannes

Der Reaktor liegt dort wie ein toter Saurier
Die Glut, sie strahlte streng orange

Oma Hans

Dass der Staat bei der Aufrechterhaltung der Grundversorgung scheitern könnte, ist eine weit verbreitete Sorge – besonders, wenn es um die Stromversorgung geht. Wie beim Finanzcrash gilt auch hier: Viele, die der Klimawandel völlig kaltlässt, fürchten den Blackout der Energieversorgung umso mehr. Denn in rechten Milieus wird diese Angst nach Kräften geschürt.

Die Abhängigkeit vom Stromnetz

Völlig aus der Luft gegriffen ist diese Sorge nicht. Das Centre for Long Term Resilience (CLTR), ein Zusammenschluss zur Katastrophenschutzforschung mehrerer großer Universitäten in Großbritannien, etwa warnt, das britische Stromnetz sei »einer Reihe natürlicher Bedrohungen ausgesetzt, von denen jede einzelne weitreichende Störungen und Tausende vermeidbarer Todesfälle verursachen« würde.[1] Würde das Stromnetz beschädigt oder ausgeschaltet, würden Lebensmittel und Medikamente verderben. Die Kommunikationsnetze würden ebenso zusammenbrechen wie die Öl- und Gasversorgung. Wasseraufbereitung und -verteilung funktionierten nicht mehr. »Eine effektive Regierungsführung wird wahrscheinlich nicht mehr möglich sein«, heißt es im Future Proof Report des CLTR von 2021. »Im schlimmsten Szenario werden auch die Kernreaktoren zusammenbrechen.« Das Stromnetz Großbritanniens sei »die größte Maschine des Landes und 100 Jahre alt«. Auch deshalb müsse es besser gegen »extreme terrestrische und solare Stürme, elektromagnetische Impulse und böswillige digitalen Eingriffe« geschützt werden. Das gilt nicht nur für Großbritannien, sondern auch in vielen anderen Ländern: »Die Frage ist nicht ob, sondern wann der Blackout kommt«, sagte Österreichs Verteidigungsministerin Klaudia Tanner (ÖVP) 2021.[2] Die Hinweise auf geplante Cyber-Attacken russischer Hackergruppen gegen westliche Stromnetze nach Beginn des Kriegs in der Ukraine haben entsprechende Befürchtungen verstärkt.[3]

Geschürte Ängste, praktische Tipps

Seit 2022 gibt es in Deutschland eine eigene Zeitschrift zu dem Thema, die sinnigerweise *Blackout* heißt. »Wir haben den Bedarf für Krisenvorsorge jenseits von apokalyptischen Szenarien und irgendwelchen Verschwörungstheorien erkannt«, sagt der Chefredakteur Thomas Laible. Die Flutkatastrophe im Ahrtal sei das beste Beispiel dafür gewesen, dass es auch »mitten in Deutschland zu Krisen kommen kann, mit deren Bewältigung die Behörden erkennbar überfordert sind.« In *Blackout* gibt es deshalb Anleitungen zur Selbstversorgung, die von der »improvisierten Sterilisation« des eigenen Haus-OP-Bestecks über Tipps zur Beladung des »Fluchtfahrrads« bis zur Auswahl der richtigen Vorratsbehälter für die »Eiserne Ration« reichen.

Der Stopp des Gasimports aus Russland und das Abschalten der letzten deutschen AKW im April 2023 schürten diese Angst noch mal. Und viele beschränken sich – anders als Laibles Magazin *Blackout* – nicht auf praktische Tipps. »Wir dürfen Weihnachten nicht im Dunkeln sitzen«, raunte Sachsens CDU-Ministerpräsident Michael Kretschmer im September 2022. »Lebensnotwendig ist, dass die Menschen nicht in einer kalten Wohnung sitzen.«[4] So wird die vermeintliche Notwendigkeit, einen angeblich drohenden Wirtschafts- oder Energiecrash zu verhindern, offensiv gegen den Klimaschutz ausgespielt: Die aktiv geschürte Angst der einen wird gegenüber der – wohl begründeten – Angst der anderen priorisiert. »In rechten Kreisen ist der Blackout das Thema Nummer 1«, sagt die Journalistin Gabriela Keller, die ein Buch über rechte Prepper geschrieben hat.

Panikliteratur

Der auf Verschwörungsliteratur spezialisierte Kopp Verlag bietet eine Fülle von Büchern zum Thema an. Die Panik vor dem Blackout wird dabei gezielt unter der ideologischen Prämisse geschürt, dass eine woke-linksgrüne Elite mit unnötiger Klimapolitik und Kriegstreiberei gegen Russland den deutschen Wohlstand und die Infrastruktur des Landes gefährde.

»Blackout – Kein Strom, kein Gas, kein Frieden« war 2022 der Titel der Mai-Ausgabe von Jürgen Elsässers *Compact*-Magazin.[5]

Die heutige Situation weise »Parallelen zu den Anfangsjahren der Weimarer Republik auf«, schreibt Elsässer darin. »Es hat sich ein riesiger Schuldenberg aufgetürmt – damals für die Finanzierung des Ersten Weltkrieges, heute für Asylkosten und Corona-Hilfen. Das Ausland saugt uns aus – damals mittels Reparationen, heute für den EU-Haushalt, neue amerikanische Waffen und die Rettung des Weltklimas.« Es drohe »Verelendung, wie sie die meisten von uns zu Lebzeiten nicht kannten«.

Genüsslich wird aus den Protokollen einer Übung des Bundesamtes für Bevölkerung und Katastrophenschutz von 2018 zu einer »Gasmangellage in Süddeutschland« zitiert. Diese ging in ihrem Szenario von einem Füllstand der Gasspeicher von 40 Prozent aus, »Anfang April 2022 war dieser jedoch schon auf 26 Prozent abgesackt«, gibt Elsässer zu bedenken. Der Subtext ist klar: Weil die Ampel kein Gas aus Russland mehr kauft, würde es im Winter 2022/23 noch schlimmer werden als in dem Übungsszenario. In diesem seien »Heidelberg, Karlsruhe, Mannheim, Pforzheim, München, Mainz, Ludwigshafen, Gera, Jena und der Vogtlandkreis (...) fiktiv von der regulären Gasversorgung getrennt« worden – »schätzungsweise zehn Millionen Menschen, die nicht mehr heizen, kochen und ihren Lebensmittelbedarf decken können!«

Der Wegfall der Gaszufuhr würde zu den Stromproblemen durch die »verpfuschte Energiewende« hinzukommen, die den »Grundlastbetrieb« durch AKW- und Kohlekraftwerke geschwächt und stattdessen »die volatilen Alternativenergien gefördert« habe. »Gefährliche Spannungsschwankungen« seien die Folge. Gaskraftwerke sollten die Lücke schließen, »aber wenn diese auch noch dichtmachen müssen, bleibt nur noch das Vertrauen auf Sonne, Wind und die Kobolde von Annalena Baerbock.«

Und so drohe der »Mega-Blackout«: Heizung, Haushaltsgeräte, Maschinen und Fließbänder würden ausfallen, ebenso die Pumpen an den Tankstellen und für die Wasserversorgung; Kühe könnten nicht gemolken werden und würden »qualvoll verenden«. »In den Supermärkten vergammelt ohne Kühlung die gesamte Nahrung innerhalb eines Tages – und da die Lkw keinen Sprit mehr bekommen, gibt es auch keinen Nachschub.« Dann schlage die »Stunde der Plünderer«: Bewaffnete Banden würden »in die reicheren Vororte und hinaus aufs Land« ziehen. »Wenn Sie überfallen werden, sind Sie verloren: Ihr Handy hat, wie das gesamte Internet, schon lange keinen Saft mehr, und Polizei und Militär sind damit überlastet, ihre eigenen Waffendepots vor den Clans zu schützen.«

Es kam anders: Der Füllstand der deutschen Gasspeicher lag zu Beginn des Winters, im November 2022, bei 100 Prozent – ohne russisches Gas.[6] Ende des Winters, im April 2023 waren noch 65 Prozent übrig. Es gab keine Versorgungsengpässe. Nachdem am 15. April 2023 die letzten AKW abgeschaltet wurden, gab es ebenso wenige Stromausfälle wie in der Zeit zuvor.[7] Strom wurde an der Börse nicht teurer, sondern sogar billiger.[8] »Die Auswirkungen sind extrem gering«, sagte die Vizepräsidentin der Bundesnetzagentur, Barbie Kornelia Haller.[9] Auch das Vorziehen des Kohleausstiegs auf 2030 und der ansteigende Verbrauch durch Wärmepumpen, E-Mobile oder Elektrolyseure werde nicht zu Energieengpässen führen, versichert die Bundesnetzagentur in einem neuen Bericht vom Februar 2023.[10] Und die von Elsässer prophezeite »Verelendung, wie sie die meisten von uns zu Lebzeiten nicht kannten«, fiel vorerst ebenso aus: Im 1. Quartal 2023 war das Bruttoinlandsprodukt »preis-, saison- und kalenderbereinigt gegenüber dem 4. Quartal 2022 unverändert«[11], meldete das Statistische Bundesamt – trotz des für die Wirtschaft angeblich so tödlichen Bezugsstopps von russischem Gas liefen die Dinge also halbwegs weiter.

Elsässer hat indes schon ein neues Kampagnenthema gefunden: Er warnt vor »Klimaterroristen«. Diese, so heißt es in einem *Compact*-Sonderheft »nennen sich oft Letzte Generation und warnen eifrig vor der Apokalypse«.[12] Was anderen natürlich niemals einfallen würde.

15 Letzte Generation vor dem Volkstod: Der »Migrations-Kipppunkt«

Only what we have to say:
Good night white pride
Loikaemie

Nicht alle fürchten das Ende der Zivilisation insgesamt. Manche treibt nur der Untergang jenes Teils der Menschheit um, zu dem sie sich selbst zählen: das Aussterben der Weißen. Sie graust nicht vor dem Hitzetod, sondern vor dem Volkstod. Für sie gilt auch hier: Es bleibt nur noch wenig Zeit, und das Ende ist nahe.

Von der Mehrheit zur Minderheit

Die Angst vor der »White Extinction« hat einen Vorläufer. Es ist die Sorge, von der Mehrheit zur Minderheit zu werden. »Die weiße Rasse ist in Gefahr«, warnte etwa schon 1980 der Ku-Klux-Klan-Führer David Duke.[1] »Die Konfrontation heißt heute weiße Rasse gegen nichtweiße Rasse. Wir Weißen sind auf dem Globus zahlenmäßig im Verhältnis eins zu zehn unterlegen.« Duke machte damals folgende Rechnung auf: »Wenn Bevölkerungswachstum und Zuwanderung der Farbigen weitergehen wie bisher, wird Amerika in einigen Jahrzehnten eine farbige Mehrheit haben. Aber bedroht ist nicht nur Amerika. Die Bevölkerung Deutschlands etwa wächst nicht mehr, sondern nimmt ab. Zugleich jedoch holen die Deutschen Millionen Gastarbeiter in ihr Land. In einigen Generationen könnte, was heute Deutschland ist, vielleicht Neu-Türkei heißen.«

Der Rassistenführer Duke ist nicht der Einzige, der so denkt. »Heute sind wir tolerant, morgen fremd im eigenen Land«, sprühten Unbekannte 2012 in Wolgast in Mecklenburg-Vorpommern an ein Gebäude, in dem Geflüchtete untergebracht werden sollten.[2] Die NPD griff den Spruch begeistert auf, ebenso der AfD-Gründer Alexander Gauland.[3]

Wolgast liegt in Vorpommern, der Ausländeranteil in dem Landkreis zählt zu den bundesweit niedrigsten.[4] »Aber das soll auch so bleiben«, sagt der Greifswalder Jura-Professor Ralf Weber, der von 2016 bis 2021 für die AfD im Landtag saß.[5] Er rechnete vor: 2015 und 2016 dürften 3,5 Millionen »illegale Zuwanderer« ins Land gekommen sein, davon dreiviertel im Alter zwischen 20 und 40 Jahren. Tatsächlich lag die Zahl der angekommenen Asylsuchenden in diesem Zeitraum bei rund 1,17 Millionen[6]. »Wenn die sich in der lebensbejahenden Verbreitungsstrategie, die diesen Völkern eigen ist – ich zitiere jetzt bewusst Björn Höcke –, ausbreiten«, sagte Weber, »also vier bis fünf Kinder in zehn Jahren«, gebe es bald »elf bis zwölf Millionen illegale Zuwanderer und deren Nachfolger«. Tatsächlich lag 2021 der Anteil der Lebendgeborenen von ausländischen Müttern bei 23,9[7] Prozent, während der gesamte Ausländeranteil in Deutschland bei 27,2[8] Prozent lag. Migrant:innen insgesamt bekommen in Deutschland also nicht überproportional mehr, sondern weniger Kinder. Dennoch ist Weber überzeugt, die Deutschen würden »in weniger als einer Generation in diesem Alterssegment eine Minderheit im eigenen Land«.

Ein rechtes Phantasma

In den USA werden Weiße voraussichtlich um das Jahr 2045 tatsächlich in der Minderheit sein.[9] Um den Schlaf bringen kann das nur diejenigen, die glauben, dass Weißen eine natürliche Vormachtstellung zusteht – die zu verteidigen sie berechtigt seien. Doch das ist eine lupenrein rechtsextreme Argumentation, die so oder ähnlich seit vielen Jahren von einschlägigen Kreisen vorgebracht wird. In den USA soll damit die Migration aus Lateinamerika, in Europa vor allem jene aus afrikanischen und arabischen Ländern verhindert werden.

Wenn es um Muslim:innen geht, ist im Zusammenhang mit Warnungen vor einer angeblichen Landnahme gerne von einem »Geburten-Dschihad« die Rede. Demnach bekämen Muslim:innen mit Absicht viele Kinder, um in Regionen, in denen sie die Minderheit sind, zur Mehrheit zu werden – und so eine islamistische Herrschaft durchzusetzen. Die zum Christentum konvertierte Islam-Kritikerin Laila Mirzo nannte den »Geburten-Dschihad« 2018 einen Grund dafür, dass die »Islamisierung keine Frage des Ob, sondern eine Frage des Wann«[10] sei.

Doch bleibt es nicht bei der Furcht, zur Minderheit zu werden. Diese von rechten Gruppen empfundene und zugleich lange als politischer Katalysator geschürte Angst radikalisierte sich zur Sorge, als »weiße Rasse« ganz zu verschwinden. Die Angst vor dem Untergang, den andere für die Zivilisation als Ganzes erwarten, haben sie vor dem Untergang der Weißen. »Wir haben festgestellt, dass das Aussterben der weißen Völker eine ernsthafte und reale Gefahr ist«, behauptet der US-Nationalist Greg Johnson in seinem *White Nationalist Manifesto*.[11] Und diese Behauptung hatte Folgen: Mit der »überwältigenden Angst vor dem Aussterben« der weißen Männer in den USA habe Donald Trump 2016 die Wahl gewonnen, schreibt die schwarze US-Soziologin Deborah Bolling.[12]

Der Politikwissenschaftler Stephan Maninger, der als Professor für Sicherheitspolitik an der Bundespolizeiakademie angehende Bundespolizist:innen ausbildete, schrieb von einem drohenden »Ethnosuizid«. Europäischen Städten drohe eine Afrikanisierung und Islamisierung. Maninger forderte in einem Interview mit dem rechten Verleger Götz Kubitschek, es sei »dringend an der Zeit, daß die westliche Welt die Demographie als Waffe« begreife.[13]

Die Thesen des Monsieur Camus

In dieser Angst steckt vielfach die Vorstellung vom »Großen Austausch« – ein Verschwörungsglaube, den der französische rechtsextreme Theoretiker Renaud Camus 2011 mit seinem Werk *Le grand remplacement* verbreitete. Camus erwartete einen Identitäts- und Kulturverlust (»déculturation«) Frankreichs aufgrund von Einwanderung. Diese Ideen wurden von der Identitären Bewegung aufgegriffen und in Europa und Nordamerika verbreitet. Insbesondere im englischsprachigen Raum wurden sie von Alt-Right-Medien und Fox News gestreut und von rechten Terroristen übernommen.

Den antisemitischen Gedanken, dass die angebliche Umvolkung einem Plan folgt, vertreten viele. Einer von ihnen ist der Ex-Verfassungsschutzchef Hans Georg Maaßen. Im Januar 2023 sprach er von einer »grün-rote(n) Rassenlehre, nach der Weiße als minderwertige Rasse angesehen werden und man deshalb arabische und afrikanische Männer ins Land holen« müsse.[14] Die »Stoßrichtung« der »treibenden Kräfte im politischen-medialen Raum« sei ein »eliminatorischer Rassismus gegen Weiße«, so Maaßen.[15] Er wird gewusst haben, dass das Adjektiv »eliminatorisch« in Deutschland ausschließlich im Zusammenhang mit dem mörderischen NS-Antisemitismus verwendet wird, worauf der Leiter der KZ-Gedenkstätten Buchenwald und Mittelbau-Dora, Jens-Christian Wagner, hinwies.[16] Auch andere durchaus öffentlichkeitswirksame Gestalten verbreiten die Idee von einem absichtsvoll herbeigeführten Ende der Weißen. In der YouTube-Show des Ex-Bild-Chefredakteurs Julian Reichelt fallen Sätze wie: »Wir Weiße sollen uns offensichtlich nicht mehr fortpflanzen«, gleichzeitig hole man aber »halb Afrika rein«.[17]

Wenn Weiße sich »nicht mehr fortpflanzen sollen«, gibt es bald keine mehr. Das ist die Botschaft. Die Art und Weise, mit der dieses rassistische Phantasma vorgetragen wird, macht Anleihen bei Teilen der Klimabewegung – wofür diese nichts kann. Ein interessantes Beispiel dafür ist die FPÖ in Österreich. Sie präsentierte im November 2022 einen »Kipppunkt«-Countdown: Eine Webseite, auf der aufgeschlüsselt nach Geburtenentwicklung und Abschiebungs-Intensität sekundengenau vorgerechnet wird, wie viel Zeit bleibt, bis es in der gewählten Region »mehr Menschen mit Migrationshintergrund als Menschen ohne Migrationshintergrund im wahlfähigen Alter« gibt.[18] Am Abend des 8. Februar 2022 etwa dauerte es für Gesamtösterreich demnach noch 29 Jahre, 8 Monate, 23 Tage, 15 Stunden, 49 Minuten und 45 Sekunden. In Wien werde dieser »Kipppunkt« bereits in sieben Jahren erreicht sein.

In ihrer Anmutung gleicht die rückwärts zählende Uhr jenen

Uhren anderer Webseiten, die die Zeit anzeigen, die bleibt, bis die Menschheit das CO_2-Budget aufgebraucht hat, das noch mit dem Pariser Klimaziel vereinbar wäre.

Parallelsetzung von Klima- und Bevölkerungsentwicklung

Es gibt ein mittlerweile gelöschtes Video des österreichischen Chef-Identitären Martin Sellner, in dem dieser eine animierte Europakarte zeigt, auf der der wachsende Anteil Nichtweißer in einem Zeitraffer der kommenden Jahrzehnte gezeigt wird. Das Ganze ähnelt bis aufs Haar jenen Karten, die die Entwicklung der Durchschnittstemperaturen bei ungebremster Erderwärmung, einschließlich unbewohnbar werdender Gebiete (→ K 6), zeigen.

Der Begriff des Kipppunktes ist durch die Klimadebatte so popularisiert worden, dass er im Kontext von Migration auch dann immer wieder herangezogen wird, wenn gar nicht auf den angeblichen Volkstod angespielt werden soll. In der *Welt* schrieb im November 2022 der junge CDU-Politiker Frederik Paul den Gastkommentar »Die wachsende Flüchtlingszahl bringt unsere Gesellschaft an einen Kipppunkt«.[19] Darin sprach Paul von einem drohenden »Kipppunkt der Akzeptanz und der Solidarität« sowie von einem »Aufnahme-Kipppunkt«, der in einigen Kommunen bereits überschritten sei. Dann interviewte die *Bild* den CDU-ler Stefan Heck. Der sagte: »Bei einer jährlichen Zuwanderung durch 400 000 Migranten nähert sich Deutschland gefährlich einem Kipp-Punkt. Wenn der überwiegende Bevölkerungsteil einen Migrationshintergrund hat, wird sich unser Land erheblich verändern.«[20]

Paul und Heck sind klar im konservativen Lager verortet, was sie sagten, war kein rechtsextremes Gedankengut. Gemeint war nicht das angebliche Aussterben der Weißen. Aber die im Klimakontext bekannt gewordene Kipppunkt-Vokabel mit ihrer inhärenten Irreversibilität legt eine Dringlichkeit des Handelns nahe, der zu entziehen sich verbietet und die von der extremen Rechten in die Migrationsdebatte getragen wurde.

Spenglers Untergang des Abendlandes?

Der Leipziger Historiker Dirk van Laak verweist auf die Wurzeln dieses Denkens in der sogenannten Konservativen Revolution. Sich dieser Strömung zurechnende Autoren wie Oswald Spengler führten schon früh aus, dass sie den Niedergang der westlichen Welt durch eine angebliche Bedrohung von Schwarzen Menschen erwarteten. Spengler vertrat in *Der Untergang des Abendlandes* die Auffassung, dass immer wieder neue Kulturen entstehen, eine Blütezeit erleben und dann nach einer Phase des Verfalls untergehen. Kulturen sind in seiner Vorstellung klar abgrenzbare, quasiorganische Gebilde mit einer Lebensdauer von etwa 1000 Jahren, die jeweils ganz charakteristische, das Denken und Handeln von Individuen prägende Merkmale aufweisen. Spengler fürchtete die Dekolonisierung, nicht den unmittelbar vor der Tür stehenden Faschismus. »Die Krise kam, aber nicht so, wie prognostiziert«, sagt dazu van Laak.[21] Er sieht Gemeinsamkeiten mit dem heutigen dystopischen Denken: »Man glaubt, es sei ein Unterschied, dass heute scheinbar wissenschaftliche Erkenntnisse herangezogen werden. Aber auch in der Zwischenkriegszeit hat man das getan, so gut es ging.« Damals gab es die Vorstellung von »Rassenunterschieden«, die »auch sich selbst als wissenschaftlich argumentierend verstanden hat«.

Die Festung der Pegidisten

All das wirkt nach. Zu beobachten war das etwa auf der Kundgebung, die die Dresdner Pegida-Aktivistin Tatjana Festerling abhielt, bevor Angela Merkel zum letzten Mal wiedergewählt wurde. Festerling hatte eine transnationale Sammelbewegung namens »Festung Europa« gegründet und an jenem Tag Hunderte Menschen zu einer Kundgebung am Schillerplatz im Dresdner Stadtteil Blasewitz versammelt. Manche tragen »Rebellen für Deutschland«-T-Shirts. Kameradschaftsnazis sind da, in Schwarz, mit spiegelnden Sonnenbrillen, Typen aus der Hooliganszene und Normalbürger:innen in Funktionsjacken.[22]

Festerling war damals unter den deutschen Rechtspopulisten so etwas wie die Marktführerin in Sachen Hatespeech. Niemand hetzte wie sie. Die frühere Werberin und Pressesprecherin, 52 Jahre, war mit der Pegida-Bewegung groß geworden, aber hatte sich mit deren Vorsitzenden Lutz Bachmann überworfen. Sie forderte eine »konsequente Vertreibungspolitik«, Geflüchtete waren für sie »Ficki-Ficki-Refugees« oder »Refugee-Islamisten«. Mit Erfolg hatte sie deutsche Afghanistanveteranen aufgerufen, sich Bürgerwehren an Europas Außengrenzen anzuschließen, »um die Schmach von Köln wieder wettzumachen«. Fast zehn Prozent hatte sie als Pegida-Kandidatin 2015 bei der Bürgermeisterwahl in Dresden bekommen.

Festerling bot, was es bisher nicht gab: Einen gemeinsamen Bezugspunkt für die harte Naziszene und das bürgerliche Pegida-Milieu. Es ging ihr nicht darum, rechte Positionen im bürgerlichen Lager anschlussfähig zu machen, sondern Konservative nach Rechtsaußen zu ziehen. Sie sieht aus wie die US-Rechte Sarah Palin und lässt sich wie diese im Tarnanzug ablichten, auf der Pirsch mit bulgarischen Bürgerwehrlern.

Auf der Bühne spricht eine Aktivistin der rechten For-Freedom-Bewegung. Sie lässt wissen, dass »wir im Krieg sind mit dem Islam«, auch Dänemark sei mit »multikulturellem Horror infiziert«, dann sagt sie: »Die Zeit zu reden ist vorbei. Wir müssen wütend und aktiv werden und keine Angst haben, uns die Hände schmutzig zu machen.«

Wie soll man das anders verstehen denn als Aufruf zur Gewalt? Die Biergläser knallen wieder auf die Tische, die Leute rufen »Widerstand!«, einige schäkern mit den Kellnerinnen. Es ist piefigste Sonntagnachmittags-Biergartenatmosphäre, Volksfeststimmung, es riecht nach Bratwurst, nur das Wetter ist herbstlich, aber die Frage, ob sie Lust haben auf Bürgerkrieg, kommt bestens an.

Dann kommt Festerling selbst. Wer noch sitzt, steht jetzt auf, es regnet stärker, aber kaum einer bleibt unter der Brücke. Den Aufruf zum Endkampf haben ihre Gäste übernommen, so kann sie sich visionär geben, als Anführerin des Kampfes gegen die »Massenvernichtungswaffe Islam«. Der Islam mache sich Europa zur Beute, die Folge sei, was sonst, ein Bürgerkrieg, darauf läuft die ganze Show hier hinaus. »Entweder lassen wir das von oben angerichtete Chaos mit uns machen oder wir sorgen für den Kollaps des völlig verkommenen Systems.«

Als Festerling ihre Rede beendet hat, strömen die Menschen zur Straßenbahn. Polizist:innen gehen voraus, ein Block von etwa 150 Menschen formiert sich hinter einem, der mit weiß-rot-schwarzer Flagge ruft: »Nationaler Sozialismus, jetzt, jetzt, jetzt!« Die Leute recken die Hälse, einige lachen.

In der Tram schütteln die »Festung-Europa«-Demonstrant:innen ihre Schirme aus, die Bahn zuckelt vor sich hin, denn die Nazis dürfen vor ihr herlaufen, und so ist Zeit für Betrachtungen: »Pegida wird es immer geben«, sagt ein Mann, dem nasse Haarsträhnen auf dem Dreitagebart kleben. »Das ist wie eine Therapie. Du schreist alles raus, dann bist du eine Woche wieder funktionsfähig.« Das Problem sei die knappe Zeit. Der Regimewechsel, er müsse schon bei der nächsten Bundestagswahl kommen. Eine weitere Kanzlerschaft Angela Merkels im Herbst 2017 müsse unbedingt verhindert werden. Bei der Wahl darauf, 2021, wäre es zu spät. »Bis dahin haben sich die Kopftuchgeschwader verdoppelt. Wir haben keine fünf Jahre mehr.«

Er gehöre, das wollte der Mann sagen, zur letzten Generation, die den Volkstod noch verhindern kann.

16 Alles im Angebot für das Ende der Welt: Der Kollaps als Business

So, kommt Kinder, es regnet,
alle rauf auf die Arche hier!
Kommt, wir haben Platz genug,
Platz genug.

Oma Hans

»Das Ereignis.«[1] So umschreiben die fünf Tech-Milliardäre, worauf sie sich vorbereiten: »Umweltkollaps, die sozialen Unruhen, die nukleare Explosion, den Sonnensturm, das unaufhaltsame Virus oder den bösartigen Computerhack, der alles zum Einsturz bringt.« Genau weiß es niemand. Aber irgendwas, so glauben sie, werde zum Kollaps (→ K 10) führen. Und dann wollen sie vorbereitet sein. Geld spielt keine Rolle.

Schlupflöcher für Milliardäre

Douglas Rushkoff, ein US-Professor für Medientheorie, beschreibt in seinem 2022 erschienenen Buch *Survival of the Richest* eine in jeder Hinsicht bizarre Begegnung. Er wird mit Business-Class-Flug und Limousinenchauffeur zu einem Vortrag gebracht und landet in einer Hightech-Luxus-Bunkeranlage in der Wüste. Fünf Superreiche wollen dort von ihm, einem Marxisten, wissen, wie sie sich am besten auf das Ende der Welt vorbereiten.

Neuseeland oder Alaska – welche Region wird von der kommenden Klimakrise weniger betroffen sein? Was ist gefährlicher: Klimawandel oder biologische Kriegsführung? Wie viel Zeit sollte man einplanen, um ohne Hilfe von außen überleben zu können? Sollte ein Schutzraum über eine eigene Luftzufuhr verfügen? Wie hoch ist die Wahrscheinlichkeit einer Grundwasserverseuchung? Diese Fragen treiben die Männer um. Einer der Reichen erzählt, dass er den Bau seines eigenen unterirdischen Bunkersystems fast abgeschlossen habe, und fragt: »Wie behalte ich nach dem Ereignis die Autorität über meine Sicherheitskräfte?«

Die Superreichen wüssten, dass bewaffnete Wachen erforderlich sein würden, um ihre Anlagen vor Angreifer:innen und wütenden Mobs zu schützen, schreibt Rushkoff. Einer habe bereits ein Dutzend Navy-Seals, also US-Elitesoldaten, angeheuert, die sich auf sein Gelände begeben würden, wenn er ihnen das Signal dazu gäbe. Aber wie solle er die Wachen bezahlen, wenn sogar seine Kryptowährung wertlos würde? Was würde die Wachen davon abhalten, sich ihren eigenen Anführer zu wählen?

Die Milliardäre ziehen in Erwägung, spezielle Zahlenschlösser für die Lebensmittelvorräte zu verwenden, deren Codes nur sie kennen. Oder die Wächter dazu zu bringen, als Gegenleistung für ihr Überleben ein Disziplinierungs-Halsband zu tragen. Oder vielleicht Roboter zu bauen, die als Wächter und Arbeiter dienen – wenn diese Technologie »rechtzeitig« entwickelt werden könnte.

Rushkoff appelliert an ihren Altruismus. »Investieren Sie nicht nur in Munition und Elektrozäune, sondern in Menschen und Beziehungen.« Doch die Milliardäre »verdrehten die Augen«.

Todsichere Angebote

Für das, was ähnlich Solventen wie den Tech-Managern aus Rushkoffs Wüstenbegegnung vorschwebt, gibt es etwa das Schweizer Unternehmen Oppidum. Es hat sich auf Luxusbunker für Superreiche spezialisiert. Die Familie sei »die Achse, um die sich Ihre Welt dreht, diejenigen, für die Sie alles tun und jedes Opfer bringen würden«, heißt es auf der Oppidum-Website.[2] So sei es »natürlich und richtig, Ihre erste Pflicht und Ihr tiefster Wunsch, sie zu schützen«. Ein »Oppidum-Rückzugsort« könne sie »so lange wie nötig vor allen physischen Gefahren schützen, mit all dem Komfort, der geistigen Stimulation, den Möglichkeiten zur Bewegung und der Entspannung, die sie zum Gedeihen brauchen.« 100 Millionen Euro muss man dafür allerdings aufbringen, hat die Redaktion des ZDF-Satirikers Jan Böhmermann recherchiert.[3]

»Wirklicher Reichtum ist nicht Privatjet fliegen, sondern sich vor dem schützen zu können, was Privatjetfliegen auslöst«, sagt Böhmermann.

Die Kundschaft von Firmen wie Oppidum und die Milliardäre, die Rushkoff eingeladen haben, treibt eine Angst um, die auch andere ergreift. Wie könne Böhmermann eine solche Sendung veröffentlichen »und 2 Tage später gibt es immer noch keine Aufstände?«, fragte der Berliner Linken-Abgeordnete Oliver Helm.[4] »Die Reichen wissen, dass unsere Zivilisation so nicht mehr lange existieren wird und bauen sich Bunker, um alles zu überstehen!«

Was die Vorbereitung auf »das Ereignis« angeht, so ist heute allerdings auch für schmalere Geldbörsen einiges im Angebot.

Das US-amerikanische Unternehmen Vivos etwa bietet Plätze in einstigen Militäranlagen: »Der Backup-Plan für die Menschheit – Sichern Sie sich Ihren Platz in einem unterirdischen Vivos-Bunker, um praktisch jede Katastrophe zu überleben.«[5] So wirbt Vivos für seine »575 privaten Bunker mit Platz für Tausende an einem der sichersten Standorte Nordamerikas« – abseits von »hochkriminellen Anarchiezonen«, »militärischen Zielen« oder »Überschwemmungsgebieten«. Wer sich dort einkauft, kann schon heute seinen Bunker nach persönlichen Wünschen einrichten lassen. Nur die Maße sind Standard: »Innenbodenbreite von 26,5 Fuß mit Längen von 60 Fuß und 80 Fuß, jeweils mit einer 12,5 Fuß hohen Decke bis zur Oberkante des Innenbogens.« Jeder Bunker sei »gegen praktisch alle bekannten Bedrohungen geschützt, da er über eine massive Sprengtür aus Beton und Stahl verfügt, die das Eindringen von Wasser, Luft oder Gas verhindert.« Milliardär muss man dafür nicht sein. Fällig werden vorab 45 000 US-Dollar, dazu jährlich 1091 US-Dollar, zuzüglich Innenausbau, Ausrüstung und Mobiliar.

Überall in den USA entstehen heute »Fortitude Ranches«, mittlerweile auch als Franchise-Ableger: Containerbauten mit Schießscharten und Holz-Wachtürmen, die ihnen die Anmutung alter Forts aus dem Wilden Westen verleihen.[6] Bei der »Überlebensgemeinschaft« für den Fall von Krieg und Chaos gibt es schon für 1000 Dollar Mitgliedsbeitrag im Jahr einen Platz für den Ernstfall. Es soll »für die Mittelschicht erschwinglich« bleiben, sagt Gründer Drew Miller.[7] Er und sein »Führungsteam« seien eine »Gruppe erfahrener ›Prepper‹, die sich seit Jahrzehnten Überlebensfähigkeiten aneignen und Überlebensgruppen leiten«, schreiben sie selbst über sich.[8] Die meisten sind Ex-Militärs. »Viele unserer Mitglieder haben ideale Überlebensfähigkeiten, wie Ärzte und Apotheker. Sie sind hier nicht aufgeführt, und wir geben niemals die Namen unserer Mitglieder preis!«

Und in Deutschland stellte das Online-Magazin Netzwelt derweil in einem Dossier sage und schreibe 47 Apokalypse-»[f]ähige Flucht-fahrzeuge im Überblick« vor, darunter »Offroad-Wohnmobile« und solche, die Trinkwasser aus der Umgebungsluft extrahieren.[9]

Mit der Angst boomt das Geschäft

Sei es das Ende »des Systems«, der Zusammenbruch der gesellschaft-lichen Ordnung, des staatlichen Gewaltmonopols, Bürgerkrieg, Atom-krieg, Strom-Blackout oder Killer-Virus: Je mehr die Angst vor dem Kollaps wächst, desto mehr boomt das Geschäft mit ihm.

Die libertäre Antwort auf die Untergangsangst lautet, Auswege für die Reichen zu bieten. Und damit bekommen Ideen, die schon eine Weile kursieren, neuen Auftrieb.

In T. C. Boyles Roman *Hart auf Hart* spielt die junge Hufschmiedin Sara Hovarty Jennings eine der Hauptrollen.[10] In Deutschland würde man sie als Reichsbürgerin bezeichnen. Sie erkennt die USA als Staat nicht an und gerät deshalb in immer größere Schwierigkeiten: Erst verliert sie ihren Führerschein, später ihren geliebten Hund, dann ihre Arbeit. Der Schlüsselsatz ihres Verderbens lautet: »Ich habe keinen Vertrag mit Ihnen.« Das sagt sie immer dann, wenn staatliche Stellen etwas von ihr wollen – etwa ein Polizist ihren Führerschein. Es ist ein rechtslibertäres, pervertiertes Verständnis von Freiheit: Das Ideal eines völlig freien Subjekts, dem das Gemeinwesen keine Vorschriften ma-chen darf, es sei denn, es erklärt sich ausdrücklich – per Vertrag – mit diesen einverstanden.

Träume von solchen Orten gibt es in entsprechenden Kreisen seit Langem. Der Autor Titus Gebel, ein deutscher Jurist und Ex-Manager, hat das Konzept der »Freien Privatstädte« entwickelt. »Ein privates

Unternehmen würde als Staatsdienstleister die Verwaltung übernehmen und jeder einzelne Bewohner hätte einen Vertrag mit der Verwaltung. Dieser Vertrag umfasst einige wenige Basisleistungen und Basisregeln«, so beschreibt Gebel seine Idee.[11] Ansonsten bestehe »vollständige Freiheit (...), seine eigenen Angelegenheiten zu regeln, wie man das möchte«. Der »Staatsdienstleister« biete auf einem abgegrenzten Territorium ein bestimmtes Modell an und »nur derjenige, dem dies zusagt, siedelt sich dort an«. Sofern er zahlen kann, versteht sich.[12]

Gebel hat das Konzept in einem 2018 erschienen Buch niedergelegt – und arbeitet an der Umsetzung. In Próspera auf der honduranischen Karibikinsel Roatán gibt es bereits ein erstes Modell. »Sympathisch« findet das unter anderem der Crash-Prophet Marc Friedrich (*Der größte Crash aller Zeiten*, → K 13).[13] In ähnlich finsterem Duktus wie Friedrich schreibt Olivier Kessler, der Direktor des Liberalen Instituts in der Schweiz, unter dem Titel »Die 8 Reiter der Apokalypse«[14] von den »riesigen Gefahren, die zum Grossteil aus dem Innern kommen«, für Europa und die USA. Einer der Auswege: die »Gründung neuer Gebietskörperschaften in Form von Freien Privatstädten«.

Kessler führt den Gedanken so nicht aus, aber die Nähe der Crash-Prophetie und des Privatstädte-Konzepts liegt auf der Hand: Wenn Gemeinwesen kollabieren – durch gestörte Lieferketten, Kriege, ökologische Probleme, Überschwemmungen, Ernteausfälle, wenn es wegen wachsender Armut zu Aufständen oder Plünderungen kommt –, kann sich derjenige in Privatstädte retten, der sich das leisten kann.

Privatstädte: demokratiebefreite Zonen

Politik, Staat, Demokratie, »so wie wir sie kennen«, gibt es in solchen Städten nicht, sagt der Soziologe Andreas Kemper, der ein Buch über die Ideologie geschrieben hat, die hinter der Idee der Privatstädte steht. »Stattdessen sollen Unternehmen, die dort investieren, auch das Leben dort organisieren – und so ihr Umfeld selbst gestalten können: mit maximalen Gewinnen, maximalen Freiheiten und in maximaler Eigenverantwortung.«[15] In diesen Privatstädten sei die Demokratie abgeschafft. »Vorrangig geht es dabei darum, den Ärmeren und Arbeiter*-innen die Wahl- und Mitbestimmungsrechte zu rauben.« Kemper sieht die Gefahr, dass im Zuge der Klimakrise »Refugee Citys« als Privatstädte entstehen. »Da die Bereitschaft der reicheren Länder zur Aufnahme von Geflüchteten sehr beschränkt ist, gibt es bereits Überlegungen, die Verantwortlichkeiten an Privatunternehmen auszusourcen.«[16] In den »Geflüchtetenstädten« könnten diese dann »auch kostengünstig arbeiten«. Die AfD hat bereits 2021 gefordert, die Entwicklungspolitik auf »Charter Citys« hin zu orientieren.[17] Kemper glaubt, dass der Hintergedanke dabei ist, »Geflüchtete in diese Charter Citys abzuschieben und das Ganze dann noch als human zu verkaufen.« Die Refugee-City-Initiativen seien mit den Privatstadtprojekten personell verflochten, sagt Kemper.

Die Menschheit werde zunehmend in einer Welt von Flüchtlingslagern und luxuriösen Überlebenskomplexen existieren, schreibt Alex Steffen.[18] Es gebe einen »Boom bei privaten Sicherheitsdiensten, privaten Feuerwehren, unabhängiger medizinischer Versorgung, der Möglichkeit, mit Hilfe von Investitionszusagen mehrere Pässe zu kaufen, um sich irgendwo in Neuseeland, Malta oder der Schweiz ein Schlupfloch zu schaffen – eine riesige Industrie entsteht, um den Wohlhabenden privaten Schutz vor den Auswirkungen der planetarischen Krise zu bieten.«

Gleichzeitig beginne ein »klimabewusster Goldrausch«: Reiche versuchten, die Dinge aufzukaufen, die in einer »transapokalyptischen« Welt funktionieren und somit wertvoll sein werden – Ackerland, Wasserrechte, seltene Mineralien, Fischereirechte und Immobilien in besser geschützten Städten. »Sie versuchen, möglichst viele dieser Dinge zu erwerben, bevor die Menschen merken, wie wertvoll sie sind«. Es sei eine Art Börse des künftigen Elends, getrieben von dem verbreiteten Mangel an Verständnis für das Tempo des Wandels. Das Ergebnis dieses Handelns seien sich verschärfende Engpässe: Es werde viel zu viele Menschen auf der Suche nach einem sicheren Zuhause in unwirtlichen Gegenden geben, die Zugang zu widerstandsfähigen natürlichen Systemen und die Teilhabe an einer gerechten und dynamischen Wirtschaft benötigen.

Der Prepperkult

Andere, die ebenfalls von der Angst vor dem Kollaps leben, setzen eher auf praktische Hilfe im Kleinen. Die bereits erwähnte Zeitschrift *Blackout* gibt ihren Leser:innen Tipps, wie sie sich auf einen längeren Stromausfall vorbereiten können – etwa mit selbstgebauten Solar-CB-Funkanlagen, dem richtigen »Fluchtfahrrad« oder »Bushcraft«-Messern. Doch das Image solcher Vorsorge ist offenbar schlecht. Die Zeitschrift selbst beklagt sich, dass »Prepper« in Deutschland »mittlerweile mit gewaltbereiten Rechtsextremisten gleichgesetzt« werden. International bedeute »preppen« nichts anderes als »vorbereiten«. Der abweichende Subtext in Deutschland rühre daher, »dass sich politische Extremisten auch unter dem Deckmantel des Prepping zusammenfanden«, so *Blackout*. Das Prepper-Motto »Be prepared« stamme hingegen aus der »wirklich alles andere als rassistischen oder gewaltorientierten Pfadfinder-Bewegung« – es sei das in Deutschland als »Allzeit bereit« bekannte Motto der Pfadfinder:innen. »Wenn also im Zusammenhang mit Krisenvorsorge von ›Prepper‹ die Rede ist, sollte man nicht gleich den Verfassungsschutz anrufen.«

Doch so einfach ist es nicht, denn ein Wesenszug der rechten Untergangsangst besteht darin, allein oder allenfalls mit einer Gruppe Gleichgesinnter oder -gestellter nach Überlebensstrategien zu suchen – bis hin zur Bewaffnung oder eigenen Siedlungen. Vor allem in der jüngeren Vergangenheit sei ein »regelrechter Hype um apokalyptische Szenarien entstanden, die vom zivilisatorischen Zusammenbruch und nackten Überlebenskämpfen handeln«[19], schreibt die Bundesarbeitsgemeinschaft Gegen Hass im Netz (BAG). Dies treffe insbesondere auf die Populärkultur zu und zeige sich etwa im 2012 veröffentlichten Roman-Bestseller *Blackout* von Marc Elsberg. Die rechtsextreme Spielart des Blackout-Narrativs falle in eine Zeit, in der die Öffentlichkeit »eine gewisse Vertrautheit mit Untergangsszenarien entwickelt und eine teilweise Popularisierung des Preppertums stattgefunden hat«. Für die extreme Rechte böten sich so »neue Momente der Anschlussfähigkeit«, so die BAG.

Im rechtsextremen Denken sei das »Spiel mit dem Fatalismus eine wiederkehrende Komponente, dient der Ausnahmezustand doch dazu, sich als rettende Kraft inszenieren zu können, die in der Stunde der Not durchgreift«. Es gebe eine »enge Verbindung zwischen dem Preppertum und dem verschwörungstheoretischen Denken«, das durch Covid weiter angeheizt worden sei. »Denn beide Phänomene beruhen auf einem von Bedrohungsgefühlen geprägten Verhältnis zur Realität, arbeiten mit dystopischen Zukunftsentwürfen und stellen pessimistische Zeitdiagnosen an.« Der US-Politologe Michael Barkun sieht die Untergangsszenarien der Populärkultur zu einer »apokalyptischen Kultur der Verschwörung« verdichtet. Und jene, die davon etwas haben, mühen sich nach Kräften, diese Angst zu schüren – mit einem andauernden Raunen vom drohenden Kollaps. Die Botschaft ist schlicht: Wer nicht zugreift, geht unter.

Ein Verlag für alle Fälle

Der Kopp Verlag hat diese Botschaft verinnerlicht: »Stellen Sie sich vor, nach einem Bankencrash kommen Sie tage-, vielleicht sogar wochenlang nicht an Ihr Geld. Oder infolge der sogenannten Energiewende kommt es in großen Ballungszentren plötzlich zu einem Blackout. Kein Kühlschrank, kein Fernseher, kein Computer, kein Logistikzentrum funktioniert mehr. Und schon nach wenigen Tagen kommt es zu Versorgungsengpässen.« So bewirbt das Unternehmen aus Rottenburg am Neckar Gerhard Spannbauers Buch *Perfekte Krisenvorsorge. Überleben, wenn Geld wertlos wird und die Geschäfte leer sind* (2020).[20]

In diesem Umfeld veröffentlicht auch Lars Konarek viele seiner Bücher. Als einer der bekanntesten Survival-Trainer in Deutschland bietet er für nur 499 Euro inklusive Mehrwertsteuer private Trainingswochenenden an, bei denen man lernt, Feuer zu machen, Trinkwasser zu gewinnen, Notnahrung (essbare Pflanzen, Survival Food) zu finden und zuzubereiten. Das ist gewiss harmlos und sicher auch nützlich. Doch die Nähe zur verschwörungsideologischen Szene zeigt sich, wenn der Kopp Verlag ein ganzes Sortiment von Survival-Utensilien in einer eigenen Rubrik »Empfohlen von Lars Konarek« anbietet – nur einen Mausklick entfernt von Massen an rechtsextremer und apokalyptischer Literatur, für die der Verlag berüchtigt ist. Und dort gibt es dann nicht nur Konareks Buch über den perfekten »Fluchtrucksack«[21] oder alles zur »perfekten Blackout Vorsorge«[22], sondern auch »Megacrash – Die große Enteignung kommt« oder »Vorbereitung auf den finalen Crash«. 2017 und 2018 erschien im Kopp Verlag das Survival-Magazin *Save your life*, das im Wesentlichen Tipps von Konarek enthält. Der Ex-Fallschirmjäger schrieb auch schon für den rechten Stocker-Verlag.[23]

Für die Amadeo-Antonio-Stiftung ist der Kopp Verlag einer der größten Player im Vertrieb von Survival-Produkten im deutschsprachigen Raum.[24] Und dem Rechtsextremismus-Forscher Matthias Quent zufolge verdiene er dabei »an der Angstmache doppelt, weil er neben Niedergangsbeschreibungen und Handbüchern auch Langzeitlebensmittel und anderes Prepper-Zubehör vertreibt«[25]. Erst würden »Probleme beschworen, für die dann Lösungen zum Kauf angeboten« würden.

Für den Video-Kanal des Kopp Verlags hat auch die einstige Tagesschau-Sprecherin Eva Hermann eine Weile verschwörungsideologische »Nachrichten« im Tagesschau-Stil vorgelesen. Heute verbreitet sie die Nachrichten auf ihrem eigenen Telegram-Kanal, den immerhin 192 000 Menschen abonniert haben. Das Programm ist recht einseitig: »Jeden Tag Weltuntergang« lautet die Einschätzung des Redaktionsnetzwerks Deutschland.[26] Hermann warnt etwa vor der »WHO-Machtergreifung« und der »Grünen Junta«. Gleichzeitig wirbt sie für Stromgeneratoren, Notfall-Vorratstonnen oder Pfefferspraypistolen – allesamt aus dem Kopp Verlag. Wer sich darauf nicht verlassen, sondern sich lieber rechtzeitig aus dem Staub machen will, dem bieten Hermann und ihr Lebensgefährte Andreas Popp, auch er eine Art Verschwörungs-Influencer, über eine dubiose Akademie namens »Wissensmanufaktur« Grundstücke zum Auswandern in die kanadische Provinz Nova Scotia – und zwar »gnadenlos überteuert«, wie Hermanns Ex-Arbeitgeberin, die Tagesschau, berichtet.[27]

Radikale Töne

Die Hamsterkäufe während der Corona-Pandemie hatte der Kopp-Autor Stefan Schubert im hauseigenen »Kopp-Report« als Beleg für die Sinnhaftigkeit der Krisenwarnungen gewertet.[28] Unter der Überschrift

»Sie haben recht behalten« schrieb Schubert: »Anstatt, wie viele Menschen in der Republik nun vor leeren Regalen bei Nudeln und Toilettenpapier stehen [sic], können die Prepper und ihre Familien den ersten Ansturm auf die Lebensmittelgeschäfte in Gelassenheit zu Hause abwarten.« Schubert ist auch Autor des Kopp-Buchs *Der Bürgerkrieg kommt. Die Vorboten von Aufstand und Revolution in Deutschlands Städten.* Die Vorstellung eines ethnischen und politischen Bürgerkriegs spuke »in vielen rechten Köpfen als Angst und Hoffnung zugleich herum«, schreibt dazu das Antifa-Infoblatt.[29] »Prepper*innen, die von dieser Art von Krisenfall ausgehen, haben oft rassistische Weltbilder verinnerlicht, in denen Menschen mit Migrationsgeschichte die feindliche Bürgerkriegs-Fraktion darstellen. Hier finden sich dann auch die Überschneidungen zur (extrem) rechten Szene und deren ›Tag X‹-Vorstellungen.«

Eines der prominentesten Beispiele dafür ist vielleicht der US-Neonazi David Duke, einst Boss des Ku-Klux-Klans, welcher zu Dukes Zeiten ein militärisches Ausbildungsprogramm organisierte. Die Waffen dienten »nur zu unserem Schutz«, sagte Duke: »Wir müssen für den Fall vorbereitet sein, daß in Amerika einmal die öffentliche Ordnung zusammenbricht. Das ist etwas anderes, als öffentlich Gewalt zu predigen.«[30] Auch der Reichsbürger, der Mitte Mai 2023 in Ratingen mit einer Explosion fünf Einsatzkräfte lebensgefährlich verletzte, soll nach Angaben der Polizei der Prepper-Szene angehören.[31]

Die Journalistin Gabriela Keller hat das Phänomen rechter Prepper in einem Buch untersucht. Für rechtsextreme und verschwörungstheoretische Gruppen seien Krisenvorkehrungen ein Anknüpfungspunkt, sagt Keller. »Vorsorgen hat auch immer was mit einem Infragestellen der Funktionsfähigkeit des Staates zu tun, es unterstellt unseren politischen Systemen eine Fehlerhaftigkeit. Das verunsichert. Und Menschen, die unsicher sind, sind leicht köderbar.«[32]

17 Die autoritäre Versuchung: Selbstermächtigung, Ausnahmezustand und Verschwörungsglaube

Morpheus: What is the Matrix?
It is the world that has been
pulled over your eyes
to blind you from the truth.
Neo: What truth?
Morpheus: That you are a slave, Neo.
Like everybody else, you were
born into bondage ... kept inside a prison
that you cannot smell, taste, or touch.
A prison for your mind.

Andy und Larry und Wachowski, The Matrix

Spätestens nachdem der Klimaaktivist Tadzio Müller 2021 von einer drohenden »Grünen RAF«[1] gesprochen hatte, war das Urteil über die Klimaschutzbewegung von vielen Medien und Politiker:innen gefällt: Der in Wahrheit gar nicht so dramatische Klimawandel werde als Vorwand benutzt für extremistische Bestrebungen, um Wohlstand zu zerstören, den Sozialismus einzuführen, die Freiheit zu rauben oder traditionelle Lebensweisen zu vernichten.[2] Er werde also für Ziele missbraucht, die sich unter Einhaltung demokratischer Regeln nie erreichen lassen würden.

Als Bestätigung hierfür wurde etwa gewertet, dass Aimée van Baalen, eine Sprecherin der Letzten Generation, sich auf der Synode der Evangelischen Kirche im November 2022 auf Jesus berief, der »sich gesellschaftlichen Regeln und Normen entgegensetzte, wenn seine moralische Pflicht es verlangte«[3].

Notstandsgesetze zur Rettung des Klimas?

Konkreter wurde der Siegener Staatswissenschaftler Helge Peukert, als er den Erlass von »Notstandsgesetzen« forderte: Man müsse »ehrlich eingestehen, dass die Klimaziele auf dem heutigen Produktions- und Konsumniveau selbst durch eine vollständige Umstellung auf erneuerbare Energien sicher nicht erreichbar seien.«[4] Dies schrieb Peukert im Mai 2023 im linken Oxi-Blog. »Nach jahrzehntelanger Verschleppung bedarf es sofort der Einführung von Notstandsgesetzen«, ansonsten würde es durch eine Verschärfung der Klimakatastrophe »wahrscheinlich zu einem Außerkraftsetzen der Demokratie über längere Zeiträume kommen«. Tempo 100, Flüge für jede:n nur noch einmal alle drei Jahre per unveräußerlichem Berechtigungsschein, »alle Neubauaktivitäten sind im Prinzip einzustellen« – solche Maßnahmen sollte der Notstand möglich machen. Die darüber heftig Aufgebrachten blieben selbstredend eigene Antworten auf die Frage schuldig, wie die demokratisch beschlossenen Pariser Klimaziele ohne starke Einschränkungen eingehalten werden sollen.[5]

Vor einer »Entdemokratisierung politischer Räume zugunsten illiberaler Vorstellungen von Handelszwängen« warnt der Autor Steffen Greiner.[6] Und bereits 2019 hatte der Oldenburger Degrowth-Ökonom Nico Paech eine »Neujustierung der persönlichen Freiheit« unter Nachhaltigkeitsaspekten gefordert.[7]

Auch als die Autorin Sara Bosetti in einer ZDF-Webvideoreihe fragte, was wichtiger sei, »das Überleben der Demokratie oder das Überleben der Menschheit«, war die Empörung groß. »Wäre eine Klimadiktatur gerechtfertigt, wenn sie die Menschheit retten würde?«[8] – diese provokative Formulierung Bosettis brachte genau die Saiten zum Schwingen, mit denen schon lange gegen die Klimabewegung agitiert wurde. Sofort hieß es, Linke würden mit der drohenden Klimaapokalypse argumentieren, um Regeln zu übertreten, demokratische Prozesse zu umgehen sowie Normalbürger und Politik zu erpressen.

Interessanterweise wird Klimaschützer:innen dabei vorgeworfen, sich beim Ausnahmezustand-Gedanken des NS-Juristen Carl Schmitt zu bedienen. Nicht von ungefähr heißt es in einem Text des Portals

Tichys Einblick über angebliche Dramatisierungen im öffentlich-rechtlichen Wetterbericht: »Mittlerweile gilt als souverän, wer im Nachrichtenstudio über den Ausnahmezustand bestimmt.«[9] Es ist eine Abwandlung der wohl berühmtesten Formel Schmitts, der geschrieben hatte: »Souverän ist, wer über den Ausnahmezustand entscheidet.«[10] Die Behauptung eines Ausnahmezustands – in diesem Fall das angeblich aufgebauschte Extremwetter – werde also für eine bestimmte politische Agenda benutzt.

Dieser Blick auf die Klimaproteste verbreitete sich vor allem mit zunehmender Dauer der Aktionen der Letzten Generation. Ihr wurde vorgeworfen, sich zur Selbstermächtigung auf die Abwehr einer absoluten Katastrophe zu berufen und so zu rechtfertigen, dass sie demokratische Kompromisse ablehne. Dem halten die Klimaaktivist:innen naheliegenderweise entgegen, dass sich mit der Natur eben »nicht verhandeln« lasse.[11]

Propagandistische Verzerrung der Machtverhältnisse

Das wiederum empört vor allem jene, die die Klimakrise als aufgebauscht abtun. In Wahrheit ist es eine propagandistische Verkehrung realer Machtverhältnisse, wenn behauptet wird, die Letzte Generation nehme eine »Gesellschaft in Geiselhaft«.[12] Und es ist ein Zerrbild angeblich antidemokratischen Handelns der Klimabewegung, vor allem angesichts ihrer reformistischen Ziele – staatliche Klimaziele einzuhalten – und ihrer im Verhältnis zu früheren Protestzyklen harmlosen Widerstandspraxis. Dass nun mit den Mitteln der Terrorabwehr gegen die als »Ökoterroristen« diffamierte und als »Kriminelle Vereinigung« eingestufte Klimabewegung vorgegangen wird, verwundert da kaum.[13]

»Du darfst nicht mehr heizen, wie du willst. Du darfst nicht mehr wohnen, wie du willst. Du darfst nicht mehr essen, was du willst. Und jetzt träumt der Zwangsfunk auch noch vom Ende der privaten Bewegungsfreiheit«, – so buchstabiert sich in sozialen Medien der Hass auf Klimaschutzpolitik aus.[14] Im Magazin *Compact* etwa ist davon die Rede, dass ein »grünes Kambodscha« mit »Todesstrafe für Klima-Leugner«

errichtet werden soll.[15] Wer das glaubt, für den liegt der Gedanke der Notwehr nahe – und er kann auf staatliches Verständnis hoffen. Etwa wenn die sozialdemokratische Berliner Innensenatorin Iris Spanger Autofahrer:innen von Selbstjustiz gegen Klimakleber abrät – denn die mussten »leider dann eben auch zur Rechenschaft gezogen werden«[16].

Beim Von-der-Straße-Zerren bleibt es indes nicht. Angesichts ihrer eigenen Untergangserwartungen (→ K 5, 13, 14, 16) wird von Rechten der Gedanke der Selbstermächtigung auf ganz andere Weise durchdekliniert: mit Waffensammlungen, Putschplänen und »Tag X«-Fantasien. Der Schmittsche Gedanke des Ausnahmezustands ist hierfür eine der ideellen Fundierungen.

Vorgebliche Notwehr

Nach Schmitts Auffassung eröffnen sich dem Staat im Ausnahmezustand Handlungsmöglichkeiten jenseits der üblicherweise geltenden Beschränkungen: Feind:innen dürfen eliminiert, zivilisatorische Mindeststandards ausgesetzt werden. Die Legitimität dafür entspringe aus dem »Lebensrecht des Volkes«, das Schmitt als Quelle allen Rechts sieht.[17] Die physische Vernichtung des Feindes wird mit der »seinsmäßigen Behauptung der eigenen Existenzform« gerechtfertigt.[18]

Genau das ist es, worauf rechte Diskurse heute immer häufiger abzielen: Die angebliche Gefährdung der »eigenen Existenzform« – der Kultur, des Wohlstands, der »Rasse«, der Nation, der Lebensweise – unter anderem durch den drohenden Kollaps. Dass Schmitt nicht jedermann, sondern vor allem den Staat als zur Selbstermächtigung legitimiertes Subjekt sah, stört dabei nicht. Denn zum Kern autoritären Denkens gehört heute, den Staat in Gestalt der liberalen Demokratie und der ihn stützenden Eliten zu Verrätern an den Interessen des Volkes abzuwerten, während man sich selbst zu dessen eigentlichem Sachwalter stilisiert. Einen »Wahn authentischer Volksvertretung« durch »plebiszitäre Selbstermächtigung« nennt etwa die *Frankfurter Rundschau* dieses Selbstbild der AfD.[19] Und so ist es kein Zufall, wenn die Partei behauptet, die Grünen wollten den »Untergang« Deutschlands, und es kommt auch nicht von ungefähr, dass *Compact* nonstop über den Untergang, Kollaps oder Zusammenbruch schreibt.[20] Von kaum etwas ist in rechten und neurechten Publikationen heute ausführlicher die Rede. Denn welcher Feind könnte größer sein als der, der den totalen Untergang bringt? Diesen abzuwehren ist in solcher Logik gleichsam schrankenlos legitimiert. Das eigene Handeln wird zur Notwehr.

Darin liegt die autoritäre Versuchung des Ausnahmezustands: In einer Abkürzung an die Macht zu gelangen, durch die Entmachtung der Eliten, die dazu als Zerstörer der »Existenzform« dämonisiert werden müssen. Die daraus entspringenden Vernichtungsfantasien, die tagtäglich in rechten Telegram-Kanälen besichtigt werden können, stehen in groteskem Gegensatz zur als linker »Selbstermächtigung« kritisierten Straßenkleberei der Letzten Generation.[21]

Nachzulesen ist das unter anderem bei dem Manager und Autor Markus Krall (→ K 13). Krall sieht eine kommende Auseinandersetzung als unvermeidlich angesichts der »epochalen, geschichtlichen, ja kosmischen Auseinandersetzung« zwischen den Grundideen der Freiheit und dem angeblich drohenden Sozialismus.[22] Die Freiheit müsse »mit Blut (...) begossen werden«[23] um die »Katharsis, die notwendige Rebellion der Leistungsträger« zu ermöglichen.

»Extreme Maßnahmen erfordern extreme Zeiten«

Der Soziologe Andreas Kemper verweist auf die Komplexitätsreduktion, die eine solche Rhetorik bietet. Eine schier undurchdringliche, überfordernde Welt, die allenfalls noch in Teilbereichen von Expert:innen begriffen wird, erscheint so wieder beherrschbar. Eine unschätzbare Entlastung. Der Preis dafür: Probleme werden in derartigen Erzählungen übermäßig dramatisiert, gleichzeitig wird an keiner Stelle versucht, sie zu bewältigen. »Stattdessen bieten Krall und andere Untergangsphilosophen eine eindeutige Erklärung, einen Sündenbock und dazu eine scheinbar einleuchtende Lösung.«

Dass dies vor allem in rechten Milieus verfange, sei naheliegend. Kemper unterscheidet drei Grundströmungen der extremen Rechten – für alle drei seien etwa die Warnungen vor dem finalen Wirtschaftscrash (→ K 13) anschlussfähig: Der christliche Fundamentalismus erwartet das Jüngste Gericht – und sieht ihn im Crash kommen. Für die Wirtschaftslibertären wiederum kommt der Zusammenbruch durch den angeblichen Sozialismus. Und auch völkische Nationalisten wie Björn Höcke sprechen von »sich aufpotenzierende[n] Krisendynamiken«[24], die ins Verderben führen. Ihre Rhetorik des Untergangs eint sie dabei ebenso wie die Vorstellung, was aus ihr zu folgen hat: Die endgültige Abrechnung mit den Eliten. Nicht umsonst ist bei der AfD-Bundestagsfraktion von einem »SiegerTribunal (›Nürnberg 2.0‹)« oder gar der »rumänische[n] Lösung nach einer Revolution« für die entmachtete Regierung die Rede.[25] In Rumänien wurde im Dezember 1989 der gestürzte Diktator Nicolae Ceaușescu mit seiner Frau hingerichtet.

»Extreme Maßnahmen erfordern extreme Zeiten«[26] – so lasse sich laut der Bundesarbeitsgemeinschaft Gegen Hass im Netz die Rationalität zusammenfassen, der die extreme Rechte häufig folge. Drastische Maßnahmen seien »rechtfertigungsintensiv« und erforderten deshalb, eine dramatische Situation zu zeichnen. Die Konstruktion eines Untergangsszenarios sei nichts Neues im Rechtsextremismus. Es habe sich historisch für die extreme Rechte »als wirksam erwiesen, durch das Ausmalen von Katastrophenszenarien an der Destabilisierung der Demokratie zu arbeiten.« So erscheint in rechten Kreisen die zunehmende Beschwörung des Untergangs als rationale Strategie. Schon in früheren Krisenzeiten haben schließlich viele Menschen autoritäre Führer gewählt. Nicht wenige befürchten, dass der Klimawandel, der von Rechten vielfach abgetan wird, ihnen paradoxerweise dennoch in die Hände spielt, da er zu mehr Geflüchteten, höheren Grenzzäunen und letztlich zu autoritären Machthabern führen könnte.

Paradigmenwechsel im Verschwörungsdiskurs

Der Weg dahin führt oft über Verschwörungsmythen. Der Amerikanistik-Professor Michael Butter, der an der Universität Tübingen zu Verschwörungsideologien forscht, hat dabei vor allem in den USA eine Veränderung ausgemacht: Wurden früher Verschwörer:innen verdächtigt, die Machtübernahme zu planen, so halte man heute die Mächtigen selbst – also Politiker:innen und Wirtschaftsführer:innen – für die Verschwörer:innen.[27] Das führt zu der absurden Situation, dass sich etwa die Kandidat:innen der US-Republikaner in einem Akt fundamentaler Selbstverleugnung fast nur noch als Anti-Eliten-Politiker:innen aufstellen – etwa, wenn Floridas Gouverneur Ron DeSantis den »Sumpf« des eigenen Partei-»Establishments« bekämpfen will.[28] Und lautete früher der Vorwurf an die Eliten Korruption, so wird heute viel grundsätzlicher argumentiert: Durch »Klima-Ideologie«, »Wokeness«, »Great Reset«, »Genderwahnsinn« und natürlich auch Korruption werde die Gesellschaft, Kultur, Identität und womöglich auch die Zivilisation zerstört. Diese Art Kulturkampf hat es leichter, nachdem die jüngsten Krisen das Vertrauen in den Staat als Problemlöser stark geschwächt haben.[29]

Damit die Verdammung vermeintlicher Gegner:innen greife, bedürfe es einer gesellschaftlichen Spaltung, sagt die Psychoanalytikerin Delaram Habibi-Kohlen. Sich einander nahe fühlende Gruppen würden ihren Zusammenhalt stärken, indem sie vermeintlich exklusives Wissen und Erkenntnisse teilen. »Nicht zufällig gibt es eine weitgehende Deckungsgleichheit zwischen autoritativen Einstellungen, der Verleugnung der Klimakrise und der Pandemie.«[30] Die Komplexität der Klimakrise sei so gewaltig, dass sie vielen unaushaltbar erscheint. Verschwörungsmythen böten da Erleichterung. Mit ihnen werden Außenstehende zu Feind:innen oder Sündenböcken erklärt. Daraus ergebe sich eine innere Rechtfertigung, diese anzugreifen, sie lächerlich zu machen oder über sie zu triumphieren. »Das stärkt den inneren Zusammenhalt der Gruppe«, so Habibi-Kohlen: große Emotion, sofortige Triebabfuhr. Und das Gefühl, »berechtigt zum Durchgreifen« zu sein.

Auch der Psychoanalytiker Wolf-Detlef Rost verweist auf den Zusammenhang apokalyptischer Zerstörungswünsche und -ängste und dem »äußeren Feind«.[31] Dieser stelle eine Bedrohung dar und müsse deshalb vernichtet werden. Mit »dessen angestrebter Vernichtung in der Fantasie« soll die Bedrohung aufhören.

Wer mit der Komplexität der Welt überfordert ist, dem hilft bisweilen die Vorstellung, dass alles mit allem irgendwie zusammenhängt. Von einem »Sog der Katastrophe« spricht Jürgen Renn. So sei zu erklären, dass separate Krisen heute vielfach zu einem einzigen, großen, zivilisatorischen Rutschen zusammengedacht würden: Covid, die Ukraine, die Klimakrise. Die Faszination für den Ausnahmezustand und für Verschwörungstheorien sei da nicht weit. »Es ist die Versuchung der Einfachheit«, sagt Renn.[32] »Das Faszinierende entsteht, wenn die vermeintlich eindeutige Erklärung einem auch noch im emotionalen Selbstverständnis das Gefühl gibt, man ist derjenige, der hier den Durchblick hat, und die anderen sind Schlafschlafe.«

Solche einfachen Erklärungen helfen auch gegen die Angst vor dem Ungewissen. Denn die ist oft die stärkste.

»Vor 1800 war das Unbekannte bekannt. Man wusste, es gibt Hungersnöte, das Wetter wird schlecht, man wusste nur nicht, wann. Das war ungewiss«, sagt Stefan Brakensiek.[33] »Selbst über den jüngsten Tag war ja bekannt, was Gott dann tun würde« (→ K 2). Heute komme zum Ungewissen das Unbekannte hinzu. Denn bei aller wissenschaftlichen Prognosekraft ist das Bild der Zukunft heute düster, aber letztlich nur schemenhaft. »Diese Imaginationen sind angsteinflößend.« Mit dem Gedanken an Verschwörungen versuchten sich manche zu helfen – indem sie versuchten, alles von einer Ursache abzuleiten und so ein schlüssiges System zu finden, das alles erklärt. Dies sei dann in sich logisch, aber die Prämissen seien reine Setzungen. »Unser Psychohaushalt ist auf das Unbekannte schlecht vorbereitet«, so Brakensiek. »Wenn man aber weiß, wie alles zusammenhängt, wirkt das psychisch stabilisierend.«

Kriege, Inflation, Ökologie: Dem Einzelnen treten die Krisen in steter Folge entgegen. Sie treffen bei links wie rechts denkenden Menschen auf ein diffuses Unbehagen angesichts brüchig gewordener Lebensverhältnisse, die immer stärker Marktmechanismen unterworfen sind. Der Gedanke an den Untergang – und bisweilen auch die Lust an demselben – ist da oft nicht weit.

FÜNFTER TEIL

WAS KÖNNEN, WAS SOLLEN WIR TUN?

Leben im Angesicht der Krisen

18   Eine unzumutbare Welt?
Apokalypse und Elternschaft

No future
No future
No future for you
Sex Pistols

Im Sommer 2021 stand ich mit Freund:innen auf einem Spielplatz in der Berliner Hasenheide. Alle hatten Kinder im Vorschulalter. Es war kurz nach der Ahrtal-Flut, die Zeitungen waren voll von Meldungen über Waldbrände und Hitzerekorde. Eine der Mütter schaute auf die im Sand spielenden Kleinkinder. »Sie sind so süß«, sagte sie. »Aber sie haben keine Zukunft.«

No Future?

Etwas konkreter formulierte es der grüne EU-Abgeordnete Michael Bloss. Als der UN-Weltklimarat IPCC im März 2023 einen neuen Bericht vorlegte, postete Bloss ein Schaubild daraus und schrieb dazu: »Diese Grafik macht mich fertig. Meine Tochter ist 2020 geboren. Wenn Sie 45 Jahre alt ist, könnte die Erde 4 Grad heißer sein. Das bedeutet: 50 % der Erdoberfläche wären Wüste, ca. 80 % der heute bewohnbaren Fläche, werden unbewohnbar. Es wäre grausam.«[1]

Die plus 4 Grad bis 2065 sind zwar sehr unwahrscheinlich (→ K 7), aber im Wesentlichen sehen es heute viele Menschen so – und sorgen sich deshalb um ihre Kinder, so sie denn welche haben.

... oder die beste Zeit?

Der Klimaforscher Zeke Hausfather weist diese pessimistische Sicht zurück. Die Dinge seien »im Moment nicht einzigartig schrecklich«.[2] Wer so rede, verkenne, dass die gegenwärtigen Generationen verglichen mit einem Großteil der menschlichen Geschichte, in einer Phase »des Friedens, der Ruhe und des Wohlstands« leben. »Stellen Sie sich jemanden vor, der im Jahr 1900 geboren wurde«, sagt Hausfather. »Der hatte den Ersten Weltkrieg, die Große Depression, die Spanische Grippe und den Zweiten Weltkrieg – all das geschah im Laufe von ein paar Jahrzehnten.« In den vergangenen 30 Jahren habe sich die Lage der Menschheit nicht annähernd so katastrophal entwickelt. Das zu sehen, fällt vielen heute schwer. Denn es ist heute kaum möglich, weit entferntes oder künftiges Leid von sich fernzuhalten (→ K 11). Doch es sei nützlich, diese Perspektive einzunehmen, wenn man darüber streitet, ob es ethisch vertretbar ist, ein Kind auf die Welt zu bringen, sagt Hausfather. »Nach den meisten Maßstäben – sei es die Lebenserwartung, das Ausmaß der absoluten Armut, die Kindersterblichkeit oder der Zugang zu Bildung – ist jetzt so etwas wie die beste Zeit, um als Mensch auf diesem Planeten geboren zu werden.« Das solle nicht heißen, dass in Zukunft alles gut werde, dass viele Probleme nicht wiederkehren oder größer werden könnten. Aber man dürfe bei all dem nicht vergessen, »mit welchen Problemen die Menschheit in der Vergangenheit konfrontiert war«.

Birthstrike

Manchen Eltern, die sich weigern, das Schicksal ihrer Kinder allzu finster zu sehen, wird Realitätsverweigerung unterstellt. Die Mutter eines zweijährigen Kindes erzählte mir von einem Gespräch mit ihrer besten Freundin. Beide waren Mitte 30, kannten sich aus Schulzeiten, beide waren schon früh gemeinsam ökologisch engagiert. Die eine war kinderlos. Sie sprachen über den Klimawandel, und die Freundin berichtete von ihrem Professor, der ihr während eines Auslandssemesters in Skandiavien schon Anfang der Nullerjahre gesagt habe, dass der Klimawandel nicht mehr aufzuhalten sei und die Menschheit deshalb keine Zukunft habe.

»Das ist noch nicht gesagt«, antwortete die Mutter.

»Das musst Du jetzt ja sagen«, entgegnete ihre Freundin.

»Jetzt hast Du ja ein Kind in die Welt gesetzt.«

Manche ziehen aus solch pessimistischen Erwartungen den Schluss, gar keine Kinder zu bekommen. Die britische Musikerin Blythe Pepino etwa hat 2019 die Initiative Birthstrike gegründet. »Wir haben zu viel Angst, Kinder zu bekommen, weil wir glauben, dass wir aufgrund der Umweltkrise auf den Zusammenbruch der Zivilisation zusteuern«, begründete Pepino ihre Entscheidung.[3] Das Schlagwort #Birthstrike entwickelte schnell ein Eigenleben. Die Initiative verbreitete sich weltweit, und heute finden sich unter dem Schlagwort drei verschiedene Gründe, wegen des Klimas keine Kinder mehr zu bekommen.

Der eine ist die Annahme, dass die Welt der Zukunft kein lebenswerter Ort mehr sein werde. »Selbst wenn wir es irgendwie schaffen sollten, den Klimawandel zu stoppen, bleiben die unumkehrbaren Folgen. Die sind meines Erachtens schlimm genug«, schreibt etwa die 27-jährige Kölner PR-Angestellte Maryam in einem gemeinsam mit ihrem Partner verfassten Pro und Contra für das Portal 2050.[4] »Würde ich mich dazu entscheiden, Kinder zu bekommen, müssten sie damit leben können. Ob sie wollen oder nicht.« Eltern zu werden sei deshalb »egoistisch«, so Maryam. »Ich möchte, dass meine potenziellen Kinder unbeschwert leben können. Und ich glaube nicht, dass das möglich sein wird. Allein meine Gefühle zu den Krisen dieser Zeit sind so stark und belastend, dass ich sie an niemanden weitergeben möchte.«

Das zweite Birthstrike-Motiv ist ein politischer Interventionismus, der durch Verzicht auf das Kinderkriegen Druck auf die Politik ausüben will, damit diese den Klimaschutz endlich ernst nehme.

Der dritte Gedanke ist die Idee eines direkten Klimaschutzes durch Vermeidung weiterer Menschen, denn schließlich würden diese im Lauf ihres Lebens CO_2-Emissionen verursachen.

Sinkende Geburtenraten

Eine Studie der US-Bank Morgan Stanley ergab, dass die Entscheidung, wegen Ängsten vor dem Klimawandel keine Kinder zu bekommen, sich schneller auf die Geburtenraten auswirkt als »jeder andere Trend im Bereich des Geburtenrückgangs zuvor«.[5] Die Autor:innen der Studie »Ökologisch-reproduktive Sorgen im Zeitalter des Klimawandels« der Universität Yale fanden heraus, dass 96,5 Prozent der befragten

US-Amerikaner:innen zwischen 27 bis 45 Jahren »sehr« oder »äußerst besorgt« über das Wohlergehen ihrer »vorhandenen, erwarteten oder hypothetischen Kinder in einer durch den Klimawandel veränderten Welt« sind.[6] Und immerhin knapp 60 Prozent waren »sehr« oder »äußerst« besorgt« über den CO_2-Fußabdruck etwaiger Kinder.

Viele, die letzterem Gedanken anhängen, berufen sich dabei auf eine Studie[7] der Universität im schwedischen Lund vom Juli 2017. »Wir empfehlen vier weithin anwendbare Maßnahmen mit großer Wirkung«, schreiben die Forscher:innen darin, die »zu einem Systemwandel beitragen und die jährlichen persönlichen Emissionen erheblich reduzieren können«. Empfehlung Nummer 1: »Ein Kind weniger«. Pro Lebensjahr der Eltern ergebe dies eine durchschnittliche Emissionsvermeidung von 58,6 Tonnen CO_2-Äquivalenten. Das ist fast sechsmal so viel, wie Menschen in Deutschland im Jahresschnitt ausstoßen.

Die angeblichen Klimakiller: Kinder

Das sprach sich natürlich herum. »Klimakiller Nummer 1: Ein Kind schadet dem Klima mehr als 24 Autos« oder »20 BMW schädigen das Klima weniger als ein Baby«, schrieben deutsche Zeitungen.[8] Von dem kleinen methodischen Trick, den die Forscher:innen angewandt hatten, erfuhren viele Leser:innen nichts: Sie hatten kurzerhand auch die CO_2-Emissionen der Kindeskinder für folgende Jahrhunderte mitgerechnet und den Eltern zugeschrieben. Eine moralisch wie logisch völlig unhaltbare Rechnung.

Doch die These zog. Das Buch *Kinderfrei statt kinderlos: Ein Manifest* der – später ins Querdenker-Spektrum abgedrifteten – Autorin Verena Brunschweiger schaffte es auf die *Spiegel*-Bestsellerliste. Brunschweiger behauptet darin unter anderem mit Verweis auf die Studie der Universität Lund, Kinder seien »das Schlimmste, das man der Umwelt antun kann«[9]. Im April 2023 schrieb die Autorin Cora Wucherer in der *Zeit* unter der Überschrift »Kinder kriegst du ja nicht mehr weg« einen Essay, in dem es heißt: »Da könnt ihr noch so oft das Lastenrad nehmen oder eure Essensreste in selbstgemachte Wachstücher packen, sorry, meine CO_2-Bilanz wird immer eine bessere sein als die von euch mit Kindern.«[10]

Im April 2023 sagte eine Klimaaktivistin bei einer Gerichtsverhandlung in Regensburg, sie habe sich sterilisieren lassen, weil sie es nicht verantworten könne, ein Kind in die Welt zu setzen. »Ich bin verzweifelt. Ich habe Angst«[11], so das 35-jährige Mitglied der Letzten Generation unter Tränen. Und auch im Roman *Eva* der Schriftstellerin Verena Keßler über Mutterschaft in Zeiten der Klimakrise glaubt die Hauptfigur, dass nur ein Geburtenstopp den Planeten noch retten kann: »Die Meere sind überfischt, leer im Prinzip, da braucht es nicht noch mehr Fischstäbchenesser. Es kann kein unendliches Wachstum auf einem endlichen Planeten geben, das ist eine einfache Rechnung. (...) Ich sage: Keine Kinder zu bekommen, erspart Leid.«[12]

Die Gestaltbarkeit der Welt

Brunschweiger, Wucherer und viele andere, die auf die schwedische Studie verweisen, sehen dabei in grotesker Weise von den Produktionsverhältnissen und der Gestaltbarkeit der Welt ab. Statt den »Stoffwechsel mit der Natur«[13], wie Marx es nannte, anders, besser zu steuern, soll der Mensch sich einer imaginierten höheren Ordnung der Natur unterwerfen oder am besten ganz verschwinden. Die Verengung des Klimaproblems auf Kinder als reine Verursacher von zusätzlichen CO_2-Ausstößen und höheren Umweltbelastungen ist Ausdruck hochgradig unpolitischer Ignoranz. Und es stellt sich die Frage, für wen die Welt, wie sie ist, eigentlich erhalten werden soll, wenn nicht für Menschen, die in ihr gut leben können.

Die Grundgedanken des Birthstrikes finden Anhänger:innen, durchaus auch im globalen Norden, unter Menschen, die in privilegierter Position leben. Wer heute bereits in objektiv schwierigen Verhältnissen und mit schlechteren Zukunftsaussichten lebt, erhält sich bisweilen die Hoffnung paradoxerweise leichter.

Die Hoffnung auf ein weiterhin mögliches besseres Leben ist allerdings nicht die einzige, die Menschen im Globalen Süden im Angesicht der Klimakrise mit ihren Kindern verbinden.

Die 19-jährige pakistanische Aktivistin Hania Imran berichtete im Sommer 2022, nach der Überflutung ihres Heimatlandes, dem Jugendmagazin *jetzt*, wie sie versucht, mit der Lage umzugehen.[14] Sie kommt auch auf ihre Mutter zu sprechen. Als sie diese mal gefragt habe, »warum sie dachte, dass es eine gute Idee wäre, in einem Entwicklungsland ein Kind in die Welt zu setzen«, antwortete ihre Mutter: »Ich wusste, dass nur ein kleines Mädchen wie du etwas verändern könnte.« Und tatsächlich: Mit 13 Jahren wurde Imran Klimaaktivistin, stellte Schilder auf gegen Müll auf den Straßen, »weil das bei uns auch ein riesiges Problem ist.« Heute reist sie als Rednerin zu Klimakonferenzen, um davon zu berichten, wie das Leben bei Hitzewellen von bis zu 50 Grad ist.

Das schlechte Gewissen der Eltern

Dass ihre Kinder bald in einer Welt leben, die Menschen wie Hania Imran abweist, wenn sie aus womöglich unbewohnbaren Zonen (→ K 6) fliehen – dieser Gedanke macht vielen schon heute ein rasend schlechtes Gewissen. Unter der Überschrift »Viel Spaß beim Weltuntergang, Hase!« schreibt der Autor Theodor Ziemßen, es sei »Zeit, wegen der Klimaerwärmung in Panik zu geraten«, und fragt, »wie sollen wir das unseren Kindern erklären?«[15] Er erwarte eine Welt voller Dürren, Stürme, entfesselten Waldbränden, Missernten und Hungersnöten, ansteigender Meeresspiegel und schwer bewachter Grenzen, mit denen Europa seinen verbleibenden Wohlstand schütze. Seine Kinder müssten sich entscheiden: »den Opfern des Klimawandels die Hände zu reichen oder in einer Festung zu leben und das Leid von Millionen als Preis für ihren relativen Wohlstand, ihre relative Sicherheit zu akzeptieren.« Sie würden in einer Zeit leben, in der »sich die Welt so sehr wandelt, dass dieser Wandel immer wieder an einen Weltuntergang erinnern wird. Sie würden in einer Zeit leben, in der es schwer ist, ein guter Mensch zu sein.« Und all das, so Ziemßen, werden seine Partnerin »und ich ihnen mit angetan haben. Wir haben sie in diese Welt geboren, ohne vorher genau auf das Haltbarkeitsdatum der Menschheit, wie wir sie kennen, zu gucken. Und jetzt? Tun wir nicht genug, schauen nicht genau genug hin, sind nicht laut genug und rufen nicht oft genug ›Nein!‹, um das Unglück aufzuhalten.«

Der Klimaaktivist Tadzio Müller führt diesen Gedanken einen Schritt weiter. Er schreibt, dass es ihn in Depressionen gestürzt habe, dass sein »›Scheitern‹ im Kampf gegen die Kohle und den deutschen Autokapitalismus«, seine »Unfähigkeit, die Klimakrise abzuwenden ja bedeutete, dass ich es nicht mehr verdiente, geliebt und gut behandelt zu werden«[16].

Viele fürchten Ähnliches, wenn sie an ihre Kinder denken. Wie sollen sie ihnen in der Zukunft begegnen, wenn diese sehen, was die Elterngeneration angerichtet, was sie nicht verhindert hat? In diesem Gedanken schwingt die Auseinandersetzung zwischen der Generation der NS-Täter:innen und ihrer Kinder mit: Habt ihr das gewusst? Warum habt ihr nichts gemacht? Der Bremer Rechtsanwalt, Staatsrechtler und Jura-Professor Gerd Winter sprach diese Parallele aus. Er verteidigte im März 2023 seine einstige Studentin, die Letzte Generation-Aktivistin Carla Hinrichs (→ K 1), in Berlin vor Gericht und sagte dort: »Meine Generation hat ihre Eltern gefragt: Habt ihr den NS-Staat toleriert oder gar unterstützt, oder habt ihr Handlungsspielräume, ihn zu bekämpfen, ausgenutzt?«[17] Diese Frage stelle sich »neu mit der noch viel größeren Katastrophe, die auf uns zukommt, und sie wird auch Ihnen, Herr Vorsitzender, gestellt werden.«

Das schlechte Gewissen, das womöglich mehr Menschen der älteren Generation beschleicht, als sie sich eingestehen mögen, erklärt vielleicht auch die Wut, bis hin zur offenen Gewalt und Selbstjustiz, gegen Autobahnkleber:innen. Denn diese konfrontieren die Älteren mit einem sonst leicht zu verdrängenden (→ K 21) Gedanken: Welche Lebenschancen sie den Jüngeren womöglich entzogen haben.

Überschätzung seiner selbst und der Vorhersagbarkeit

In diesem Gedanken steckt aber auch eine Anmaßung, eine Selbstüberschätzung. Was hätten die Eltern von heute denn tun sollen, um »es« aufzuhalten, damit sie eine gute Antwort auf die imaginierte

Frage ihrer Kinder haben (die sich in 30 Jahren möglicherweise für vollständig andere Dinge interessieren werden)? Kein Fleisch essen? Nicht fliegen? Auf mehr Demos gehen? So schützt die Sorge, sich bei den eigenen Kindern nicht exkulpieren zu können, womöglich vor einem noch unangenehmeren Gedanken: Wie stark die eigene Wirkmächtigkeit oft begrenzt ist.

»Wenn Willem und Benjamin so alt sind wie ich, wird sich ihr Leben dramatisch von meinem unterscheiden«, schließt Ziemßen. »Das ist unverzeihlich. Und ich kann nichts tun. Zumindest ist mir noch nichts eingefallen. Und das tut mir so schrecklich leid.«[18]

Viele, die Kinder haben, dürften sich in diesen Überlegungen wiederfinden. Und doch lässt sich einiges gegen sie einwenden. Vor allem eine Überschätzung der Vorhersagbarkeit. Tatsächlich weiß niemand, wie die Welt 2050 aussieht. Niemand weiß, an was sich Menschen gewöhnen, wie sie Glück definieren, wie ein erfülltes Leben, ein lebenswerter Alltag für sie aussehen werden. Die Zukunft nur als dystopischen Rest einer einzig lebenswerten Gegenwart zu sehen, ist eine schrecklich fantasielose Vorstellung. Keine Generation der Moderne hat ihren Kindern eine Welt hinterlassen, die sich nicht »dramatisch« von ihrer eigenen unterschieden hätte. Und je mehr sich Menschen mit der Vergangenheit beschäftigen, desto klarer wird ihnen meist, dass sie diese kaum gegen ihre eigene Zeit tauschen würden.

Ein Akt der Hoffnung

»Aus wissenschaftlicher und persönlicher Sicht lehne ich die Vorstellung, dass Kinder irgendwie zu einem unglücklichen Leben verdammt sind, eindeutig ab«, sagt Kate Marvel, Klimawissenschaftlerin an der Columbia University.[19] Ein Kind in die Welt zu setzen sei »immer ein Akt der Hoffnung« gewesen, schreibt dazu der US-Journalist Ezra Klein und verweist auf die Nöte der Vergangenheit. Während des größten Teils der Menschheitsgeschichte hätten 27 Prozent der Säuglinge ihr erstes Lebensjahr nicht überlebt, 47 Prozent der Menschen starben vor der Pubertät. »Und das Leben war hart, selbst wenn man das Glück hatte, zu überleben.«[20] Was heute als extreme Armut gilt, war lange der

Normalzustand. Vor 1800 habe die durchschnittliche Lebenserwartung nirgendwo auf der Welt über 40 Jahre betragen. Heute liege sie im weltweiten Durchschnitt bei rund 73 Jahren (→ K 23). »Keines der gängigen Klimamodelle deutet auf eine Rückkehr zu einer Welt hin, die so schlimm ist wie die von 1950, geschweige denn die von 1150«, schreibt Klein. Sei die Welt praktisch während der gesamten Menschheitsgeschichte so schlecht gewesen, dass unsere Vorfahren uns das Leben nicht hätten ermöglichen dürfen? »Wenn nicht, dann sieht nichts in unserer nahen Zukunft so schrecklich aus, als dass es die Fortpflanzung zu einem unmoralischen Akt machen würde.«

Kinder selbst sind teils sehr viel weniger pessimistisch. Vor dem Berliner Hauptbahnhof steht ein onyxfarbener Glasquader. Darin ist ein Museum namens Futurium untergebracht. »Zick, zack, Zukunft« heißt eine dort ausgestellte Videoserie.[21] In dieser erkunden »Kids-Reporter*innen« das Futurium und berichten davon, wie sie selbst die Zukunft sehen. »Roboter könnten uns helfen, in der Zukunft vieles besser zu machen. Sie könnten die Meere sauber machen und erforschen«, glaubt Anton. »Ich könnte mir vorstellen, dass der Klimaschutz besser wird, weil sich unsere Generation mehr engagiert, zum Beispiel bei Fridays for Future«, sagt Marie.

Der Jugendforscher Simon Schnetzer (→ K 1) fand heraus, dass viele junge Menschen, die vor ihrem 30. Geburtstag glaubten, in diese Welt könne man keine Kinder hineingebären, die Sache anders sehen, »sobald die biologische Uhr tickt«. Mit dem Übergang in eine neue Lebensphase »ändert sich was«. Das sei kein neues Phänomen. »Im Kalten Krieg oder beim Waldsterben der 80er Jahre war das genauso.« Jüngere Menschen machten die Rechnung oft ohne die Biologie und ohne die Liebe, sagt Schnetzer. »Deren Stärke ist nicht zu unterschätzen.« So sei auch zu erklären, dass Menschen sich selbst im Krieg noch für Kinder entscheiden.

19 Meersalzbatterien und Sonnenschilder im All: Wer hofft auf den Technofix?

Technik ist ein Inbegriff von Mitteln
zur Selbsterhaltung der Gattung Mensch.

Theodor W. Adorno

Zur Jahrtausendwende ging die Angst vor dem »Y2K«-Kollaps um: Die Sorge, die alles steuernden Computersysteme könnten mit der Umstellung des Datums von »1999« auf »2000« überfordert sein und den Geist aufgeben – mit Blackouts, Börsen- und Währungscrashs und womöglich gar einem Atomkrieg als Folge, wenn auch Militärnetze zusammenbrächen. Von der »Computer-Induced Apocalypse« war die Rede. Für die Vorbereitung auf die Katastrophe wurden Hunderte Milliarden Dollar ausgegeben.[1]

Technischer Hintergrund war, dass viele der in den 1980er-Jahren entstandenen Programme sich beim Datumsformat auf zwei Ziffern für die Jahreszahl beschränkt hatten – also etwa »99« statt »1999«. Wenn diese anschließend auf »00« weiterzählen würden, würden die Rechner dies als Zurückspringen auf das Jahr 1900 interpretieren und aus der Verwirrung nicht mehr herausfinden, so die Befürchtung.

Reales Problem, echte Lösung

Bekanntlich geschah dies nicht – was nicht heißt, dass die Sorgen unbegründet waren: »Die Y2K-Krise ist genau deshalb nicht eingetreten, weil die Menschen über ein Jahrzehnt im Voraus damit begonnen haben, sich darauf vorzubereiten. Und die breite Öffentlichkeit, die damit beschäftigt war, sich mit Vorräten und anderen Dingen einzudecken, hatte einfach nicht das Gefühl, dass die Programmierer an der Arbeit waren«, sagte später der Stanford-Professor Paul Saffo.[2] Die einstige Weltuntergangspanik führte also dazu, dass Lösungen für ein reales Problem geschaffen wurden (→ K 3).

Nach diesem Vorbild haben 25 Bundesbehörden in der »Klimawirkungs- und Risikoanalyse für Deutschland 2021« Hunderte Empfehlungen zusammengetragen.[3] Vorgeschlagen wurden dickere Abwasserrohre, die auch häufiger werdende Starkregen aufnehmen können, Waldbrand-Resilienz oder die effizientere und gerechtere Trinkwasserverteilung.[4] Solche technischen Lösungen sollen die Klimakrise abmildern – und den Kollaps verhindern. Ihre Kleinteiligkeit und Überschaubarkeit, ihr Versprechen, die Krise mit Innovationskraft, Steuergeld, Ingenieurskunst und Handwerker:innen einhegen zu können, steht in radikalem Gegensatz zu den düsteren Szenarien der »Deep Adaptation« (→ K 4). Wer einen solchen Blick auf die Klimakrise hat, dem können die dickeren Regenrohre bloß als naive Beruhigungspille für Menschen erscheinen, die den Realitäten nicht ins Auge zu sehen wagen.

Manchen aber erscheinen sie als ein gangbarer Ausweg, der auch emotional Halt geben kann. Die Professorin für Nachhaltige Ökonomie, Maike Sippel, etwa schreibt: »Wenn ich zum Beispiel in meinen Gedanken losreise und mir mein eigenes Stadtviertel in zwanzig Jahren anschaue, dann, wenn wir die Transformation geschafft haben, was sehe ich? Viel mehr Grün und Menschen im Straßenraum und viel weniger Autos. Menschen, die sich begegnen und die sich zum Quatschen auf eine gemütliche schattige Bank unter einen Baum setzen. Neben Vogelgezwitscher, dem gelegentlichen Klingeln einer Fahrradglocke und dem Surren des Elektrobusses sind die Freunde hörbar, die sich ein Stück weiter zum Boulespielen getroffen haben.«[5] Auf solche Art die »Welt neu denken« setze der »Alternativlosigkeit des Krisen- und Gewohnheitsmodus ein Ende«, so Sippel.

Eine Frage der Anpassung?

Doch die Frage, wie realistisch solche Szenarien sind, welche Spielräume es für die Anpassung gibt, scheidet die Geister. Eindrücklich zu sehen war das bei einer Folge der Talkshow von Markus Lanz vom

10. November 2022. Lanz hatte die Letzte-Generation-Aktivistin Carla Rochel eingeladen – und war der Ansicht, diese sei zu pessimistisch: »Was ist das für ein Menschenbild?«, fragte er Rochel.[6] »Sie sitzen hier mit 20, sie müssten optimistisch sein. Sie müssten Zutrauen haben in die Fähigkeiten von Menschen. Sie müssten Zutrauen haben in die Fähigkeit zur Anpassung. Unsere ganze Menschheitsgeschichte ist eine Geschichte der Anpassung. Uns als Spezies hat erfolgreich gemacht, dass wir uns angepasst haben. Immer wieder.«

An der Stelle wendet Rochel den Blick ab.

»Ich nerv' Sie grade?«, fragt Lanz.

»Ja«, sagt Rochel.

»Warum?«

»Wir können uns nicht an ein sich so schnell veränderndes Klima anpassen.«

Manche applaudierten Lanz, wie der *Welt*-Journalist Axel Bojanowski: Lanz »setzte den richtigen Punkt, wenn es darum gehen soll, dem Klimawandel auf humane Weise zu begegnen«.[7] Bojanowski verwies darauf, dass beispielsweise die Anpassung an Wetterrisiken eine drastische Verringerung von Opferzahlen mit sich brachte. 1970 etwa seien bis zu einer halben Million Menschen einem Zyklon in Südasien zum Opfer gefallen, »aber als 2020 der Zyklon ›Amphan‹ auf ähnlicher Bahn und noch stärker übers Land zog, starben nur 128 Menschen«[8], so Bojanowski. Die vergangenen Jahrzehnte hätten »spektakulär bewiesen: Obwohl sich die Weltbevölkerung vervierfacht hat, gibt es bei Naturkatastrophen nur noch ein Bruchteil an Todesopfern, trotz fortgeschrittener Erwärmung.«[9]

Erfahrungen mit den Hochwassern am Rhein weisen in diese Richtung: Weihnachten 1993 stand der Pegel des Rheins mit 10,13 Metern in Bonn so hoch wie noch nie in jenem Jahrhundert.[10] Es entstanden Schäden von umgerechnet etwa einer halben Milliarde Euro.[11] 1995 folgte das nächste Rekordhochwasser. Mit 10,08 Metern stand der Pegel fast genauso hoch.[12] Doch die Schäden lagen mit 270 Millionen Euro nur rund halb so hoch.[13] Stadt und Land hatten in der Zwischenzeit erhebliche Hochwasserschutzmaßnahmen getroffen, die Wirkung zeigten.[14]

Nur bedingt!

Auf den Rest der Welt ist das allerdings nur bedingt übertragbar. Eine 2021 veröffentlichte Analyse der Katastrophenschutzpolitik von 85 Ländern über acht Jahre kommt zu dem Schluss, dass dort, wo die Naturrisiken besonders stark waren, kein Politikwechsel hin zu mehr Katastrophenschutz zu verzeichnen war.[15] Was wiederum stark mit mangelnder Anpassungsfinanzierung für den Globalen Süden (→ K 6) zusammenhängen dürfte.

Auch die Niederlande wollen sich mit dem Ausbau ihrer Deiche auf den ansteigenden Meeresspiegel vorbereiten.[16] Wie aber will man sich daran anpassen, wenn es in Spanien, einem Land mit 60 Millionen Menschen, praktisch gar nicht mehr regnet?[17]

So waren andere entsetzt über das, was der Moderator Markus Lanz in seiner Talkshow der Aktivistin Rochel gesagt hatte. »Bestürzend«, nannte es Wolfgang Blau vom Oxford Climate Journalism Network.[18] »Noch nie seit es uns gibt, hat sich die Erde so rasch erhitzt wie jetzt. Das bedeutet: auch unsere wichtigsten Nährpflanzen können sich nicht schnell genug anpassen.« Es sei »eine Sache, als Spezies zu überleben und eine andere, eine Zivilisation zu erhalten.«

»Es gibt Grenzen der Anpassung«, sagt der Präsident des Umweltbundesamts Dirk Messner.[19] »Wenn es uns nicht gelingt, den Klimawandel um zwei Grad herum zu stabilisieren, dann könnten wir in Situationen kommen, wo Anpassung entweder immer teurer wird oder uns schlicht und einfach überfordern könnte.«

Auch der Klimaforscher Zeke Hausfather weist auf den enormen Aufwand möglicher Anpassungen hin: »Der Bau von Dämmen um Städte, von öffentlichen Kühlzentren, der massive Einsatz von Klimaanlagen und Gebäuden, die Änderung der Anbauflächen oder der Art der angebauten Pflanzen – all dies ist mit hohen Kosten für die Gesellschaft verbunden. Es ist also nicht so, dass wir uns an diese Veränderungen anpassen können und alles in Ordnung ist.« Menschen hätten in der Vergangenheit und der Gegenwart in den härtesten Umgebungen der Erde gelebt, vom Polarkreis bis zur Savanne oder der Sahara. Der Klimawandel dürfte nicht darauf hinauslaufen, dass am Ende härtere durchschnittliche globale Bedingungen herrschten als an einem dieser Orte, sagt Hausfather. Zwar sei es möglich, durch Anpassung einen Teil des menschlichen Leids zu mildern. »Aber in den meisten Fällen ist es billiger, eine bestimmte Erwärmung von vornherein zu vermeiden.«

Technologische Machbarkeit: eine Illusion?

Fest steht: Der Innovationstakt, etwa bei den grünen Energien, nimmt in bemerkenswertem Maße zu. Am deutlichsten zu sehen ist das an den immer günstiger werdenden Preisen: Zwischen 2010 und 2021 sanken nach Angaben der International Renewable Energy Agency die durchschnittlichen Stromproduktionskosten neu in Betrieb genommener Solaranlagen weltweit im Schnitt um 88 Prozent.[20] Strom aus Onshore-Windkraft und sogenannten Sonnenwärmekraftwerken wurde um 68 Prozent billiger, jener aus Offshore-Windkraft um 60 Prozent. Und die erzeugte Strommenge aus erneuerbaren Energien wächst exponentiell.[21]

E-Autos könnten schon bald von »ultrabilligen Meersalzbatterien« betrieben werden.[22] Anfang 2023 präsentierte die Industrie einen neuen Batterietyp mit der vierfachen Energiespeicherkapazität von Lithium. Grundstoff ist Natrium-Schwefel – das aus Meerwasser gewonnen werden kann.

»Sind Elektroautos bald günstiger als ein gebrauchter Polo?«, fragte die *Wirtschaftswoche*.[23] Die neue Batteriezelle könne Elektroautos bald radikal billiger machen, brauche keine kritischen Rohstoffe – und lasse sich auch noch viel schneller laden.

Im April 2023 stellte der chinesische CATL-Konzern eine sogenannte Condensed Battery vor, die so stark sein soll, dass sie Flugzeuge antreiben kann.[24] Fast zeitgleich meldete ein deutsch-britisches Forscherkonsortium einen »Durchbruch« bei der Entwicklung sogenannter Biosolarzellen, die mithilfe von Enzymen und Lichtenergie Wasserstoff als Energieträger erzeugen können.[25] Dies stelle »das bisherige Modell zur grundlegenden Funktionsweise der Fotosynthese infrage und besitzt das Potenzial, die Entwicklung von Solarzellen auf Basis von biologischen Katalysatoren zu revolutionieren«, so die Ruhr-Universität Bochum.

In Mauretanien investiert ein Konsortium derzeit 34 Milliarden Euro, um ab 2028 grünen Wasserstoff zu produzieren.[26] Fast zeitgleich kündigte China eine neue Abgasnorm an, die Autos mit Verbrenner motoren praktisch nicht erfüllen können.[27] Ein deutscher Hersteller brachte neue Wärmepumpen auf den Markt, die auch in Altbauten funktionieren.

Gute Nachrichten also für jene, die das Heil der Welt bei den Ingenieur:innen sehen. Als im April 2023 die *Welt* Wärmepumpen als letzte »Entfremdung des Menschen vom Feuer«[28] verspottete, hielt der Journalist Jonas Schaible dagegen: »Ja, aber als Technik- und Fortschrittsoptimismusgeschichte: Die Bändigung des Feuers machte möglich, was wir Zivilisation nennen, fossile Brennstoffe ermöglichten die Industriegesellschaft, jetzt überwindet der erfindungsreiche Mensch die giftig stinkende Verbrennung.«[29] Etwas abstrakter hatte es der Grünen-Vordenker und langjährige Leiter der Heinrich-Böll-Stiftung Ralf Fücks 2007 in einem Text namens »Auf in den Ökokapitalismus« formuliert: »Der Kapitalismus ist ein hochgradig lernfähiges, evolutionäres System, das bisher noch jede Krise und jede Opposition in einen Innovationsschub verwandelt hat.«[30] Später schrieb er: »Die ›Grenzen des Wachstums‹ ergeben sich weder aus der Begrenztheit bestimmter Rohstoffe noch den Belastungsgrenzen des Klimas. Mit fortschreitender Naturerkenntnis, menschlicher Erfindungskraft + dem enormen Potential der Sonnenenergie steht uns die Zukunft offen.«[31]

An die »Utopie zerstörungsfreier Industrialisierung« glaubten schon frühe Technokraten wie Claude Henri de Saint-Simon im Frankreich des 18. und 19. Jahrhunderts.[32] Industrialisierung in Verbindung mit künftigem wissenschaftlichem und technischem Fortschritt führe dazu, dass »das gute Leben für Alle nicht mehr durch Konsumeinschränkung oder Konsumverzicht erkauft werden«, schreibt die Technikforscherin Petra Schaper-Rinkel über Saint-Simon. Dieser »erschließt die Potentiale der Industriegesellschaft für das utopische Denken und bricht damit mit dem utopischen Paradigma des Verzichts.«[33]

Es ist exakt das, was der Green New Deal in der Klimakrise verspricht: Dass Wachstum und ein gutes Leben für alle oder jedenfalls für mehr Menschen, dass Wohlstandserhalt ohne Zerstörung und bei gleichzeitig begrenztem Verzicht möglich sein kann. Doch gegen den grünen Fortschrittsoptimismus, der Hoffnung darauf macht, die Summe solcher Innovationen könne den Kollaps abwehren, gibt es erhebliche Einwände.

Eine Fokussierung auf neue oder bestehende technische Lösungen führe »zu einer weiteren Kommerzialisierung gesellschaftlicher Prozesse, der Individualisierung im Umgang mit Krisen und einer ökonomischen sowie politischen Machtkonzentration«, schreibt die Anti-Hunger-NGO FIAN.[34] Denn Technologien seien »niemals neutral, weder in ihrer Erschaffung noch in ihrer Anwendung.« Sie müssten immer im Kontext von Macht-, Konzern- und Kapitalinteressen diskutiert und auf ihre Folgen und Auswirkung auf globale Gerechtigkeit, Menschenrechte und Umwelt hin geprüft werden.

Das Weiter-so ist die Katastrophe

Ein gewichtiger Einwand ist marxistischer Natur: »Die Idee des Fortschritts ist in der Idee der Katastrophe zu fundieren. Dass es ›so weiter‹ geht, ist die Katastrophe«: Auf dieses Zitat von Walter Benjamin verweist eine Kritik der Rosa-Luxemburg-Stiftung am grünen Kapitalismus – ihre Autoren Tadzio Müller und Stephan Kaufmann kritisieren »genau jenes Wachstum (...), das die Biosphäre an den Rand des Zerbrechens ihrer Gleichgewichte getrieben hat«.[35] Dass die Rettung der Natur eine Frage der richtigen Technik sei, glauben sie nicht – jedenfalls nicht, solange diese Technik dem Profitzwang unterworfen bleibe. Denn ein kapitalistisch rentabler Klimaschutz bleibe »systemisch bedingt hinter dem bereits technisch Möglichen und erst recht hinter den dramatischen Anforderungen an die Abwendung einer Klimakatastrophe zurück«. Umweltpolitische Teilerfolge würden immer wieder »vorbei an langfristigen strukturellen Lösungen auch für künftige Generationen realisiert werden – wenn dem keine wesentliche Veränderung der Kräfteverhältnisse entgegen steht.« Und hinter all dem stehe die »Frage des unendlichen ökonomischen Wachstums auf einem räumlich und materiell begrenzten Planeten, also der Antagonismus, der hinter der Bio-krise steckt.« Kurzum: »Ein Green New Deal, der dem Wirtschafts-wachstum neue entscheidende Impulse verliehe, wäre genau das Schlechteste, was dem Klima zustoßen kann«, so Kaufmann und Müller.

Auch die Journalistin Ulrike Herrmann nennt »grünes Wachstum« eine »Illusion« und hält nur »grünes Schrumpfen« für möglich, was »viele Klimaretter nicht wahrhaben« wollten.[36] Sie ist sicher: Mögliche Effizienzgewinne durch neue, grüne Technologien werden von Rendite-zwängen sofort aufgezehrt.

Und weil mit dem Kapitalismus Schrumpfen nicht zu machen sei, nennt die marxistische Theoretikerin Nancy Fraser diesen in ihrem im März 2023 erschienenen Buch einen »Allesfresser«[37], der »seine eige-nen Grundlagen verschlingt«. Das System habe eine kannibalische Dynamik etabliert, die Folge sei eine Fressorgie, »deren Hauptgericht wir selbst sind«, so Fraser.

»Der Kapitalismus basiert auf dem Prinzip ewigen Wachstums. Jedes Kind kann erkennen, dass das schlicht und einfach absurd ist«, sagt Robert Folger, Direktor des CAPAS. »Und trotzdem geht es immer weiter.«[38] So sei auch der Fortschrittglaube »nicht so ganz tot«. Bei der globalen Erwärmung gebe es ein »ganz starke Strömung, die der Idee des ›Technofix‹ anhängt«, sagt Folger: »Der Vorstellung, wir können es ja dann doch noch irgendwie richten mit technischen Mitteln, und dem Fortschritt. Dieser Glaube ist wie eine säkulare Religion.«

Auch Menschen, die mit marxistischer Wachstumskritik nie in Be-rührung kamen, trauen den grünen Fortschrittsversprechen nicht. Wer die Welt dem Untergang entgegenrasen sieht, den beruhigt kein billi-ger werdender Solarstrom, keine Meersalzbatterie und erst recht kein Plan für ein Sonnenschild im Weltall.

Die Geschichte technokratischer Fortschrittsversprechen

Der Fortschrittsglaube sei in der frühen Neuzeit entstanden und habe viel damit zu tun, dass Menschen das Gefühl bekamen, ihr Schicksal gestalten zu können, sagt Jürgen Renn, Direktor am Max-Planck-Institut für Wissenschaftsgeschichte.[39] Technologie sei dabei nur ein Faktor, neben gesellschaftlichen Veränderungen oder Ansätzen zur Demokratie. Doch der sich heute offenbarende Zweifel an diesem Fortschritt sei »so alt wie der Fortschritt selbst«. Das liegt nicht zuletzt daran, dass der Fortschritt sich immer auch durch eine dunkle Seite ausgezeichnet habe: Ausbeutung, Kolonialismus, Sklaverei, Naturzerstörung, das Scheitern der Französischen Revolution. Insofern sei es mitnichten so, dass gerade jetzt, im Angesicht der Klimakrise, ein universeller Fortschrittsglaube zusammenbreche. »Den hat es nie so ungebrochen gegeben, die zerstörerische Seite war immer präsent.« Gleichzeitig werde in Ländern wie China und Indien und anderen, die dem westlichen Wohlstandsmodell folgen, an der Nutzung fossiler Energien festgehalten. »Da bricht diese Art von Fortschrittsglauben jedenfalls nicht zusammen.«

Dirk van Laak erforscht an der Universität in Leipzig die Geschichte der Technik und hat sich dabei mit technokratischen Fortschrittsversprechen beschäftigt. Technokratie sei die Verbindung aus »technischer Rationalität mit dem Anspruch auf politische, wirtschaftliche und gesellschaftliche Führung«. Solchen Haltungen komme in der Geschichte der Naturbeherrschung der letzten zwei Jahrhunderte eine Schlüsselbedeutung zu, so van Laak.[40] Und schon lange sei Technokratie gleichermaßen als »Vision und als Pathologie diskutiert worden, als Verheißung und als Problem«.

Die Technokratie habe in der Vergangenheit davon gelebt, der Gesellschaft graduelle Verbesserung durch Effizienz und technische Rationalisierung zu verschaffen. Der »Frühtechnokrat« Saint-Simon in Frankreich, aber auch die technokratische Bewegung in den 1920er-Jahren der USA, versprachen, die ideologische Konfrontation zu überwinden, weil sich durch den entstehenden zusätzlichen Mehrwert die Verteilungsfrage entschärfen lasse, die »den ewigen Kampf zwischen rechts und links begründet«, sagt van Laak.

Letztlich sei die Technokratie ein Weltbild, das in der Beherrschung der Natur gründe. »Diese wurde als zentrale menschliche Aufgabe begriffen und auch religiös hergeleitet.« In der Bibel heißt es: »Und Gott segnete sie und sprach zu ihnen: Seid fruchtbar und mehret euch und füllet die Erde und machet sie euch untertan und herrschet über die Fische im Meer und über die Vögel unter dem Himmel und über alles Getier, das auf Erden kriecht.«[41] Diesem vermeintlich biblischen Auftrag fühlten sich Technokrat:innen verpflichtet, sagt van Laak. »Man soll sich die Erde untertan machen.« Diese Haltung sei gespeist aus den Erfolgen der Wissenschaft und Technik, die den Menschen dazu ermächtigten, sein Schicksal selbst in die Hand zu nehmen und sich von der Natur zu emanzipieren. Die Hebung und Nutzbarmachung von Ressourcen und die Gestaltung der Natur nach menschlichem Maß wurden zum Fixpunkt einer utopischen Aussicht. Die Auseinandersetzung mit der Natur sollte der Überwindung von Knappheit, Hunger und Verteilungskämpfen dienen. »Wenn alle genug haben, muss keiner mehr nach dem Besitz des anderen schielen. Dann braucht es keine Herrschaft mehr, die Ungleichheit stabilisiert, weil Überfluss herrscht«, sagt van Laak. »Man kann das für naiv halten. Aber es war von starker Suggestivkraft, die bis heute in der Gedankenwelt vieler stark vertreten ist.«

Wie gehen Wohlstand und Rettung zusammen?

Heute lebt die Idee in dem Versprechen fort, die Rettung des Klimas durch Technik mit dem Erhalt des Wohlstandes vereinen zu können – eine paradoxerweise vor allem bei Konservativen beliebte Antwort auf die Klimakrise. Deren Wurzeln reicht zurück zum »technokratischen Konservatismus« der 1960er-Jahre. Und so stecken Konservative »ganz natürlich in den Gedankenspuren der Wachstumsgesellschaft und wollen davon nicht lassen«, sagt van Laak. So verwundere nicht, dass es viele Menschen gebe, die glauben, dass auch die Klimakrise mit einem »Technological Fix«, durch noch intelligentere Technologien, zu bewältigen sei. Diese Haltung beziehe starke Überzeugungskraft daraus, dass die Technologie 200 Jahre lang so erfolgreich war, dass sie alle anderen Lebensmodelle beiseitegeräumt habe.

In bestechender Deutlichkeit ist das an der Entwicklung der CDU abzulesen: »Ich mache mir dieses Narrativ, das da heißt: Ihr habt gestern nichts getan, und morgen geht die Welt unter, deswegen müssen wir heute das System ändern – dieses Narrativ mache ich mir ausdrücklich nicht zu eigen.«[42] Das sagte Friedrich Merz im Januar 2021 bei der Rede zu seiner zweiten, erfolgreichen Bewerbung als Vorsitzender der CDU. »Die Welt geht morgen nicht unter. Wir können dieses Problem lösen, und wir werden dieses Problem mit dem System, mit unserer Freiheit, mit der sozialen Marktwirtschaft lösen, und wir wollen es vor allem mit Technologie lösen«.

Das Beharren auf Wachstum und der Glaube an die Technik sticht im modernen Konservatismus den Gedanken an die Bewahrung der Schöpfung klar aus. »Wir müssen offener für Technologien sein«, hatte Merz am Vortag in einem Interview gesagt und unter anderem die CCS-Technologie genannt, mit der Kohlendioxid abgeschieden und gelagert werden soll.[43]

CCS ist aber nur sinnvoll, um CO_2 wieder aus der Atmosphäre zu entfernen. Wird es genutzt, um weiter fossile Rohstoffe zu verbrennen und einen Teil des CO_2 wieder einzufangen – dann ist am Ende trotzdem mehr CO_2 in der Atmosphäre als vorher. Auf diese Technologie zu setzen ist das Gegenteil einer konservativen Haltung.

Der Grundgedanke des Konservatismus sei es, dass sich das »Neue gegenüber dem Alten zu rechtfertigen hat«, sagt van Laak. »Es gibt eine Begründungspflicht für Unbekanntes gegenüber dem Bekannten. Das Neue muss sich rechtfertigen.«[44] Doch im technokratischen Konservatismus jüngerer Spielart stecke die utopische Erwartung, die Dinge schon irgendwie mit neuer Technik lösen zu können, statt »einfach« die Natur zu bewahren. »Es ist ein Optimismus, der dem Konservatismus nicht ansteht«, sagt van Laak. Einst hatten Linke den Glauben an den Fortschritt hochgehalten – heute vertreten sie gegen den technokratisch-optimistischen Konservatismus teils eine dystopische Haltung, die sagt: »Die Zahlen zeigen, dass wir vom Optimismus nicht ausgehen können, und dass wir das, was wir jetzt haben, möglichst in diesem Status bewahren müssen.«

Die Tatsache, dass der technische Zukunftsoptimismus verschwand, beschrieb Jürgen Habermas schon 1985 als »Erschöpfung der utopischen Energien«[45]. Diese Energie präge die »politische Öffentlichkeit der modernen Völker seit den Tagen der Französischen Revolution«. Doch nun seien »die utopischen Energien aufgezehrt«, so Habermas.

»Die Zukunft ist negativ besetzt; an der Schwelle zum 21. Jahrhundert zeichnet sich das Schreckenspanorama der weltweiten Gefährdung allgemeiner Lebensinteressen ab: die Spirale des Wettrüstens, die unkontrollierte Verbreitung von Kernwaffen, die strukturelle Verarmung der Entwicklungsländer, Arbeitslosigkeit und wachsende soziale Ungleichgewichte in den entwickelten Ländern, Probleme der Umweltbelastung, katastrophennah operierende Großtechnologien geben die Stichworte, die über Massenmedien ins öffentliche Bewusstsein eingedrungen sind.« Auf Technik setzender linker Fortschrittsglaube sei »durch massive Evidenzen erschüttert worden«. Kernenergie, Waffentechnologie, Raumfahrt, Genforschung und »biotechnische[r] Eingriff ins menschliche Verhalten«, IT und »neue Kommunikationsmedien« seien »von Haus aus Techniken mit zwiespältigen Folgen«, so Habermas. Und je komplexer die steuerungsbedürftigen Systeme werden, um so größer werde die Wahrscheinlichkeit dysfunktionaler Nebenfolgen. »Wir erfahren täglich, daß sich Produktivkräfte in Destruktivkräfte, Planungskapazitäten in Störpotentiale verwandeln.«

Der in Wien forschende Soziologe Ulrich Brand kam 2011 zum gleichen Schluss: Der »Glaube an die Möglichkeit einer immer weiter zunehmenden Fähigkeit zur Naturbeherrschung als Folge des wissenschaftlich-technischen und als Voraussetzung des gesellschaftlichen Fortschritts« sei durch »die neuen sozialen Bewegungen und ihre Forderungen gegen fordistische Risikotechnologien, wie die Atomkraft, in Frage gestellt« worden. Intellektuelle und Medien hätten dies in eine breitere Öffentlichkeit getragen.[46]

Den durch den technologischen Fortschritt getriebenen Entwicklungen der Moderne wird also mit zunehmender Skepsis begegnet. Das Misstrauen gegenüber technischen Lösungen für die Klimakrise – auch ohne marxistische Wachstumskritik – ist davon eine Facette.

»Ich will verstehen, ob das geht«

Wer technische Lösungen, etwa das Geo-Engineering vorschlage, stehe »im Verdacht, den Klimawandel zu leugnen«, sagt dazu Marco Fuchs, ein Satellitenbauer aus Bremen.[47] »Der Verdacht lautet: Wenn man irgendwie leichte Mittel hätte, das Problem zu lösen, dann will man ohne Verzicht verändern und deshalb das eigentliche Problem vor sich herschieben.«

Zu den »technischen Lösungen« zählen heute auch Vorschläge im Bereich des sogenannten Geo-Engineerig: Großflächige Eingriffe in die Atmosphäre und das Klima, mit Technologien, die bisher unfassbar teuer oder unzureichend erforscht sind – oder die es so noch gar nicht gibt. Geo-Engineering ist bis heute das Schmuddelkind des Klimaschutzes. Kaum jemand will damit etwas zu tun haben.

Marco Fuchs, der Satellitenbauer, ist eine der wenigen Ausnahmen. Wenn davon die Rede ist, dass es nun doch wirklich zu langsam vorangeht mit der Energiewende und dem Klimaschutz und darüber nachgedacht wird, ob vielleicht doch anderes, mehr, nötig sein wird als Elektroautos, Nachtzüge und Bäumepflanzen, dass die Menschheit sich »Zeit kaufen« muss, dann fällt oft sein Name. Denn er lässt in seinem Bremer Konzern Space-based Solar Shields prüfen: Die Verschattung der Sonne aus dem All.

Fuchs hat den Satellitenkonzern OHB von seinen Eltern geerbt. OHB baute bereits Satelliten für die Bundeswehr, das EU-Navigationssystem Galileo, rüstete die Internationale Raumstation ISS aus. 2025 will OHB den ersten kommerziellen Mond-Shuttle Europas anbieten. Der Konzern macht heute eine Milliarde Umsatz im Jahr und hat 3000 Mitarbeiter:innen an 15 Standorten.

Der größte liegt am Nordrand Bremens. Durch das Firmengelände fließt die Kleine Wümme, nach hinten liegen Schrebergärten, vorne die Universität. In hochreinen Montagehallen wird der Plato-Satellit gebaut, der ab 2026 erdähnliche Planeten finden soll. Fuchs' Büro ist in einem blauen Glasbau.

»Das ist meine Kernthese: Es ist viel schlimmer, als man denkt«, sagt Fuchs.[48]

Fragt man ihn, wann genau ihm das klar geworden ist, erzählt er von der Meeresbiologin Antje Boetius, mit der er befreundet ist. Sie leitet das Alfred-Wegener-Institut (AWI) in Bremerhaven, eines der wichtigsten Polarforschungsinstitute der Welt. Im Oktober 2020 kehrten AWI-Forscher:innen von der MOSAIC-Expedition aus der Arktis zurück. Sie hatten den Eisrückgang erforscht. »Danach sagte sie mir: Wir haben es viel zu höflich und milde kommuniziert. Das Abschmelzen ist viel schlimmer, als wir gedacht haben.«

Fridays for Future versteht Fuchs deshalb gut. »Die haben das ja auch gemerkt. Daher kommen ja die Aggressivität und Zuspitzung bei denen. Immer höflich sabbeln bringt überhaupt nichts.« Aber zu vielen sei das noch nicht klar. »Corona haben die Leute verstanden, weil sie ja selber krank werden können. Klima war lange kein Thema, weil alle dachten, das landet ja noch nicht bei mir.«

Fuchs' Familie stammt aus Südtirol. Seit seiner Kindheit fährt er im Sommer ans Stilfser Joch. Auf den Gletschern dort konnte man auch im Sommer Ski fahren. »Ich hab das selber nie gemacht«, sagt Fuchs. Aber es ging. Jetzt nicht mehr. 2022 war es erstmals zu nass. »Jetzt könnte man sagen: Egal, dann gibt's halt keine Gletscher mehr. Vielleicht sagen auch Leute, super, dann gibt's die nervigen Lifte nicht mehr.« Genauso, wie vielleicht Farmer:innen am Amazonas sagen, dass es ihnen super gehe, seit der Wald weg ist. »Aber wenn man nachdenkt, dann wird doch klar: Das ist alles nicht gut.«

Fuchs lässt also eine Projektgruppe bei OHB zu Geo-Engineering forschen. Auf der Unternehmenswebseite finden sich ein paar Artikel, hin und wieder gibt er Interviews. Das ist weniger, als er tun könnte, mit den Zugängen, die man als Großunternehmer so hat. »Aber das ist eine komische Rolle, wenn ich das mache.« Die Leute würden nicht wirklich hinhören, fürchtet er. »Die sagen, das ist der Typ, der was mit Weltraum macht, und deswegen will er jetzt halt das andere auch im Weltraum machen.« Geo-Engineering sei ein Thema, »über das man in einem größeren gesellschaftlichen Maßstab reden muss.«

Das passiere aber kaum. »Die Menschen haben eine quasireligiöse Überzeugung, dass sie nicht in die Schöpfung eingreifen dürfen«, glaubt Fuchs. »Die Konservativen sagen, das lassen wir lieber den lieben Gott machen. Und die Progressiven sagen, ohne Verzicht geht es ja doch nicht. Lasst uns mal lieber alle verzichten.« Tatsächlich greife der Mensch aber permanent in die Schöpfung ein. »Und wir erhalten sie dabei nicht. Ganz im Gegenteil.«

Die Idee mit den Space-based Solar Shields ist nicht neu. Wirklich konkretisiert aber hat sie erst Fuchs. 2019 veranstaltete er in seinem Satellitenkonzern OHB ein »Innovationsforum«, 2020 startete die erste Studie. 2021 initiierte OHB einen Forschungsverbund mit acht Einrichtungen in fünf Ländern. Alles klein, bestenfalls in den Kinderschuhen. Aber das muss nicht so bleiben.

Vor der Industrialisierung lag der CO_2-Gehalt der Erdatmosphäre bei 290 ppm, seither ist er um knapp 50 Prozent gestiegen. 2022 waren bereits 417 ppm erreicht.[49] Zwei Prozent der Sonnenenergie abzuhalten würde reichen, um die Erwärmung durch eine Verdopplung des ursprünglichen CO_2-Gehalts vollständig zu neutralisieren, sagt Pia Bausch, die den Forschungsverbund für OHB leitet.

Die Sonnenstrahlen sollen von ultradünnen Folien abgehalten werden, die mit Raketen ins All geschossen und von Satelliten am sogenannten Lagrange-Punkt entfaltet werden. Der liegt rund 1,5 Millionen Kilometer von der Erde entfernt. Viermal so weit wie bis zum Mond. Für die Raumfahrt ist das keine Entfernung. »Da kann man ganz normal hinfliegen, das ist nicht schwer«, sagt Fuchs. 12 Tage dürfte es dauern.

Am Lagrange-Punkt heben sich die Anziehungskraft von Erde und Sonne gegenseitig auf. Objekte bleiben stabil an einer Position, und vergleichsweise kleine Schilde könnten von dort große Flächen der Erde beschatten. Hier wäre nichts davon zu erkennen.

»Ich will keinen Auftrag dafür. Ich will verstehen, ob das geht«, sagt Fuchs.

Genau beziffern kann die Kosten dafür heute niemand. Dass sie über einer Billion Euro liegen würden, halten die Forscher:innen für wahrscheinlich. Die Sparvariante sieht vor, nur den Bereich über den Polen zu verschatten. So könnte das besonders gefährliche Abschmelzen des Eises eingedämmt werden. Die Folien gibt es schon, die Satelliten ließen sich wohl bauen, die Raketen müssten noch entwickelt werden. Das Ganze dürfte ein paar Jahrzehnte dauern. Und es würde Milliarden kosten.

Aber irgendwann, glaubt Fuchs, werde »der Punkt erreicht sein, wo Geld eigentlich keine Rolle mehr spielt, weil es dann wirklich darum geht, ob das Land, wo wir jetzt gerade wohnen, noch so ist, dass da Menschen leben können.«

Ein Problem ist: Selbst wenn es gelänge, einen solchen Schirm zu finanzieren und aufzuspannen, weiß niemand, ob die Verschattung auch unerwünschte Effekte hätte. Sonst könnte man am Lagrange-Punkt auch einfach bestimmte Partikel freisetzen. Das wäre ungleich billiger. Aber sollte sich herausstellen, dass es nachteilige Folgen gibt, kann man die Partikel nicht wieder entfernen. Also müssen es Satelliten sein. Die kann man zurückholen.

Auch der Milliardär George Soros denkt über Geo-Engineerig nach. »Das Klimasystem ist beschädigt, und es muss repariert werden«, sagte er auf der Münchner Sicherheitskonferenz MSC im Februar 2023.[50] Er forderte, den grönländischen Eisschild wieder einzufrieren. Dessen Abschmelzen würde den Meeresspiegel um sieben Meter ansteigen lassen, was »eine Bedrohung für das Überleben unserer Zivilisation« wäre. Er verwies auf Sir David King, einen Klimawissenschaftler und wissenschaftlichen Chefberater früherer britischer Regierungen. King hatte sich mit den Störungen des sogenannten Polarfront-Jetstreams, einer Luftströmung am Rand der Arktis befasst. Durch die Erderwärmung entweicht heute kalte Luft aus der Arktis und wird durch warme Luft ersetzt, die von Süden her angesaugt wird. Soros schlug, mit Verweis auf King, vor, »in Abstimmung mit den indigenen Gemeinschaften der Region« künstliche weiße Wolken über der Arktis zu erzeugen, auf dass die Sonnenstrahlen abgehalten und Grönland wieder kälter werde. »Menschliche Beeinflussungen haben ein zuvor stabiles System zerstört, und es bedarf menschlichen Erfindungsgeistes, sowohl auf lokaler als auch auf internationaler Ebene, um es wieder in Ordnung zu bringen«, sagt Soros. Gegenwärtig konzentrierten sich »praktisch alle Bemühungen zur Bekämpfung des Klimawandels auf Schadensbegrenzung und Anpassung«. Diese seien notwendig, »aber nicht ausreichend«.

Das Umweltbundesamt ist skeptisch: »Durch Geo-Engineering droht ein Paradigmenwechsel in der Klimaschutzpolitik, der die bisherige Einigkeit, dass Minderungsmaßnahmen in erheblichem Ausmaß erforderlich sind, in Frage stellt.«[51] Es bestehe die Gefahr, dass die Treibhausgasminderung vernachlässigt werde, weil vermeintliche Rettungsschirme zur Verfügung stehen. Hinzu kommt: Bestimmte Regionen der Erde könnten negativ beeinflusst werden, während andere von der Methode stark profitieren. Die Frage eines globalen Aushandlungsrahmens sei ungeklärt.

Marco Fuchs, der Satellitenbauer, weiß das alles. Und trotzdem findet er, man muss es wenigstens prüfen. »Man darf eben nicht den Eindruck vermitteln, es gäbe auch andere Möglichkeiten als den CO_2-Ausstoß zu drücken, weil sonst das Risiko besteht, dass man da nichts macht«, sagt er. »Aber der Ansatz ohne Geoengineering hat halt das Risiko, dass es am Ende nicht reicht.« Und wer wisse denn heute, ob nicht schon eine 1,7-Grad-Erwärmung viel gravierendere Folgen hätte, als man dachte?

Der Historiker Stefan Brakensiek ist Professor für die Geschichte der Frühen Neuzeit am Historischen Institut der Universität Duisburg-Essen. Er war Sprecher des von 2013 bis 2022 laufenden DFG-Graduiertenkollegs »Vorsorge, Voraussicht, Vorhersage. Kontingenzbewältigung durch Zukunftshandeln«.[52] Brakensiek glaubt, dass technischen Lösungen in Deutschland stärkere Skepsis als etwa in China oder den USA entgegengebracht werde. »Der Ruf des Ingenieurs ist beschädigt«, sagt er.[53] Ein Grund sei, dass Sozialwissenschaftler:innen und Psycholog:innen eine Monopolstellung bei der Deutung der Welt erlangt hätten. Ingenieur:innen hingegen seien in eine gesellschaftliche Subkultur geraten. »Sie haben wenig Einfluss auf mediale Repräsentation.« Früher sei das anders gewesen. »In den 1950er und 1960er Jahren hatten sie einen Rieseneinfluss auf das, was als machbar und wünschbar gedacht wurde.« Doch nach dem Boom des Wiederaufbaus kippte die Haltung gegenüber den Naturwissenschaftler:innen. »Es gab eine sehr lang anhaltende Veränderung«, sagt Brakensiek. Zwei Faktoren hätten diese vorangetrieben: die entstehende Umweltbewegung und der Zweite Kalte Krieg. Nach der Entspannungspolitik ab Ende der 1960er-Jahre, in der es schien, als könnten sich die Großmächte verständigen, wuchs bei den Militärplanern der Machtblöcke die Angst vor dem jeweils anderen. In den frühen 1980er-Jahren sei die Welt »nah an der atomaren Katastrophe entlanggeschrammt«, sagt Brakensiek. »Man ging auf Distanz zur Naturwissenschaft nicht zuletzt wegen der Angst vor atomarer Vernichtung.« Die Angst vor der atomaren

Katastrophe durch Krieg sprang über auf die Angst vor der Nutzung der Atomenergie. »Das hat sich gegenseitig durchdrungen.« Und so erodierte in großen Teilen der Gesellschaft der Glaube, technologischen Vorhersagen trauen zu dürfen. »Technologieaffine haben einen anderen Blick auf die Welt. Die halten die Risiken für viel besser beherrschbar als die, die heute in den Medien die Meinung prägen«, sagt Brakensiek. »Diese beiden Sichtweisen auf die Welt koexistieren bis heute.« Und in der Klimakrise bedeute das: »Dass es Technologie-Lösungen gäbe – das glauben viele nicht. Ingenieure hingegen finden, technologische Lösungen seien eine gute Idee. Aber die spielen eine verschwindend geringe Rolle. Das ist die Hintergrundmusik dessen, was an unterschiedlichen Szenarien verhandelt wird.«

Der Wissenschaftshistoriker Jürgen Renn verweist auf die Sogwirkung der Technokratie. »Sie gibt manchen das Gefühl, es gebe einen Automatismus, dem man sich überlassen kann.« Darin erscheine der Fortschritt als eine Maschine, die für technischen und damit auch für gesellschaftlichen Fortschritt sorge. Darauf dürfe man nicht hereinfallen. »Kein technischer Fortschritt wird uns automatisch in eine bessere Zukunft führen.« Entscheidend sei die politische Fähigkeit der Gesellschaften zur Transformation.

Und so sind die Straßenblockaden der Letzten Generation und die Ingenieursgläubigkeit jener, die auf den »Technofix« setzen, vielleicht gar nicht so konträr, wie es scheint. Denn sicher ist: Nur wenn der Druck von der Straße groß genug ist, kommt eine grüne Transformation so schnell, wie sie gebraucht wird.

SECHSTER TEIL

TRAUER UND SCHAM, LUST UND MUT

Was machen die Krisen mit den Menschen?

20 Das Mögliche nicht verpassen: Endzeitangst und die Psychologie

As long as the music's loud enough,
we won't hear the world falling apart.

Borgia Ginz

Es war gegen 16 Uhr am 20. April 2020, als Wynn Bruce seinen Nachbarn Chris King bat, ihn zum Busbahnhof von Boulder, einer kleinen Stadt im US-Bundesstaat Colorado zu fahren. Er wolle sich mit einer Meditationsgruppe in Denver treffen. Wegen eines lange zurückliegenden Unfalls konnte er nicht mehr selbst Autofahren. King setzte Bruce, in Shorts, T-Shirt und mit einem Rucksack auf dem Rücken, am Busbahnhof ab. Doch statt ins 30 Meilen entfernte Denver fuhr der praktizierende Buddhist in die Hauptstadt Washington.

Zwei Tage später, am 22. April 2020 gegen 18:30 Uhr, es war der »Tag der Erde«, lief Bruce dort zu Fuß auf den Platz des Obersten Gerichtshofs der USA. Er setzte sich hin, streckte seine Beine vor sich aus, faltete die Hände vor der Brust und zündete sich wortlos an. Ein zufällig anwesender Fotograf sagte, Bruce saß etwa 60 Sekunden lang aufrecht und brannte, ohne zu schreien. Polizist:innen schöpften mit Pylonen Wasser aus einem nahe gelegenen Brunnen. Erst als sie das Feuer gelöscht hatten, habe Bruce zu schreien begonnen. Der 50-Jährige wurde mit einem Hubschrauber in ein Krankenhaus geflogen. Am nächsten Tag starb er an den Folgen seiner Verletzungen.

»Ich stimme mit der Annahme überein, dass dies ein furchtloser Akt des Mitgefühls war, weil er sich um die Umwelt sorgte«, sagte sein Vater Douglas Bruce.[1] Sein Sohn habe sich wegen des Klimawandels angezündet.

Die Klimawissenschaftlerin und buddhistische Priesterin Kritee Kanko, die Bruce aus seiner Meditationsgruppe kannte, schrieb: »Diese Tat ist kein Selbstmord. Dies ist ein zutiefst furchtloser Akt des Mitgefühls, um auf die Klimakrise aufmerksam zu machen.« Diese treibe Menschen »zu einem extremen Maß an Klimakummer und Verzweiflung«.

Bruce hinterließ keine Erklärung, über seine Motive konnten auch ihm Nahestehende nur spekulieren. Doch allein als radikale Protestform ist seine Selbstverbrennung nicht zu begreifen. Angst, Panik und Verzweiflung spielen bei solchem Handeln zweifellos eine Rolle. Und Bruce ist nicht der einzige Fall dieser Art.

Eintritt in den therapeutischen Raum

»Der Klimawandel ist auch eine psychologische Krise« – das ist der der Leitsatz der Psychologists for Future. Und das zeigt sich – vor allem im Zusammenspiel mit anderen Krisen – mit zunehmender Deutlichkeit. Der Klimawandel werde »immer mehr in den therapeutischen Raum eintreten«, sagt der Heidelberger Psychosomatiker Christoph Nikendei.[2] »Geopolitische Spannungen und die schockierende Wirklichkeit von Flucht und schlimmstenfalls Krieg wird Angst, Ambivalenz und enttäuschte Hoffnungen produzieren und Menschen mit psychischen und psychosomatischen Störungen in die Praxen führen.«

Stress, längerer Aufenthalt in geschlossenen Räumen, Wohlstandsverlust, schlechtere Gesundheitsversorgung: 2022 wiesen Psycholog:innen darauf hin, dass die direkten Folgen extremer Wetterereignisse Depressionen und generalisierte Angststörungen wahrscheinlicher machen. Sie schätzen, dass eine Erhitzung von 6 Grad – was einer mittleren globalen Erhitzung von etwa 3 Grad entspricht – unter anderem zu rund 1700 zusätzlichen Suiziden pro Jahr in den USA führen könnte.[3]

Womöglich gravierender dürften allerdings die indirekten mentalen Folgen des Klimawandels sein. Schon 2008 hatte die Amerikanische Gesellschaft für Psychologie (APA) festgestellt, dass die Angst vor dem Klimawandel »selbst in der Abwesenheit direkter Auswirkungen (...) die psychische Gesundheit beeinträchtigen« kann.[4] Der Verband definierte »Eco-Anxiety« als »chronische Angst vor Umweltkatastrophen«, die aus der Beobachtung scheinbar unumkehrbarer Folgen des Klimawandels und der damit einhergehenden Sorge um die eigene und die Zukunft der nächsten Generationen resultiert.[5] »Am schlimmsten sind meine Ängste an Neujahr: Jeder Jahreswechsel bedeutet für mich, dass wir dem Weltuntergang ein Jahr näherkommen« – so beschreibt eine 24-Jährige dem Schweizer Portal 20 *Minuten* ihre Klimaangst.[6]

Hinzu kommt bei vielen die Angst vor künftigen Schuldgefühlen – vor dem Gefühl, versagt zu haben (→ K 18, 21), das umso stärker werden könnte, je deutlicher die Folgen des Klimawandels zutage treten.

Pathologisierung der Angst

»Klimaangst« ist heute ein etablierter Begriff, auch wenn die Psychologists for Future ihn kritisch sehen. Denn durch ihn werde die Angst »zunehmend pathologisiert«, heißt es in einer Erklärung der Initiative. Die Klimakrise erscheine als »individuelles Anpassungsproblem«, während sie tatsächlich eine globale Bedrohung sei, »die nur gesellschaftlich-politisch überwindbar ist«. Der Versuch der Pathologisierung könne »auch als eine Strategie gesehen werden, gesellschaftliches Engagement für den Klimaschutz zu diffamieren und notwendige politische Entscheidungen zu verhindern«.[7]

Und so ist die Angst, die der Klimawandel hervorruft, in der Öffentlichkeit heiß umkämpft. Nicht von ungefähr wurde »Klimahysterie« 2020 zum »Unwort des Jahres« gewählt. »Wenn man die Klimadebatte mit einem Wort wie Hysterie in Zusammenhang bringt, dann diskreditiert man die Debatte, indem man sie pathologisiert und wie eine kollektive Psychose behandelt«, sagt die Germanistin und Jury-Sprecherin für das Unwort des Jahres Nina Janich.[8] »Damit werden in der Konsequenz alle, die sich für Klimaschutz engagieren, als Hysteriker abgestempelt.« Irreführend sei der Begriff deshalb, weil die Klimadebatte auf Basis wissenschaftlicher Ergebnisse geführt werde. »Mit dem Wort Hysterie wird sie aber in einen Krankheitsbereich verschoben.«

Die Debatte ist keine Krankheit. Die Angst aber kann fraglos krank machen. Mit der Climate-Anxiety-Scale haben Psycholog:innen versucht, das Phänomen zu fassen.[9] Es handelt sich um einen Fragebogen zur kognitiven und funktionalen Beeinträchtigung. Abgefragt wird etwa, ob man »wegen des Klimawandels weint«.

An der Skala gibt es methodische Kritik, insgesamt aber herrscht Einigkeit, dass diese Angstform als eigenständiges Phänomen existiert.[10] Eine Umfrage der Barmer Ersatzkasse vom Winter 2022/23 ergab, dass 37 Prozent der Jugendlichen in Deutschland »große Angst« vor dem Klimawandel verspüren, weitere 27 Prozent »mittelgroße Angst«.[11]

Ein nicht versiegender Strom schlechter Nachrichten

Aus Furcht vor den herannahenden »Kipppunkten« (→ K 4) würden er und andere Klimawissenschaftler:innen »inzwischen fast jede Woche von Menschen angesprochen, die nach eigenen Angaben große Angst vor dem Klima haben«, sagt der US-Wetterforscher Daniel Swain.[12] Viele dieser Menschen hätten professionelle Hilfe gesucht, seien aber von Therapeut:innen abgewiesen worden, etwa weil der Klimawandel »nicht so schlimm ist, wie man in den Nachrichten liest«. Das sei zwar nicht wahr. Dennoch scheinen einige der Ängste aus »irreführenden Untergangserzählungen zu stammen, die in den letzten Jahren zunehmend an Bedeutung gewonnen haben« – etwa, dass es zu spät sei, etwas gegen den Klimawandel zu tun oder dass die menschliche Zivilisation in 30 Jahren enden würde. »Für keine dieser Behauptungen gibt es eine empirische Grundlage, und doch höre ich sie immer wieder.« Er versuche den Menschen dies zu erklären, und manchmal habe er Erfolg. »Aber oft schicken mir die Leute Links zu Blogbeiträgen, Medienauftritten und Videos von Nichtexperten, die immer extremere und wissenschaftlich unbegründete Behauptungen über den Klimawandel aufstellen«, so Swain. Für viele sei dies »unmöglich zu kontextualisieren«, die Folge sei »extreme Klimaangst«, die »jeden Aspekt ihres Lebens beeinflusst«.

Hinzu kommen andere Krisen, die viele ebenfalls belasten. Erschöpfung setzt ein und begünstigt die Anfälligkeit für psychische Störungen. »11. September, Kriege in Afghanistan und Überfall des Irak, Krise des Finanzsystems, Syrienkrieg und alle, die Schutz suchen mussten, die Digitalisierung und die Klimakrise, die wahnsinnigen Trump-Jahre und der Brexit, der Zusammenbruch der europäischen Sicherheitsordnung durch den Überfall auf die Ukraine und nun noch eine Inflation, die gehörig an den Nerven zerrt. Es wundert mich nicht, dass ungefähr jedes zweite Ladenlokal in unserem Viertel etwas zur Entspannung durch Yoga oder Massage anbietet«, schreibt der Autor Nils Minkmar.[13] Die globale Krise solle »am Körper der einzelnen bewältigt werden«. Der Stress unserer Zeit, so glaubt er, »entsteht aus dieser intensiven Unterrichtung über die Dinge in der Welt und unseren begrenzten Möglichkeiten, sie schnell zu verbessern«.

Heute werden täglich, teils stündlich neue, oft erschreckende Studienergebnisse oder Teilergebnisse verkündet und in zugespitzter Form konsumierbar gemacht. Selbst der Wetterbericht hat für den Einzelnen teils etwas Bedrohliches. Dazu kommen Kriegsnachrichten, ein nie versiegender Strom bedrohlicher Botschaften (→ K 11, 12) – unmöglich, sie noch zu erfassen, einzuordnen, zu verarbeiten. Zu den lange üblichen Reaktionsmustern des Aufrüttelns und des Beschwichtigens ist die Resignation hinzugetreten.[14]

Oder die Unfähigkeit, die Welt zu erfassen. Von »Apokalypse-Blindheit« spricht der Philosoph Günter Anders. »Durch unsere Technik sind wir in eine Situation geraten, in der wir dasjenige, was wir herstellen und was wir anstellen können, nicht mehr vorstellen können (...) Schon zwanzig Tote sagen uns, mindestens unserem Gefühl, nicht mehr als zehn Tote«.[15] Vor dem Gedanken an die Apokalypse streikt die Seele.

Das individuelle Gefühl sei dem realen Ausmaß des Schrecklichen nicht mehr gewachsen[16], schreibt die Leipziger Gruppe Nevermore. Die wenigen Momente, in denen man weniger über die Gefahr selbst erschrickt als über als emotionale Missverhältnis zu ihr, vermöge niemand auf Dauer auszuhalten.

Was hilft?

Und doch besteht der Ausweg womöglich nur darin, sich eben dieser überfordernden, kaum erfassbaren Realität zu stellen. »Man sieht nicht und will nicht sehen, wie die Welt aussehen wird, wenn wir weiter der

Freiheit nachgehen, Lebensgrundlagen zu zerstören«, sagt die Philosophin Eva von Redecker.[17] Es werde heute »fast als ein Recht eingefordert, sich dumm und blind zu stellen gegenüber den Handlungsfolgen«.

Einst war dies eine subversive Haltung. »*As long as the music's loud enough, we won't hear the world falling apart*« ist das Motto des Medienmoguls Borgia Ginz in Derek Jarmans Punk-Kultfilm *Jubilee* von 1978: Eskapistischer Exzess als Ausweg vor der Zerstörung. Doch in der heutigen Krise sei das nicht mehr haltbar, sagt von Redecker. Sie sieht in einer solchen Einstellung einen Verlust an Freiheit und Handlungsfähigkeit. Dem setzt sie die »Mahnung zur Zukunftsvorstellung« entgegen.[18]

Nur stellen sich viele die Zukunft als sehr unangenehm vor. So sagt etwa XR-Aktivist Michael Timmermann: »Die Apokalypse ist nichts, was nicht geschehen kann. Darauf steuern wir zu.« Doch selbst mit dieser komplett hoffnungslosen Sicht auf die Welt stellt sich für ihn die Frage: »Was können wir tun, um da ohne Angst reinzugehen?«[19]

Die Angst werde nur handhabbarer, wenn Trauer zugelassen werde, sagt die Psychoanalytikerin Delaram Habibi-Kohlen – die Trauer über den Verlust durch die Zerstörungen, Trauer um Menschen, die vielleicht am Hitzetod sterben werden, Trauer um Verlust der vertrauten Welt. Sie selbst trauere, wenn sie im Wald jogge, sagt sie. »Da sehe ich diese braunen, verdorrten Bäume, und zwar in einer Zahl, die so groß ist, oder gerodete Flächen, wo ich teilweise meinen Weg nicht mehr wiedererkenne, und mich verlaufe, weil die Landschaft so anders aussieht.«[20]

Diese aktive Trauer ist für Habibi-Kohlen ein Weg, um mit den Symptomen umzugehen, die Menschen wegen der Klimakrise entwickeln werden. »Wenn immer mehr Menschen Angst vor der Zukunft haben, sich eingeschränkt fühlen durch die Klimakrise und gleichzeitig keinerlei Vertrauen haben in ihre Regierungen haben – dann gibt es Depressionen, Panikattacken und somatische Symptome.« Dass diese zunehmen – davon ist die Analytikerin überzeugt. Dabei sei die Angst vor der Klimakrise ein »normales, gesundes Zeichen«. Die Frage sei: Wie können Betroffene zu einem Verständnis der Angst gelangen, wieder handlungsfähig werden? Sonst drohe eine Lähmung, die jedes Handeln unmöglich macht.

Teile der Klimapsychologie haben dafür einen Begriff geformt: »Klimaresilienz«. Der aus der Naturwissenschaft entlehnte Begriff beschreibt das Bemühen, dem Subjekt zu einem geistigen Zustand zu verhelfen, in dem es eine Krise bewältigen kann. Darin liegt auch das grundlegende Dilemma des Resilienzbegriffs, wie er etwa auch in der Entwicklungszusammenarbeit Anwendung findet: Verändert werden nicht die Verhältnisse, die das Individuum bedrohen. Geholfen wird nur dabei, mit den gegebenen Umständen besser umzugehen. Es ist wie der Versuch, Bäume aus dem Mittelmeerraum in Deutschland zu pflanzen, weil sie das neue heiße Wetter besser vertragen. Man kann dies pragmatisch finden – oder als Symptomdoktorei abtun.

Was den:die Einzelne:n im Innern »resilient«, also krisenfest machen kann – darüber gehen die Meinungen auseinander. Viele halten die Fähigkeit zum Handeln und das bewusste Erleben dieser Fähigkeit für einen Schlüssel. Das können auch Dinge sein, die den Klimawandel selbst sicher nicht verhindern – etwa individueller Verzicht auf klimaschädlichen Konsum. »Wer etwas tut oder bewusst etwas nicht tut, hat auch oft mehr Hoffnung«, sagt der Umweltpsychologe Torsten Grothmann.[21]

Dem Individuum kann die Klimapsychologie helfen. Bei der Gesellschaft ist das schon schwieriger. Was macht es mit ihr, wenn immer mehr Menschen von Angst erfasst werden und an Handlungsmacht verlieren? Als politisches Projekt, das dagegen ankämpft, wandelt die Klimapsychologie auf einem schmalen Grat. Für die Therapie individueller Probleme sei ein klarer Auftrag des Patienten die Voraussetzung, sagt die Analytikerin Delaram Habibi-Kohlen. Wenn es aber um eine gesellschaftliche Verhaltensänderung geht, gebe es diesen Auftrag nicht. »Dann können die Leute sagen: ›Geh weg.‹ Schließlich haben sie nicht darum gebeten, aufgeklärt zu werden.«

Der Historiker Frank Biess, der die Angst der Deutschen umfassend untersucht hat (→ K 3, 8) glaubt indes nicht daran, dass die individuelle Lähmung in einen kollektiven Angstkollaps mündet. Dies »würde ja bedeuten: Man ist paralysiert, handlungsunfähig, gelähmt, friert ein«, sagt Biess.[22] Dafür sei eine moderne Gesellschaft zu komplex. »Sie findet dann immer wieder Strategien der Angstbewältigung, nicht nur seitens des Staates, sondern auch aus der Zivilgesellschaft heraus, etwa mit der Forderung nach der Reduzierung russischer Öl- und Gasimporte oder auch der Bereitschaft zur Aufnahme ukrainischer Flüchtlinge.« Angst sei ein »intensives Gefühl« und es sei deshalb nicht möglich, es über einen längeren Zeitraum auf einem hohen Erregungsniveau zu halten. Sehr wohl aber könne Angst die Aufmerksamkeit fokussieren, was sehr hilfreich sein könne bei der kollektiven Suche nach dem, was gerade wichtig ist, sagt Biess. Zugleich aber enge sie die Aufmerksamkeit ein und lenke sie auf das Angstobjekt: Andere Krisen geraten in Vergessenheit (→ K 11). »Das kann mit Blick auf Aufmerksamkeitsökonomie dann wieder kritisch sein – gerade, wenn es den Blick von der Tatsache ablenkt, dass verschiedene Dinge – wie zum Beispiel Klimawandel und Krieg – tatsächlich zusammenhängen.« Ein Ziel sei es, auch von Regierungsseite »eine Angstbalance herzustellen«.[23]

Sicher gibt es berechtigte Gründe für große Ängste. Doch wer sich nur noch von seiner Angst leiten lässt, vermeidet laut dem Soziologen Heinz Bude »das Unangenehme, verleugnet das Wirkliche, verpasst das Mögliche«[24]. Denn Angst ist ihrem Wesen nach etwas, das Lebendigkeit raubt.

21 Verdrängung, Angstlust, Rache: Die Apokalypse und das Unbewusste

Alles in allem bekommt die Pest ihm gut.
Aus einem einsamen Menschen, der er nicht sein wollte,
hat sie einen Komplizen gemacht.

Albert Camus

Die Religion schöpft ihre Kraft zu einem guten Teil aus der Angst des Menschen vor dem eigenen Ende. Dieser Angst begegnet sie mit der Aussicht auf Erlösung durch ein Leben nach dem Tod oder durch Wiedergeburt. Selbst die Apokalypse bekam dadurch etwas Anziehendes (→ K 3). In einer Gesellschaft, in der die Subjekte weitgehend und die Apokalypse vollständig – physikalische Gesetze haben die Vorstellung von der Rache Gottes abgelöst – säkularisiert sind, entfällt diese Erlösungshoffnung. Das säkulare Subjekt ist auf andere Strategien angewiesen, um Vernichtungsängste zu bewältigen. Und wenn die moderne Apokalypse als »existenzielles Risiko« (→ K 9) Ohnmachtsgefühle auslöst, wählt dieses Subjekt oft Strategien der Verdrängung – oder der Affirmation.

Schuld und Scham

»Mir ist von Tag zu Tag unverständlicher, wie Menschen mit Kindern und Enkeln es schaffen, vor all dem die Augen zu verschließen«, schreibt der Autor Christian Stöcker zur Klimakrise.[1] »Alle kognitiven Abwehrmechanismen müssen dazu gleichzeitig auf Hochtouren laufen: dissonante Information abwerten, Überbringer dissonanter Information abwerten, oft auf aggressive Weise.«

Denn sei es der Weltrisikobericht des Weltwirtschaftsforums (WEF), die Weltwetterorganisation (IMO), die Weltgesundheitsorganisation (WHO) oder der UN-Generalsekretär: Sie alle sehen den Klimawandel als größte Bedrohung an.[2] Und auch wenn die Auffassungen, wie darauf reagiert werden sollte, teils weit auseinanderliegen – bezweifelt wird diese Einschätzung zunehmend seltener. In Umfragen führt der Klimawandel mittlerweile oft die Liste der größten Sorgen an.[3] Gleichzeitig spielt er im Handeln der Menschen keine entsprechende Rolle. Parteien etwa, die auch nur kleine Schritte zur Bewältigung der Krise gehen wollen, werden abgestraft, sobald erste Wohlstandseinschränkungen drohen – teils sogar von der habituell Grünen-affinen Mittelschicht.[4] Warum ist das so?

Der Heidelberger Psychosomatiker Christoph Nikendei glaubt, dies hänge damit zusammen, dass viele Menschen sich eine individuelle Mitschuld an der Krise geben. Deshalb rufe sie neben tiefgreifender Angst und Verzweiflung auch Schuld und Scham hervor. In der Folge werden Abwehrmechanismen aktiviert. »Schuldgefühle aufgrund der eigenen Beteiligung an dem Desaster, Scham über die leidvollen Konsequenzen für unsere Kinder, Verzweiflung darüber, dass sich die Produkte des Hyperkonsums nicht leichtgängig umkehren lassen«, sagt Nikendei.[5] Diese Gefühle seien unerträglich und müssten daher, ganz im Sinne der Psychoanalyse, aus dem Bewusstsein verbannt werden – der Klimaaktivist Tadzio Müller spricht in diesem Zusammenhang von einer »Verdrängungsgesellschaft«.[6]

»Dabei helfen uns Abwehrmechanismen wie Verleugnung und Dissoziation.« Nikendei sieht diese Verleugnung nicht erst im Abstreiten des Klimawandels, sondern bereits dann, wenn ansonsten ökologisch denkende Menschen aus Bequemlichkeit mit dem Auto in die Stadt fahren oder sich ein neues Smartphone kaufen, obwohl sich das alte reparieren ließe. Die Besonderheit der Klimakrise sei, dass sie in existentieller Weise alle Lebensgrundlagen gefährde. Die Dimension sei so groß, »dass wir es kaum vermögen, das Ausmaß dieser Krise gänzlich zu erfassen. Das kann einen auch ohnmächtig machen, wenn man das individuelle Verhalten ändern will«, so Nikendei.[7]

Ganz ähnlich sei es mit der Dissoziation, also der Trennung von Wahrnehmung, Denken, Handeln und Fühlen. Dies ermögliche Menschen, zerstörerische Impulse aus ihrem Bewusstsein abzuspalten und zur »doppelten Buchführung« überzugehen – also etwa den Fleischkonsum zu reduzieren, aber gleichzeitig Langstreckenflüge zu buchen.[8]

Die Projektion schließlich ermögliche, anderen ein »umweltdestruktives Verhalten« vorzuwerfen, um sich selbst zu entlasten. »Wir klagen zum Beispiel die junge Generation an, ›scheinheilig‹ zu sein, da sie immer neue Konsumprodukte haben und reisen wolle und zeitgleich als Fridays-for-Future-Generation auf die Straße geht«, sagt Nikendei. Hinzu kämen kognitive Verzerrungen, sogenannte Bias: »Der Single-Action-Bias etwa begegnet uns beim Einkaufen im Supermarkt, wenn wir uns durch den Kauf einzelner Biowaren selbst darüber hinwegtäuschen, dass wir eine Vielzahl nicht nachhaltiger Produkte erworben haben.« All diese Mechanismen dienten dem Ziel, uns von Schuld freizusprechen, glaubt Nikendei: »Wir nehmen lieber die Bedrohung unserer physischen Existenz hin als die vollumfassende Wahrnehmung der eigenen Mittäterschaft an dem globalen Desaster.«

Verdrängung von Schuld oder ...

Doch sich unbequemen Wahrheiten zu entziehen bleibe nicht ohne Folgen, sagt die Psychoanalytikerin Delaram Habibi-Kohlen. »Die Angst wird mehr, wenn wir sie unterdrücken und nicht hinschauen.«[9] Die Therapeutin beschäftigt sich seit über einem Jahrzehnt mit dem psychologischen Umgang mit der Klimakrise. Sie hat sich unter anderem die Frage gestellt, wie und warum so viele Menschen die Konfrontation mit der Realität vermeiden. Wie Nikendei glaubt auch sie, dass zur Unterdrückung von Angst teils auch die Unterdrückung von Schuldgefühlen hinzutrete: »Je schuldiger wir uns fühlen, desto mehr sind wir gezwungen, wegzuschauen. Und desto mehr Schuldgefühle kriegen wir dann wieder« – diese »emotionale Eskalation« spiele bei der Abwehr der Krise eine wichtige Rolle. Ein wachsendes Bewusstsein von der Klimakrise stehe ihrer Verleugnung dabei nicht entgegen.

Die Krise sei nicht nur physisch und politisch, sondern auch emotional eng mit unserem Lebensstil in einer »überkonsumtiven Gesellschaft« verbunden, sagt Habibi-Kohlen. Verzicht erfordere, mit Gewohnheiten zu brechen. Das falle vielen schwer, also machen sie weiter wie bisher – mit Flugreisen oder dem Kauf von Billigkleidung. »Es machen ja alle, so schlimm kann es nicht sein, ich allein werde die Welt auch nicht retten« –, Habibi-Kohlen zufolge sagen Menschen sich solche Sätze innerlich zur Rechtfertigung auf. Unbewusst aber bleibe ein diffuses Gefühl, nicht richtig zu handeln. Wenn dieses Gefühl zu groß werde, schwinde irgendwann der Glaube, dass die Dinge noch reparabel seien. »Und dann müssen wir uns weiter Scheuklappen aufsetzen, um nicht völlig vernichtet zu werden von diesen inneren Schuldgefühlen.« Das sei tragisch. Es mache unmöglich, sich dem Schmerz der Schuld zu stellen – und etwa jüngeren Menschen gegenüber anzuerkennen, dass man sein Verhalten nicht geändert habe. Aus dieser Lage finde der Einzelne kaum heraus. »Deswegen ist es so wichtig, dass wir nicht vereinzelt bleiben«, so Habibi-Kohlen.

Sie verweist darauf, dass das Thema in Therapiegesprächen bislang nur selten auftauche. An einzelnen Tagen kämen Menschen »ganz aufgeregt in die Praxis und sprechen über die Welt« – etwa nach der Ahrtal-Flut. Ansonsten aber werde die ökologische Zerstörung nicht thematisiert. Ein Grund sei die Überforderung durch Komplexität. Das Leben sei »so spezialisiert, dass wir so wenig Ahnung haben von dem Großen und dem Ganzen, dass wir uns erschöpft zurückziehen auf unseren Nahraum.« Man nehme hin, letztlich nur wenige Mechanismen der hochgradig ausdifferenzierten modernen Gesellschaft wirklich zu durchschauen – etwa wie ein Handy funktioniere, obwohl man es ständig benutze. Selbstwirksamkeit – das Erleben, Einfluss auf die Welt nehmen zu können – schrumpfe dadurch immer weiter. Gleichzeitig wachse das Gefühl der Ohnmacht. Neben die Verdrängung aufgrund einer empfundenen Schuld trete also die Verdrängung zur Vermeidung von Überforderung hinzu. »Ich kann ja eh nichts machen und ziehe mich immer weiter zurück in die eigenen vier Wände. Und das ist sehr gefährlich.«

... Leugnung der Herrschaftsverhältnisse?

Nikendei und Habibi-Kohlen legen Änderungen des individuellen Konsumverhaltens nahe. Die Leipziger Gruppe Nevermore weist diese Sicht zurück. Sie hat 2019 die Broschüre *Mein Freund, der Untergang* über apokalyptisches Denken in der Klimabewegung veröffentlicht.[10]

Darin geht sie auch auf das Überforderungsproblem ein – zieht daraus aber andere Schlüsse.

Die als übermächtig empfundenen Verhältnisse treffen demnach in der Klimakrise auf den sich oft als ohnmächtig erlebenden Einzelnen. Diese Ohnmachtserfahrung führe aber nicht zur Verdrängung der Krise als solcher, sondern lediglich zur Verdrängung der Herrschaftsverhältnisse, die sie hervorgebracht haben. Das Subjekt werde den Verhältnissen gegenüber blind – und gebe nicht der Produktionsweise die Schuld am drohenden Kollaps, sondern anderen Menschen und deren Konsumverhalten. »Der Mensch selbst wird zum Feind.«

Erfüllt von »Eco-Anxiety« werde die Realität zunehmend als eine einzige Quelle von Gefahren wahrgenommen. Diese Angst werde übermächtig und allgegenwärtig, und der Mensch so selbst zur Quelle der Angst – als Krankheitsbringer oder Umweltzerstörer. Wenn diese Gefahr für Leib und Leben dauerhaft empfunden wird, entstehe Paranoia, so Nevermore. Der Blick auf den Menschen verwandele sich – er wird als »Umweltsünder«, »Raubtier«, als »Schädling, der an der Natur nagt und am Fortbestand der Menschheit selbst« oder in seiner Gesamtheit als »Bevölkerungsbombe« (→ K 3) gesehen.

Diese »pathische Projektion« zeige sich etwa darin, dass sich in den Ober- und Mittelschichten gesellschaftlich unmöglich mache, wer sich nicht wenigstens dazu bekenne, das Klima mit Änderungen des eigenen Verhaltens schützen zu wollen. »Weil aber fast alle hier und da doch nicht ganz verzichten wollen, werfen sich öffentlich permanent alle gegenseitig Doppelmoral vor. Im an den anderen gerichteten Vorwurf, er möge doch seinen Verbrauch geringhalten, damit meine Zukunft garantiert sei, kehrt unbewusst das Strukturmodell der Gesellschaft des Kapitals wieder: eine Versammlung zueinander in schonungsloser Konkurrenz stehender Sozialatome.«[II]

Überwindung der ökologischen Entfremdung

Dem ist entgegenzuhalten, dass dies allenfalls für eng begrenzte Milieus gilt, da weite Teile der Mittel- und Oberschicht eben keine ökologischen Gewissensbisse plagen. Zum anderen ist die Partizipation am Lebensstil westlicher Gesellschaften in einen globalen Ausbeutungszusammenhang eingebettet, wie ihn Ulrich Brand schon 2009 mit dem Begriff »Imperiale Lebensweise« beschrieben hat (→ K 3).[12]

Habibi-Kohlen hält den Blick auf die Ebene individuellen Verhaltens noch aus einem weiteren Grund für angebracht: Studien zeigen immer wieder, dass es genügt, wenn relativ kleine Anteile der Bevölkerung – zuletzt war von 25 Prozent die Rede[13] – Forderungen und Ideale einer Bewegung teilen, um grundlegende Veränderungen herbeizuführen. Man spricht dann von »sozialen Kipppunkten«.[14] Die Klimabewegung motiviere sich häufig mit diesem Gedanken, doch seien die Menschen so entfremdet voneinander und erlebten sich als so wenig selbstwirksam im politischen Raum, dass sie kaum in der Lage seien, das Erreichen von Schwellenwerten für »soziale Kipppunkte« als kollektives politisches Ziel anzustreben. Dazu, so Habibi-Kohlen, müssten sie die Entfremdung überwinden und sich »wieder verbinden.« Das könne geschehen, wenn sie sich daran erinnern, was sie tun und wofür es gut ist: ökologisch einkaufen, den Müll trennen, Fahrrad fahren oder nicht fliegen. »Damit verbinde ich mich mit der Welt.« Ohne dies gebe es langfristig keine Veränderung. Denn wer nicht individuell handele, verliere den langen Atem, den es brauche, um politisch Druck zu machen.

Auf der Suche nach guten Handlungsgründen

Die Verdrängung von Schuldgefühlen ist jedoch nicht die einzige Erklärung der Psychologie für die Ignoranz gegenüber existenziellen Krisen, die sich um das Unbewusste dreht. Eine weitere ist das »Motivated Reasoning«: Wir nehmen die Informationen auf, die uns in den Kram passen, und verdrängen diejenigen, von denen wir lieber nichts wissen wollen (→ K 12).

Eine verbreitete Metapher, um dies zu illustrieren, ist die des Menschen, der auf einem Elefanten reitet. »Er thront auf dem Tier und glaubt, es zu lenken. Seine tatsächliche Macht ist jedoch sehr begrenzt. Niemand kann einen Elefanten aufhalten, wenn der sich entschieden hat, einen anderen Weg zu gehen, als der Mensch möchte«, heißt es in *Über Klima sprechen. Das Handbuch*.[15] So müsse man sich das Verhältnis zwischen Emotion und Denken vorstellen – wobei der Mensch den Verstand symbolisiert und der Elefant die Gefühlswelt. »99 Prozent der mentalen Prozesse laufen außerhalb des bewussten Denkens ab – und doch bestimmen sie in vielen Momenten das Verhalten eines Menschen.« Der Verstand sei von Gefühlen abhängig und diene oft dazu, ein unbewusst bereits getroffenes emotionales Urteil zu bestätigen, während der Mensch der Illusion anhänge, ergebnisoffen zu prüfen. Dieser evolutionär sinnvolle Mechanismus zur Komplexitätsreduktion führe zu »Motivated Reasoning«. Der Verstand versuche dabei, gute Gründe für Entscheidungen zu finden, die aufgrund emotionaler Präferenzen längst getroffen seien. Das zeigt sich etwa, wenn in der Braunkohleregion Lausitz nur 35 Prozent der Befragten bei einer Umfrage angeben, der Einsatz von Kohle in der Stromproduktion trage »sehr stark« zum Klimawandel bei – während im Bundesdurchschnitt 50 Prozent dieser Ansicht sind. Eine »arge Kränkung« für das sich als autonom denkend wahrnehmende Subjekt. Die Verfasser:innen von *Über Klima sprechen* empfehlen deshalb, »eigene Impulse zu hinterfragen und zu neutralisieren, um auch diejenigen Argumente wirklich zu würdigen, die uns nicht von Anfang an gefallen.«[16] Geschehe das nicht, könnte dieses Denken dazu führen, dass sich trotz substanzieller gegenteiliger Belege falsche Überzeugungen bilden und an diesen festgehalten wird. »Das gewünschte Ergebnis wirkt wie ein Filter, der die Bewertung von wissenschaftlichen Belegen und die Bewertung anderer Personen beeinflusst.«[17]

Bei existenziellen Ängsten wie in der Klimakrise oder bei der Atomkriegsangst kann das etwa bedeuten, alle Informationen so zu interpretieren, dass sie uns nicht gefährlich werden können – auch, wenn es anders ist. Oder eben alles als Beleg für die Überzeugung zu werten, es sei bereits zu spät und die Vernichtung nicht mehr aufzuhalten.

Genugtuung im Angesicht des Untergangs?

Denn mitnichten wird nur abgewehrt. Ebenso wirken psychische Mechanismen, die die ausdrückliche Gewissheit, der Katastrophe ausgeliefert zu sein, affirmieren oder verstärken – und teils in der Überzeugung gipfeln, dass dies gar nicht das Schlechteste sei. Der Sänger der deutschen Rockband Donots, Ingo Knollmann, etwa sagte im Januar 2023, die Menschheit sei »strunzdumm«[18], weshalb er ihr »nicht so eine große Halbwertszeit« gebe. »Ich glaube nicht, dass wir ultralange auf diesem Planeten sein werden. Und vermutlich ist das auch ganz gut so für den Rest der Flora und Fauna.«

2019 habe ich am *ABC der globalen (Un)Ordnung* mitgeschrieben. Es ist ein Panorama der Probleme, die die Globalisierung mit sich gebracht hat. Bei der Buchpräsentation saß ich mit drei weiteren der Autor:innen auf einem Podium. Mit dabei war eine Professorin, die sich ihr Leben lang mit den sozialen und ökologischen Verheerungen des Kapitalismus beschäftigt hat. Die Klimakrise nannte sie einmal eine »zum Krieg gegen den Planeten« eskalierte Krise des Kapitalismus. Auf der Bühne malte sie die nahe Zukunft in dunkelsten Farben aus. In absehbarer Zeit würden wir alle in einem »Hothouse« sitzen, sagte sie. Schon heute herrschten in den Golfstaaten teilweise Temperaturen von 50 Grad. »Das kann man nur überstehen, wenn man mehrere Klimaanlagen gleichzeitig laufen lässt.« Schon bald würde in vielen Regionen kein Leben mehr möglich sein. Wir in Deutschland könnten uns wegen unseres Ressourcenreichtums »vielleicht noch zwanzig Jahre halten«. Was dann geschehen würde, überließ sie der Fantasie des Publikums.

Kaum ein Satz ist beliebter unter Linken, als jener, dass es für viele heute »leichter ist, sich das Ende des Planeten vorzustellen, als das Ende des Kapitalismus« – ein Ausspruch, der offenbar – die Forschung scheint da nicht ganz einig – auf den US-Historiker H. Bruce Franklin zurückgeht.[19] Wer auch immer ihn zuerst formuliert hat, hatte nicht unrecht. Der direkte Zusammenhang von Klimakrise und Kapitalismus, der Widerstand der fossilen Industrie, ihrer Lobbygruppen und Partner gegen Klimaschutz ist offensichtlich. Dennoch ist die Macht auf der Welt so verteilt, dass es mit dem Klimaschutz allenfalls langsam, mit dem Sozialismus so gut wie gar nicht vorangeht. Es ist vielen Menschen schon zu viel, sich bis 2045 – selbst mit finanzieller Förderung – auch nur eine Wärmepumpe zuzulegen – und Gesetze, die die industrielle Zerstörung des Klimas effektiv beenden würden, finden nur schwer Mehrheiten.

Für die Analytikerin Habibi-Kohlen ist klar, dass dies Rachegelüste erzeugt. Es wachse die Wut, vor allem bei jungen Menschen, die ihr Leben noch vor sich haben. »Und es bleibt ja nicht dabei, dass man sagt ›oh, wie schlimm, oh, wie schlimm, oh, wie schlimm‹.«[20] Stattdessen würden die Menschen automatisch nach Schuldigen suchen. Dies könne in eine Spirale sich wechselseitig aufschaukelnder Bestätigungen münden, wie schlimm alles sei. »Gruppenkohäsion«, sagt Habibi-Kohlen dazu. Und je schlimmer die Gegner:innen gezeichnet würden, desto größer sei die Entlastung. So könne es an einem bestimmten Punkt für Menschen sinnvoll werden, dass es »noch schlimmer kommt, damit ihr es alle mal begreift und dann werdet ihr auch untergehen und euch wird es auch treffen«.

Hierin dürfte eine Erklärung dafür liegen, warum viele Menschen etwa bei Twitter fast manisch apokalyptische Nachrichten posten. Je düsterer die Botschaft, desto größer der Applaus – denn umso größer ist in einem solchen kommunikativen Kontext die kollektive Entlastung. In Verbindung mit den katastrophisierenden Mechanismen der Medienproduktion und -rezeption (→ K 12) entsteht so eine Spirale unbändiger Angst.

Auch der Psychoanalytiker Wolf-Detlef Rost verweist darauf, dass sich die Zerstörungswünsche und -ängste der Apokalyptiker:innen durch Projektion binden lassen: »Es gibt einen äußeren Feind, der uns bedroht und vernichtet werden muss, mit dessen angestrebter Vernichtung in der Fantasie die Bedrohung aufhören soll.«[21]

Diese Dynamik sei verständlich, weil die Krisen bei vielen Menschen starke Gefühle des Ausgeliefertseins und der Hilflosigkeit auslösen, sagt Habibi-Kohlen. Bei manchen führe dies zu Resignation und Apathie, bei anderen kippe es um in Wut und »eine phantasierte Rache gegenüber denen, die man als Täter oder als Klimaleugner ausmacht«.

Konsumlust als Ausdruck der Apokalypseangst

Eine »extrem verbreitete« Form der Apokalypseangst äußere sich in Konsumlust, sagt Habibi-Kohlen. »Sie lässt uns den gewohnten Konsum noch steigern mit dem ebenso scheinbar sicheren Rückhalt, dass die Menschheit sowieso untergehen wird in diesem Jahrhundert.« Dann müsse eben mitgenommen werden, was noch mitzunehmen sei: »Noch eben auf die Malediven fliegen, bevor sie weg sind.« Dieses rücksichtslose Verhalten habe eine Abwehrfunktion gegen Hilflosigkeit und Überforderung, die Menschen angesichts der Komplexität des Daseins und ihrer Entfremdung erleben. So versuche das Subjekt, den Mangel an Selbstwirksamkeit zu kompensieren. »Der Überkonsum tröstet und verspricht über den Fetischcharakter der Ware wieder Einswerdung und Verbundenheit«, so Habibi-Kohlen – eine Wiederverbindung mit der Welt. »Zugleich aber bringt der zweckfreie Konsum weitere Entfremdung mit sich, weil er den Menschen infantilisiert. Er schafft eine Passivität, die sich über alles andere legt.«

Diese Art von Konsum aber scheint vielen Menschen erstrebenswert, die sich im Zuge entfremdeter Arbeitsprozesse auf ihre gesellschaftliche Funktion als Arbeitskraft und Konsument reduziert erleben. Shopping bleibe ihnen so ein Freizeitvergnügen in einer Welt, in der ständig von der Notwendigkeit des Wachstums geredet, die Kosten dafür aber in Drittländer oder in die Atmosphäre ausgelagert werden. »Darüber wird aber nicht gesprochen, das wird abgespalten und wir fühlen das auch nicht mehr.«

Denn die Entfremdung des Menschen von sich selbst und der Natur schränke die Empathiefähigkeit enorm ein. Und so könne der, der negative Gefühle mit Konsumlust bekämpfen wolle, dies umso besser tun, je stärker die Überzeugung ist, dass ohnehin alles zu spät sei. In der Affirmation der Apokalypse steckt somit eine individualistische Möglichkeit emotionaler Abwehr.

Katastrophe und Heldentum

Dass die Apokalypse auch Anziehungskraft haben kann, weil sie zuvor ohnmächtigen Menschen Kraft verleiht – diesen Gedanken hat der Regisseur Lars von Trier 2011 in *Melancholia* inszeniert. Im Zentrum des Filmes steht Justine, eine junge Frau, die unter schweren Depressionen leidet und ständig den Weltuntergang kommen sieht. Dieser tritt tatsächlich ein. Und Justine, die zuvor aufgrund ihrer Depressionen völlig handlungsunfähig war, verwandelt sich. Als ein Komet auf die Erde zurast und klar wird, dass er die Erde auslöschen wird, nimmt sie das Heft des Handelns in die Hand. Unter anderem baut sie ihrem Neffen aus Zweigen eine »magische Höhle«, die ihn beschützen soll. Sie führt ihn hinein, nachdem sein Vater sich mit Tabletten umgebracht hat, und hält ihm und ihrer Schwester die Hand, als der Komet mit der Erde kollidiert und diese in einem Flammenmeer untergeht. Die anderen Personen versinken, Justine, die vorher melancholisch und so von Angst durchdrungen war, wird zur starken Figur.

»In der Begegnung mit dem Weltuntergang steckt ein unglaubliches ethisches Potential, in dem jeder die alltäglichen Sorgen und seine Ressentiments ablegen kann und plötzlich handlungsfähig oder zu Handlungen bereit wird, deren Potential vorher nur in ihm geschlummert hat«, sagt der Wiener Kulturhistoriker Christian Zolles.[22] Die Melancholie stehe damit immer auch mit der Apokalypse in Verbindung. Von Triers Film greift mit dem Kometen ein Motiv aus Albrecht Dürers Kupferstich *Melencolia I* aus dem Jahr 1514 auf, der eine engelhaft geflügelte, menschliche Gestalt zeigt.[23] Sie sitzt verstimmt und antriebslos auf dem Boden, während der Komet niedergeht. »Wer sich in der Gesellschaft isoliert fühlt, kann paradoxerweise in dem Moment, wo diese Gesellschaft beginnt auseinanderzufallen, eine neue Kraft entfalten und anderen unter die Arme greifen, weil er mit sozialen Grenzsituationen vertraut ist«, sagt Zolles.

Je absoluter die Katastrophe, desto größer die Heldenhaftigkeit desjenigen, der ihr entgegentritt. Dies könnte Teil der Erklärung sein, warum auf ganz anderen Gebieten als der ökologischen Krise der Kollaps geradezu beschworen wird (→ K 13, 16, 17). So hält die Apokalypse auch in ihrer säkularen Form ein neues Versprechen auf Erlösung für den bereit, der daran glaubt.

SIEBTER TEIL

DAS MORGEN OFFENHALTEN

Wie wir uns dem Fatalismus verweigern und unser Recht auf Zukunft verteidigen

22 Leben als Diskontinuität.
Worauf wir uns einstellen müssen

Rivers start to overflow, deep down in Mexico,
and the sun is shining brighter every day,
but the boomerang is coming back

Petrograd

Im Juni 2018, vier Monate bevor sie ihren berühmten »Schulstreik für
das Klima« startete, hatte Greta Thunberg getwittert: »Ein führender
Klimawissenschaftler warnt, dass der Klimawandel die gesamte
Menschheit auslöschen wird, wenn wir in den nächsten fünf Jahren
nicht aufhören, fossile Brennstoffe zu nutzen.«[1] Sie bezog sich auf den
Harvard-Geophysiker James Anderson. Der hatte bei einer Rede an der
Universität von Chicago im Januar 2018 allerdings nur gesagt, dass die
Welt bis 2023 aufhören müsse, fossile Brennstoffe zu verwenden.
Sonst seien die Auswirkungen auf die Polkappen irreversibel.[2]

2018: Nichts kann uns noch retten!

Thunberg löschte den Tweet später.[3] Doch er war symptomatisch für
diese Zeit. 2018 war wohl das Jahr, in dem vielen Menschen erstmals,
dafür aber mit voller Wucht, klar wurde, wie dramatisch die Klimakrise
ist. Szenarien deuteten auf eine Erwärmung von bis zu 5 Grad bis zum
Jahr 2100 hin und stellten menschliches Überleben infrage (→ K 4).[4]
Weil gleichzeitig von extrem kurzen Zeitfenstern zum Gegensteuern
die Rede war – der damalige britische Prinz und heutige König Charles
etwa sprach von nur 18 Monaten, um den »Klimawandel auf einem
überlebensfähigen Niveau zu halten«[5] – entstand das Bild von der Lage,
die für viele kaum noch rational zu erfassen, geschweige denn rechtzeitig gesellschaftlich zu verhandeln schien.

David Wallace-Wells' bereits zitierter Artikel »Die unbewohnbare

Erde« über eine Welt, »in der die Sonne uns kocht«[6], 2017 im *New York Magazine* und 2019 als Buch erschienen, war eines der wohl einflussreichsten Dokumente dieser Zeit. Was die realen Gefahren der Erwärmung angehe, »leiden wir an einem unglaublichen Versagen der Vorstellungskraft«, klagte Wallace-Wells und versuchte, ebenjener Vorstellungskraft auf die Sprünge zu helfen: Die Welt werde voller Stürme sein, »so stark, dass wir neue Kategorien zu ihrer Beschreibung erfinden müssen«. Miami und Bangladesch haben »keine Chance zu überleben«. Die Erde habe vor dem derzeitigen bereits fünf frühere Massenaussterben erlebt, die jeweils »die Evolutionsgeschichte so vollständig ausgelöscht haben, dass sie wie ein Zurückstellen der planetarischen Uhr wirkten«. Dies sei die beste Parallele für die »ökologische Zukunft, in die wir gerade kopfüber stürzen«. Es gehört nicht viel Fantasie dazu, sich vorzustellen, welche Wirkung solche Aussagen auf viele Menschen haben (→ K 21).

2022: Eine neue Klimawirklichkeit

Erstaunlicherweise war es genau derselbe Autor, der nur vier Jahre später einen ähnlich einflussreichen Text verfasste, der zwar keine Entwarnung gab, aber doch die Apokalypse absagte: Sein Artikel »Jenseits der Katastrophe. Eine neue Klimawirklichkeit kommt ins Blickfeld« erschien Ende Oktober 2022 in der *New York Times*. Der Kern des mehrseitigen Essays: Seit der Pariser Klimakonferenz 2015 und vor allem mit dem Aufkommen von Fridays for Future 2018 nahm der globale Klimaschutz in einer Weise Fahrt auf, dass die apokalyptischsten Szenarien nicht mehr wahrscheinlich sind (→ K 4). Statt auf plus 5 Grad steuert die Menschheit heute wohl auf plus 2 bis plus 3 Grad zu.

Wallace-Wells öffnete Raum für Hoffnung. Die *New York Times* publizierte seinen Text einige Tage vor der Weltklimakonferenz COP27 in Ägypten. Die »Klimazukunft sieht sowohl besser als auch schlechter aus als noch vor ein paar Jahren«, so Wallace-Wells.[7] Die schrecklichsten Vorhersagen seien durch die nun angelaufene Dekarbonisierung unwahrscheinlich geworden, die hoffnungsvollsten hingegen seien durch tragische Verzögerungen praktisch ausgeschlossen.

Die Ebene der Kämpfe

Die Bandbreite möglicher Zukunftsszenarien für das Klima werde immer kleiner, und so entstehe ein klareres Bild dessen, was auf uns zukommt: »Eine neue Welt voller Umbrüche, in der Milliarden von Menschen weit entfernt von jeder Klimanormalität leben, die aber gnädigerweise nicht unmittelbar vor einer echten Klimaapokalypse steht.« Dass die schlimmsten Temperaturszenarien nun viel weniger plausibel seien, stelle »in einer Zeit der Klimapanik und Verzweiflung ein unterschätztes Zeichen für einen weltgestaltenden Fortschritt dar«, so Wallace-Wells. Die Erkenntnis, dass eine »wirklich apokalyptische Erwärmung« heute wesentlich unwahrscheinlicher sei als noch vor ein paar Jahren, »entreißt die Zukunft dem Reich der Mythen und holt sie auf die Ebene der Geschichte zurück: umkämpft, kämpferisch, mit einer Mischung aus Leiden und Gedeihen – wenn auch nicht für alle Gruppen gleichermaßen.« Immer noch lägen die wahrscheinlichsten Zukunftsaussichten über Schwellenwerten, die als katastrophal eingestuft wurden – was einem Scheitern der globalen Bemühungen gleichkomme, die Erderwärmung auf ein »sicheres« Niveau zu begrenzen. »Da wir jahrzehntelang nur minimale Maßnahmen ergriffen haben, haben wir diese Chance vertan«, so Wallace-Wells. Vielleicht sei es noch beunruhigender, dass die Erwärmung selbst auf relativ moderatem Niveau immer gravierend scheine, je mehr man über sie herausfinde.

Aber noch vor fünf Jahren kannte niemand Greta Thunberg, Schulstreiks, Fridays for Future oder Extinction Rebellion, schreibt Wallace-Wells. Es gab keine ernsthafte Debatte über den Green New Deal der US-Demokraten, das Klimaschutzpaket Inflation Reduction Act der Biden-Regierung, den European Green Deal und Fit for 55 der EU oder das Versprechen Chinas, die Emissionen bis 2030 zu senken. Kaum ein Land der Welt habe ernsthaft über Net-Zero gesprochen, viele nicht einmal über Emissionsreduktion. »Heute unterliegen mehr als 90 Prozent des weltweiten Bruttoinlandsprodukts und mehr als 80 Prozent der globalen Emissionen Netto-Null-Zusagen unterschiedlicher Art, die alle eine umfassende Dekarbonisierung in historisch beispielloser Geschwindigkeit versprechen.« Es scheint, als hätte die Menschheit sich in diesen letzten Jahren einen gewissen Gestaltungsspielraum zurückerobert.

Wallace-Wells schreibt, er habe mit Wissenschaftler:innen, Politiker:innen, Anwält:innen, Aktivist:innen, Schriftsteller:innen und Philosoph:innen darüber gesprochen, wie man sich die neue Welt vorstellen müsse. Die NASA-Forscherin und Leitautorin des fünften Nationalen US-Klimagutachtens Kate Marvel (→ K 18) habe ihm versichert: »Die Welt wird so sein, wie wir sie gestalten«.

Die künftige Normalität: Transapokalypsen?

»Es geht nicht um alles oder nichts«, sagt der Klimaforscher Zeke Hausfather. »Es geht nicht darum, ob wir den Klimawandel in den Griff bekommen oder nicht, sondern darum, dessen Auswirkungen abzumildern.«[8] Es dürfe sich nicht die Vorstellung verfestigen, »dass wir entweder gerettet oder dem Untergang geweiht sind.« Tatsächlich würden alle in Zukunft unter der Erderwärmung leiden, weil die Emissionen nicht sofort zu stoppen seien, egal was geschehe. »Die Frage ist, wie viel Leid wir haben und wie viel wir retten können.«

Von der allgemeinen menschlichen Entwicklung sei dies nicht zu trennen. Die Fähigkeit der Gesellschaften, auf den Klimawandel zu reagieren, sei mit der Lösung aller anderen großen Probleme verbunden: Globale Gleichberechtigung, stärkere globale Institutionen, die Verteilung des Wohlstands seien der Schlüssel. »In einer Welt voller regionaler Konflikte, Isolationismus, schwachen Institutionen und einem hohen Maß an Ungleichheit und Armut ist die Menschheit viel anfälliger für die Auswirkungen des Klimawandels«, sagt Hausfather. Dürren etwa könnten Länder dann schneller an den Rand des Abgrunds treiben oder Kriege auslösen.

Der Blick auf die Prognosen der Vergangenheit zeigt vor allem eins: Kaum etwas tritt so ein, wie es vorhergesagt wurde (→ K 3, 5, 23). Was also erwartet die Menschheit? Die künftige Normalität lässt sich mit Alex Steffens Begriff der »Transapokalpyse« gut beschreiben: Wir werden in einem Zustand leben, in dem die Menschen sich dauerhaft gegen erodierende Lebensbedingungen stemmen müssen. Ein heroischer Ansatz nach dem Motto »Wenn wir scheitern, bedeutet das für uns das Ende von allem« bringe uns nicht weiter, so Steffen.[9] Leben und Gesellschaft könnten in Zukunft nur dann gelingen, wenn »wir uns zu Menschen formen, die auf einem Planeten, der sich in einer Dauerkrise befindet, erfolgreich sein können. Wir werden für den Rest unseres Lebens in Diskontinuität leben. Das ist jetzt unser Zuhause.«

Die Erfahrungen der Vergangenheit seien »bestenfalls ein unvollkommener Leitfaden für die neuen Gegebenheiten«, so Steffen. Was etwa wo und wie gut wachse, der Verlauf der Jahreszeiten, welche Gefahren man ignorieren könne und welche Wachsamkeit erfordern, wie Häuser gebaut und Städte geplant werden müssen, ob auf Infrastruktur und Versorgungsketten (→ K 10) Verlass sei – all dies sei stärkeren Wandlungen unterworfen.

Man werde mit Wohlstandsverlusten bezahlen, wenn Stürme über das Land fegen, wenn ein Kälteeinbruch ein ganzes Land in die Dunkelheit stürzt oder wenn ein neuartiges Fledermausvirus eine globale Pandemie auslöst. »Noch mehr aber werden wir alle unter dem ständigen Ausbluten der Ressourcen leiden: wenn die Kosten für Lebensmittel steigen, wenn Dürren zunehmen, wenn Wasser rationiert wird, oder wenn wir Klimaanlagen und Luftreiniger kaufen müssen, um die bisher immer sonnigen, klaren Sommer zu überstehen, die jetzt aber glühend heiße, rauchgeschwängerte Monate sein können«, schreibt Steffen. »Fast alle direkten Folgen des Klimawandels nehmen uns etwas weg.«

Doch die Erfahrung, dass einige der zurückliegenden Krisen unterm Strich nicht allzu schlecht ausgingen, kann dabei helfen, sich auf diese Situation einzustellen. Viele staatliche Antworten auf die Covid-Pandemie waren letztlich trotz aller Schwierigkeiten nicht falsch. Noch vor wenigen Jahrzehnten hätte das Virus wohl einen weit größeren Anteil der Menschheit getötet. Weitere Pandemien werden folgen, auf die gemachten Erfahrungen und Forschungsergebnisse lässt sich aufbauen. Auch die befürchtete globale Wirtschaftskrise und ein Gasmangel durch den Krieg in der Ukraine wurden halbwegs verhindert. Das gesteigerte Bewusstsein für die Gefahren von großer Hitze und das neu verbreitete

Wissen um die damit verbundene Übersterblichkeit, zogen schon bald eine große Debatte um Maßnahmen wie Hitzeschutzpläne nach sich.

Viele, die Krisen erforschen, weisen auf ihr unvorhersehbares Potential für Veränderungen hin. Die Ölkrise von 1973 etwa hatte zur Folge, dass vermehrt AKW gebaut wurden. Das wiederum ließ eine starke Umweltbewegung entstehen, auf deren Druck viele der ökologischen Verbesserungen der 1980er-Jahre (→ K 3) zurückgehen. Die Umweltbewegung wird künftig mit dem Widerspruch umgehen müssen, dass heute immer neue Technologien die von ihr geforderte notwendige Transformation möglich machen, diese Technologien aber gleichzeitig dazu instrumentalisiert werden, um Menschen zu suggerieren, sie könnten ihren Lebensstil unangetastet lassen.

»Wer in Afrika lebt, ist jeden Tag mit Katastrophen konfrontiert«, sagte mir meine in Uganda lebende *taz*-Kollegin Simone Schlindwein. Seit 15 Jahren berichtet sie über die Region der großen Seen, in der sich Kriege, Armut, Vertreibung, Epidemien und Naturkatastrophen ballen. »Die Europäer haben sich an eine Sicherheit gewöhnt, die anderswo auf der Welt keineswegs normal ist. Sie werden sich umgewöhnen müssen.«

Dazu gehört, sich der Verdummungs-Maschinerie zu verweigern, die den Menschen einredet, sich schon als Klimaretter aufspielen zu können, wenn sie bloß den Stromanbieter wechseln. Dazu gehört auch, sich der Tatsache zu stellen, dass Wohlstand und Sicherheit schrumpfen werden und es nicht mit Wärmepumpen und Elektroautos getan sein wird.

Das wird schwierig. Aber es ist nicht das Ende der Welt.

23 Eine Welt zu gewinnen: Wer mündig bleiben will, glaubt an seine Zukunft

The Future is unwritten

Joe Strummer

Als der Kibbuz Chazerim 1946 gegründet wurde, war die Negev-Wüste ein unwirtlicher Ort. Dort, wo die klassenlose Agrargemeinschaft jüdischer Siedler:innen entstehen sollte, fielen nur gut 100 Millimeter Regen im Jahr.[1] Für Landbau zu wenig. Doch die Kibbuzim spezialisierten sich auf neue Bewässerungstechnologien, und 1959 konnte Simcha Blass, ein in Chazerim lebender Ingenieur, ein neuartiges System zur Tröpfchenbewässerung vorstellen.[2] Mitten in der Wüste vermochte der Kibbuz damit ein bis heute grünes Meer aus Jojobasträuchern zu schaffen. Das dem Kibbuz gehörende Bewässerungsunternehmen Netafim stieg zum Weltmarktführer auf, die rund 800 Mitglieder halten bis heute an ihren sozialistischen Idealen fest.[3] Während andere Kibbuzim privatisiert sind, wird in Chazerim Wäsche in einer Gemeinschaftswaschküche gewaschen, die Bewohner:innen essen gemeinsam im Speisesaal, das Kollektiv trägt Verantwortung für alle Mitglieder.[4]

Es kann nicht schaden, an solche Geschichten zu erinnern. Denn die Siedler:innen hatten genau das, was vielen heute fehlt: Die Vorstellung von einer guten, gemeinsamen Zukunft in und trotz einer widrigen Umwelt – und die Kraft, diese Zukunft kollektiv zu gestalten.

Wen überzeugt der Fortschritt?

Unsere Gegenwart beschreibt die Gruppe Nevermore indes als einen steten Schwund von Zukunft. Dem »Spektakel des Untergangs« sei Geschichte als »Chance der Entfaltung humaner Kräfte bis zu ihrem

Optimum« entgegenzustellen.[5] Der Glaube an eine solche fortschrittliche Zukunft ist ein urlinkes Thema: Die Proletarier:innen hätten »eine Welt zu gewinnen«, schrieb Karl Marx ins Kommunistische Manifest.[6] Heute, da der »Verlust der vertrauten Welt« (→ K 3) droht, gilt das vielleicht mehr denn je.

Marx öffnete den gedanklichen Raum für eine selbstbestimmte Weltgestaltung, und mit der sich im 19. Jahrhundert entwickelnden Technik, der neuen Rolle der Universitäten, die nicht bloß altes Wissen weitergeben, sondern neues schaffen sollten, der Professionalisierung und Arbeitsteilung, entstand zeitgleich ihre praktische Grundlage.

Nicht einmal 200 Jahre später ist vielen aber eine gute Zukunft kaum mehr vorstellbar. Veränderungen erscheinen vielen Menschen nicht als Folge von Weltgestaltung, sondern als Zerstörung und Zerfall, die sich ihrem Einfluss entzogen haben. In den apokalyptischen Bildern und Projektionen fehlen Hoffnung und Zuversicht, es fehlt die Möglichkeit von Glück. Und die vielen kaum mehr fassbar scheinenden Krisendynamiken verdrängen das Bewusstsein für das, was Fortschritt und soziale Kämpfe bis heute möglich machten.

Vor 200 Jahren lag die durchschnittliche Lebenserwartung in Europa bei etwa 33 Jahren.[7] Heute sind es global 73 Jahre.[8] Vor 200 Jahren lebten 96 Prozent der Weltbevölkerung in extremer Armut, heute sind es rund 8 Prozent.[9] In allen Weltregionen ist die Bevölkerungszahl enorm gestiegen, der Anteil Armer fiel überall stark. Vor 100 Jahren mussten Menschen in Deutschland im Schnitt fast zwei Drittel ihres Einkommens für Essen ausgeben, heute ist es rund ein Siebtel.[10] 1903 gab es zum ersten Mal überhaupt bezahlte Urlaubstage – und zwar drei pro Jahr.[11] Heute haben Menschen in Deutschland im Schnitt 32,1 Tage pro Jahr frei – ohne Feiertage.[12] Wer zur Zeit des Zweiten Weltkriegs geboren wurde, arbeitete zu Beginn seines Arbeitslebens regulär etwa 2500 Stunden im Jahr. Heute macht eine volle Stelle 1700 Stunden im Jahr aus – das sind rund 100 Acht-Stunden-Tage weniger.

Immer mehr Menschen erscheint es heute unmöglich, diese spektakuläre Erfolgsgeschichte sozialer Kämpfe und technischen Fortschritts für die Zukunft weiterzudenken: Weil sich die Macht des Menschen über den Planeten, die den Fortschritten zugrunde liegt, vor allem wegen seines Energiehungers als zunehmend zerstörerisch erweist. Und weil die Fortschrittsgewinne seit jeher ungleich verteilt sind und der Neoliberalismus diese Ungleichheit in jüngster Zeit weiter radikalisiert hat – innerhalb von Gesellschaften ebenso wie global. Das triggert Ängste vor Abstieg, Wohlstandsverlust – und nicht zuletzt auch vor Geflüchteten.

Die Zukunft ist offen

Doch weder Zerstörungen noch die Tatsache, dass die Lebenschancen zwischen heute Neugeborenen in Baden-Baden und in Bamako kaum ungleicher verteilt sein könnten, sind naturgegeben. Zu viele aber scheitern daran, sich die Veränderbarkeit dieser Dinge bewusst zu halten. Oder sie glauben, dass die Zeit nicht mehr ausreicht, um die Dinge zum Besseren zu wenden.

Wissenschaftliche Vorhersagen scheinen in ihrer rationalen Autorität unerbittlich. Doch so umfangreich das gesammelte Wissen heute auch sein mag – nicht alles tritt genauso ein, wie vorhergesagt. So hat etwa kaum jemand so klar auf die existenziellen ökologischen Risiken hingewiesen wie der Club of Rome. Und doch hat er die Entwicklung nicht kommen sehen, die nur kurze Zeit später erneuerbare Energien in Massen verfügbar machten.

Der Wunsch, Wissen über die Zukunft zu generieren, treibt die Menschheit seit den Anfängen ihrer Geschichte an. In der Zukunft könne »alles passieren«, deshalb sei es so wichtig, sie »zu ordnen und damit ihren Schrecken zu bannen«, schreibt der Philosoph Friedrich Weißbach.[13] Er betreibt ein »Institut für Chaos« genanntes Kulturzentrum in Berlin. Menschen wollen die Zukunft kennen, um auf sie schon im Vorhinein reagieren und sie verändern zu können. »Und das impliziert immer auch, dass die Zukunft anders sein kann und somit nicht vorhersehbar ist.«

Rolf Scheuermann vom Heidelberger CAPAS erinnert daran, dass die Menschen seit jeher glauben, bei Prognosen die Forschung auf ihrer Seite zu haben – auch, als sie sich noch auf Prophezeiungen oder Astrologie verließen. Auch in dieser habe einst viel mathematische

Berechnung gesteckt. »Später wird man vielleicht auf die Prognose-kräfte von heute genauso schauen wie wir jetzt auf die alten«, sagt Scheuermann. Denn nicht nur der Stand der Wissenschaft verändere sich stetig, sondern auch die Vorstellung davon, was Wissenschaft ist.

An der Notwendigkeit, auf Grundlage des heutigen Wissensstandes gegen die Klimakrise vorzugehen, ändert das nichts. Doch kann der Gedanke an die begrenzte Aussagekraft düsterer Prognosen allemal dabei helfen, sich von ihnen nicht lähmen zu lassen und Vertrauen in den Selbsterhaltungstrieb der Menschheit zu bewahren.

Der Historiker Stefan Brakensiek hat erforscht, wie frühere Gesell-schaften angesichts einer als unsicher wahrgenommenen Zukunft ge-handelt haben. Schon nicht-moderne Gesellschaften hätten »Kontin-genzmanagement«, also eine Vorbereitung auf mögliche Risiken betrieben. »Für die meisten Gesellschaften war das handlungsleitend«. Und das Potenzial, das Handeln an krisenhafte Erscheinungen anzu-passen, sei zuletzt »extrem gewachsen«, sagt Brakensiek.

Eigentlich gute Voraussetzungen für die Krisen von heute also. Und trotzdem erscheint die angemessene »Vorbereitung auf das Mögliche« heute vielen unrealistisch: Wie soll etwa die Macht der Fossillobby ge-brochen werden, wenn sie selbst bis an die Spitze der Weltklimakon-ferenz reicht und die COP28 im Dezember 2023 in Dubai vom Chef des staatlichen Ölkonzerns von Abu Dhabi geleitet wird?

Die »offene Zukunft«, also eine, die in der eigenen Hand liegt, habe für das Selbstverständnis der europäischen Gesellschaften des 19. Jahr-hundert eine wichtige Rolle gespielt, sagt Brakensiek – was vor allem eine Folge der Aufklärung war. Doch der Gedanke an die offene Zu-kunft kannte auch damals schon eine Nachtseite: »Apokalyptisches Denken scheint im Imaginarium Europas tief verwurzelt und hat Auf-klärung und Säkularisierung ziemlich unbeschadet überstanden.«

Skepsis trotz zahlreicher Erfolge

Einiges deutet darauf hin, dass sich dies in den vergangenen Jahrzehn-ten verstärkt hat. Das Hamburger Institut für Sozialforschung hat den Wandel des Fortschritts- und Zukunftsverständnisses der westdeutschen Linken seit 1980 untersucht.[14] Diese Phase der »Geschichte nach dem Boom« der 1950er- bis 1970er-Jahre sei gekennzeichnet von »wachsender Fortschrittsskepsis« und einem »schwindenden Glauben an große Sozialutopien«, schreiben die Forscher:innen. »Der Zukunftsoptimismus, der bis dahin das moderne Denken gekennzeichnet hatte, schien durch Vorstellungen ersetzt zu werden, in der die Zukunft einer Gestaltung durch den Menschen entzogen war.« Das stellte die ideengeschichtlichen Wurzeln der Neuen Linken infrage: den Fortschrittsglauben des Sozialismus.

Zwei Faktoren waren dafür zusammengekommen: Ein gewachsenes Bewusstsein für die Gefahren der technischen Moderne (→ K 3, 19) und die Unfähigkeit, nach dem Zusammenbrechen des Sozialismus 1989 ein zugkräftiges Gegenmodell zum Neoliberalismus zu entwickeln. Die mexikanischen Zapatistas vermochten mit ihrem Aufstand 1994 kurzzeitig Aufbruchstimmung zu verbreiten. Doch ihre Idee von einer alternativen Globalisierung hatte in der Zeit des »Kampfes gegen den Terror« nach 2001 keinen Bestand. In diesem Vakuum machte sich die Zukunftsskepsis breit – und hält sich.

Die guten Nachrichten von heute verhallen da schnell. Wer spricht schon davon, dass in Deutschland Mitte Juni 2023 nur halb so viel Kohlestrom wie in der gleichen Woche im Vorjahr produziert wurde?[15] Dass die Solarstromproduktion exponentiell wächst?[16] Dass 2023 die Ökostromerzeugungskapazität weltweit um mehr als ein Drittel ausgebaut wird – und 2024 noch mal?[17] Dass es im globalen Automobilmarkt einen »Kipppunkt weg vom Verbrenner« gibt?[18] Dass es Forscher:innen kürzlich gar gelang, Strom aus Luftfeuchtigkeit zu gewinnen?[19]

An den Filterblasen und Timelines vieler, denen solche Nachrichten neuen Mut geben könnten, rauschen sie einfach vorüber. Was hängen bleibt, sind die steten Negativrekorde. Den Blick vom Katastrophischen abzuwenden, fällt schwer. Über die Vorbereitung auf die Klimakonferenz COP28 in Dubai schrieb der Journalist und Klimaexperte Bernhard Pötter: »Wenn wir denken, dass es aus ist, dann ist es wirklich aus.« Und vielleicht heißt das auch: *Erst* wenn wir denken, dass es aus ist, ist es wirklich aus.

Noch vor wenigen Jahren interessierte das Klima nur wenige –, heute könnte es kaum zentraler verhandelt werden. Mit Fridays for Future wurde die globale Klimabewegung in nur wenigen Jahren zur größten sozialen Bewegung überhaupt. Ohne eine solche wird es nicht gelingen, den notwendigen politischen Druck aufzubauen, um die Lobbymaschinerie der Fossilindustrie zu stoppen und sie daran zu hindern, die verbleibenden Brennstoffe aus der Erde zu holen. Es braucht die Klimabewegung, um gleichzeitig das legitime Interesse an billiger Energie vor allem im Globalen Süden mit ökologischen Erfordernissen in Einklang zu bringen.

Die globale Mobilisierung für das Klima gibt Hoffnung, die Welt vor ihrer Zerstörung schützen zu können. Gleichzeitig konkurriert sie mit autoritären Krisenantworten, die heute zunehmend Anklang finden: Eine kürzlich veröffentlichte Befragung des Progressiven Zentrums unter Teilnehmer:innen der sogenannten Montagsdemos in Gera und Chemnitz offenbarte ein »tief sitzendes Misstrauen gegenüber den politischen Akteur:innen« sowie »Antiamerikanismus und Nationalismus«.[20] Viele der Befragten sind der Meinung, klimapolitische Maßnahmen wie der schnelle Umstieg auf erneuerbare Energien würden »den Industriestandort Deutschland gefährden«. Verantwortung trage Deutschland zuallererst für das Wohlergehen der Deutschen. Verbreitet waren unter den Teilnehmenden auch die Ablehnung politischer Parteien und ein Wunsch nach Unmittelbarkeit, also ein autoritäres und antiliberales Politikverständnis. »Den Befragten dienen diese Elemente zur Interpretation der Vielfachkrise der letzten Jahre«, schreibt das *nd*.[21]

Solche Einstellungen sind heute nicht nur in westlichen Gesellschaften weit verbreitet. Sie sind Ergebnis einer autoritären Wende und populistischer Agitation, die Krisen nur als Folge korrupten Elitenhandelns zu verhandeln imstande ist. Und sie lassen die Räume für fortschrittliche Antworten auf die Krisen dramatisch schrumpfen. Doch dem lässt sich entgegentreten. Etwa mit der Suche nach einem »Kosmopolitismus von Unten«[22], dem Tasten nach neuen Formen einer globalen Demokratie, der Suche nach »gemeinsamen Welten« und Formen solidarischen Zusammenwirkens als Gegenmodell zum autoritären Nationalismus.

Möglichkeiten zur Veränderung

Der Unterschied zwischen fortschrittlichen und autoritären Antworten auf die Krise lässt sich dabei nach der Politikwissenschaftlerin Nadja Meisterhans als Unterschied zwischen Dystopie und Apokalypse beschreiben: In der Dystopie steckt »ein latentes Moment der Utopie«. Im Gegensatz zum apokalyptischen Denken arbeite die Dystopie nicht mit Prophezeiungen des Weltuntergangs, Verschwörungsideen oder angeblichem absolutem Wissen. Sie sei vielmehr ein Weckruf, sie frage, was passiert, wenn die Macht- und Herrschaftsstrukturen nicht verändert werden. Die dystopische Erzählung könne das Unbehagen und manifeste Leiden »fantasievoll benennen« und in der Kritik des Bestehenden zumindest implizit auf Veränderbarkeit zielen und diese so ermöglichen.

Wohin aber soll die Veränderung führen?

Die Philosophin Eva von Redecker glaubt, dass die Vorbereitung auf das Kommende nur darin bestehen kann, das Teilen zu üben.[23] Das Privileg des 21. Jahrhunderts werde sein, nicht reisen, auswandern oder gar fliehen zu müssen. Sondern einen Ort zu haben, der bestehen bleibt, von dem man nicht wegmuss. »Es stellt sich dramatisch die Frage: Wie können wir auf anständige Weise diese Orte teilen, wie sie erhalten und für die Welt öffnen?«

Andere, wie der Soziologe Ulrich Brand, verweisen auf die Notwendigkeiten des Umbaus der Ökonomie, für den es nach einem »Vierteljahrhundert neoliberaler Gehirnwäsche« jedoch vielfach an Vorstellungskraft und Akzeptanz mangele.[24] »Die Orientierung an ökonomischem Wachstum ist tief in die Institutionen und Denkweisen kapitalistischer Gesellschaften eingelassen«, schreibt Brand. Dem sei nicht mit abstrakten Ideen wie »weniger Wachstum ist besser« zu begegnen, sondern nur in einer Infragestellung von »tief verankerten gesellschaftlichen Sinnzusammenhängen«, etwa der Auto-Mobilität. Nur so könne der »stumme Zwang der ökonomischen Verhältnisse« in einen demokratischen Prozess stärkerer Planung überführt werden. Brand schrieb das schon 2005. Die Reaktionen etwa auf das Gebäude-Energiegesetz der deutschen Ampel-Regierung im Mai 2023 zeigen, wie recht er hatte:

Der Versuch einer an den ökologischen Notwendigkeiten orientierten politischen Planung konnte allein mit der Aktivierung fehlgeleiteter Affekte (»Heiz-Stasi«, »Freiheit«) zurückgeschlagen werden.

Eine andere Möglichkeit von Fortschritt und Veränderung, die weniger auf der gesamtgesellschaftlichen als auf individueller Ebene angesiedelt ist, hat der schwedische Arzt Hans Rosling beschrieben. In seinem 2018 erschienenen Weltbestseller *Factfulness* verweist er auf die Fortschritte in der Welt – und wie sehr Menschen diese unterschätzen. Rosling versucht damit, Ängste zu lindern und Energien in konstruktives Handeln umzuleiten. Er bezeichnet sich als »Possibilisten« und vertritt die Auffassung, dass der Fortschritt auch am Einzelnen hängt. Das trifft nicht nur auf Menschen wie Greta Thunberg zu. Schon ein Blick auf das, was die Zivilgesellschaft heute etwa an den europäischen Außengrenzen oder im Mittelmeer leistet, bestätigt Roslings Auffassung: Innerhalb weniger Jahre hat eine anfangs sehr kleine Gruppe Freiwilliger aus dem Nichts eine Infrastruktur zur Seenotrettung und Initiativen wie das Alarm-Phone aufgebaut. Seit 2015 dürfte dies Hunderttausenden das Leben gerettet haben. Es ist eine praktische und gleichzeitig zutiefst politische Antwort auf herrschendes Unrecht und ein Ausdruck gesellschaftlicher Gegenmacht, von der sich viel lernen lässt.

Ein Blick in die globale Zivilgesellschaft zeigt viele solcher Beispiele. Oft geht es dabei darum, Rechte einzufordern – soziale Menschenrechte etwa, wie das Recht in einer »sicheren, sauberen, gesunden und nachhaltigen Umwelt« zu leben.

Das Recht auf Zukunft

Der Humangeograf Carsten Felgentreff von der Universität Osnabrück erforscht seit Jahrzehnten die sozialen Folgen sogenannter Naturrisiken, also etwa Dürren, Brände, Überschwemmungen – all das, was der Klimawandel in noch stärkerer Intensität mit sich bringt. Für ihn liegt der Schlüssel zur Anpassung daran auf der Ebene des Rechts. »Wenn man Menschenrecht ernst nehmen würde, würden sich viele andere Debatten erübrigen«, sagt er. »In Staaten, in denen Politiker sich in freien Wahlen legitimieren lassen müssen und wo eine freie Presse offen über Unrecht berichtet, dort verhungern Menschen nicht massenhaft.« Felgentreff bezieht sich dabei auf den Ökonomen Amartya Sen, der sich umfassend mit dem Zusammenhang von politischer Freiheit und sozialer Entwicklung befasst hat. Die beste Antwort auf die Klimakrise seien demnach »rechtebasierte Ansätze für alle«. Denn die Härte, mit der bestimmte Krisen einzelne Menschen treffen, ist extrem ungleich verteilt. Und dies hat viel mit ihrer gesellschaftlichen Stellung zu tun. Diese zu verbessern sei künftig noch »wichtiger als Technologie«, sagt Felgentreff.

Beispiele dafür gibt es – etwa die erfolgreichen Klimaklagen von Fridays for Future, oder die Klagen des European Center for Constitutional and Human Rights (ECCHR) in Berlin, das mit juristischen Mitteln gegen Menschenrechtsverletzungen vorgeht. So ist die Durchsetzung des »Rechts auf Rechte« heute die angemessene Antwort auf die gefährliche Entwicklung der Erde. Doch weiter vorstellbar ist das nur, wenn zivilgesellschaftliche Gestaltungsmacht und Selbstwirksamkeit nicht verkümmern.

Der Wissenschaftshistoriker Jürgen Renn glaubt, dass es nicht darum geht, zwischen »Beschwörung der Apokalypse und andererseits Fortschrittsglauben zu wählen«. Beides sei ein Glauben an Automatismen. Gestaltungsmacht könne sich auch nicht in Technologie erschöpfen. Die Herausforderung sei, »die Gesellschaft so zu organisieren, dass sie auf Krisen Antworten findet«. Zum Beispiel müsste hierzulande um eine Antwort auf die ungelöste Frage gerungen werden, wie die »Energiewende made in Germany«, an der sich heute so viele Debatten aufhängen, »global skalierbar« werde. »Diese Zusammenhänge zu denken, öffentlich zu diskutieren, dafür Handlungsmöglichkeiten zu finden« – darin sieht Renn die besten Chancen für eine wiederzuentdeckende Selbstwirksamkeit.

Würde die Gesellschaft sich »in aller Ehrlichkeit der Wirklichkeit stellen«, dann wäre das »kein Moment der Verzweiflung, sondern ein Moment der Befreiung«, sagt Luisa Neubauer, die deutsche Sprecherin von Fridays for Future. Es ermögliche, für echte Lösungen einzustehen. Und das »wird sich lohnen«.[25]

Die heutige Generation ist nicht die erste, die Krisen von überwältigender Dramatik erlebt und glaubt, keine Zukunft zu haben. Nicht nur im 20. Jahrhundert ging es schon anderen so. Wirklich neu sind aber ihre Möglichkeiten, sich in noch nicht gekannter Weise zu vernetzen – und so Einfluss auf die Zukunft zu nehmen.

Das erfordert mehr als die Anpassung an die kommenden Katastrophen. Es verlangt die demokratische Kontrolle von Wirtschaft und Ressourcen sowie den Schutz der Natur. Denn dass dies gestern nicht gelang, hat die Probleme von heute erst so groß werden lassen. Es verlangt, Solidarität zu erhalten und zu stärken, wenn um uns herum die Ressourcen erodieren. Es verlangt, Fortschritt, Rationalität und Offenheit zu behaupten gegenüber Autoritarismus und Populismus, die das Heil in der Abschottung suchen, aber nicht finden werden. Es verlangt Fantasie für neue Ideen von einem guten Leben, das mit weniger auskommt. Es erfordert, Akzeptanz zu schaffen für Einschränkungen, vor allem aber für Umverteilung. Denn das Überleben, das so viele in Frage gestellt sehen, ist heute in erster Linie eine Frage der globalen Gerechtigkeit.

Anhang

Anmerkungen

[Alle Webadressen wurden zwischen 10. und 20. Juni 2023 überprüft, verkürzt und waren in diesem Zeitraum abrufbar. Einige der zitierten Texte verbergen sich hinter einer Bezahlschranke.]

Apocalypse Now?
Comeback einer Urangst

1 Konstantin von Hammerstein/Klaus Wiegrefe: »Die Russen haben ein kluges Spiel gespielt«, Interview mit Christopher Clark, *Der Spiegel*, 04.12.2022, https://tinyurl.com/konstantinvonhammerstein.

2 »Briefing: Was ist Klimaangst?«, Avaaz, o. D., https://tinyurl.com/bdhm6uyf.

3 Niko Paech: »Geplatzte Seifenblase«, *taz*, 28.07.2019, https://tinyurl.com/mknamet8.

4 So nannte der Philosoph Slavoj Žižek sein 2011 erschienenes Buch. Er vertritt darin die These, dass der Kapitalismus durch die ökologische Zerstörung, die Ungleichgewichte innerhalb des Wirtschaftssystems und die sozialen Spaltungen seiner finalen Krise entgegengehe. Slavoj Zizek, *Living in the end times*, London, Verso 2011.

5 Jonathan Franzen: »What If We Stopped Pretending?«, *The New Yorker*, 08.09.2019, https://tinyurl.com/4dast7an.

6 »Potsdamer Klimaforscher: ›Franzen erzählt völligen Unsinn‹«, *Märkische Allgemeine Zeitung*, 21.02.2020, https://tinyurl.com/muruujba.

7 »Apokalypse Resistance Training«, Peace Research Institute Frankfurt, o. D., https://tinyurl.com/ctfwvd8k.

8 David Spratt/Ian Dunlop: »Existential climate-related security risk: a scenario approach«, Analysis & Policy Observatory, 22.05.2019, https://tinyurl.com/3cbcryz9; Florence Gaub et al.: *Global Trends to 2030. Challenges and Choices for Europe*, European Strategy and Policy Analysis System, April 2019, https://tinyurl.com/ps6epndy, S. 9.

9 »Global temperatures on track for 3–5 degree rise by 2100: U.N.« Reuters, 29.11.2018, https://tinyurl.com/4hxvsscx; Katharina Wecker: »Domino effect could heat Earth 5 degrees«, Deutsche Welle, 06.08.2018, https://tinyurl.com/2edc3pyx.

10 David Wallace-Wells: »The Uninhabitable Earth«, *New York Magazine*, 10.07.2017. https://tinyurl.com/yeyf2wnv; deutsche Übersetzung des Artikels in: *Der Freitag*, Ausgabe 29/2017, https://tinyurl.com/mv5acbxp.

11 David Wallace-Wells: »Beyond Catastrophe. A New Climate Reality Is Coming Into View«, *The New York Times*, 26.10.2022, https://tinyurl.com/28c99r47.

12 »Aktuelle Informationen des BfArM zur eingeschränkten Verfügbarkeit von paracetamol- und ibuprofenhaltigen Fiebersäften für Kinder«, Bundesinstitut für Arzneimittel und Medizinprodukte, 22.12.2022, https://tinyurl.com/2as4cu2b.

13 Jörg Phil Friedrich: »Das Zeitalter der Pandemien geht gerade erst los«, *Die Welt*, 25.11.2020, https://tinyurl.com/3aev4pmc; Leander Beil: »Pandemien der Zukunft. Wie können wir die Ausbreitung von Viren eindämmen?« ARD alpha, 03.01.2023, https://tinyurl.com/5n6hr863.

14 Kerstin Sischka/Jonas Bolduan: »Fragile States – apokalyptische Seelenzustände und ihre Vergemeinschaftung«. In: Georg Schäfer/Rupert Martin/Ingrid Moeslein-Teising (Hg.): *Zeitdiagnosen!?*, Gießen, Psychsozialverlag 2021, S. 163–185.

15 Wolfgang Pohrt: »Zukunftsangst als Drohgebärde der Bedrängten«, Werke 5.1, Berlin, edition TIAMAT 2018.

16 Furedi, Frank: *The Culture of Fear Revisited*, London, Continuum 2006.

17 Wolf-Detlef Rost: »Die Apokalypse aus psychologischer Sicht«, Bundeszentrale für politische Bildung, 11.12.2012, https://tinyurl.com/munuza32.

18 Alexander-Kenneth Nagel: »Das Ende der Welt, wie wir sie kennen? Die moderne Apokalypse ist ein Aufruf zum Handeln«, *Der Tagesspiegel*, 01.09.2022, https://tinyurl.com/mr3bw4zt.

19 Tadzio Müller: »Coming out Nr. 6, oder: Hallo, mein Name ist Tadzio, und ich bin klima-depressiv«, Friedliche Sabotage, 28.07.2022, https://tinyurl.com/3vzur7d5.

20 »Donots-Sänger Knollmann hält die Menschheit für ›strunzdumm‹«, *Süddeutsche Zeitung*, 31.01.2023, https://tinyurl.com/2vfaumhz.

21 Gespräch mit dem Autor, 17.04.2023.

22 Barbara Beer: »Die Angst vor dem Weltuntergang ist auch nicht ganz neu«, *Kurier*, 03.04.2022, https://tinyurl.com/53pwp897.

23 Gespräch mit dem Autor, 19.10.2022.

24 »The Committee's Choice & People's Choice for Word of the Year 2020«, Macquarie Dictionary Word of the Year, 07.12.2020, https://tinyurl.com/5b97ambp.

25 »A New World from the Ashes of the Old«, CrimethInc, https://tinyurl.com/sscujynf.

Kapitel 1 – Rente? Nicht nötig:
Wie die Hoffnung auf das Morgen schwindet

1 Frédéric Schwilden: »Liege im Bett und weine, weil ich Angst habe, dass meine Familie stirbt«, *Die Welt*, 09. 02. 2022, https://tinyurl.com/bd9r5xyf.

2 Gabriela Graber/Christiane Binder/Deborah Gonzalez: »Ich habe keine Lust, mich um Lebensmittel zu prügeln«, 20min.ch, 02. 02. 2022, https://tinyurl.com/5n6hmk6v.

3 »Wir sind auf dem Highway zur Klimahölle«, ZDF, 07. 11. 2022, https://tinyurl.com/2p8t9jy9.

4 Gaub et al.: *Global Trends to 2030.*

5 »Briefing: Was ist Klimaangst?«, avaz.org, https://tinyurl.com/bdhm6uyf.

6 Caroline Hickman/Elizabeth Marks/Panu Pihkala et al.: »Climate anxiety in children and young people and their beliefs about government responses to climate change. a global survey«, *The Lancet*, Dezember 2021, https://tinyurl.com/mvpcxz2f.

7 »UNICEF Poll: African youth report reconsidering having children due to climate change at higher rate than youth from other regions«, unicef.org, 09. 11. 2022, https://tinyurl.com/24dmj8ej.

8 »Umfrage unter Kindern zu Nachhaltigkeit und Umwelt 2022«, Statista Research Department, 26. 01. 2023, https://tinyurl.com/mhwcb3aa.

9 »Klimakrise belastet junge Menschen stark – bis hin zur Depression«, geo.de, 27. 01. 2023, https://tinyurl.com/y5t7azuh.

10 Aron Lenny Teuscher: »Nicht so kompliziert wie gedacht«, Interview mit Anders Levermann, *taz*, 03. 02. 2023, https://tinyurl.com/y9fx322j.

11 »Krieg und Klimawandel machen den Jugendlichen in Deutschland mehr Sorgen als Corona«, Bertelsmann Stiftung, 15. 08. 2022, https://tinyurl.com/bdhu6mjj.

12 »Große Sorgen Jugendlicher: Inflation, Krieg, Klimawandel aber viel weniger Corona«, KiJuKU, 30. 11. 2022, https://tinyurl.com/yuc4ux3.

13 Tristan Horx: »Jugenddepression«, *Kronen Zeitung*, 06. 02. 2023.

14 Arthur Fischer/Yvonne Fritsche/Werner Fuchs-Heinritz/Richard Münchmeier: *Jugend 2000, 13. Shell Jugendstudie*, Opladen, Leske + Budrich 2000.

15 Susanne Gaschke: »Zwischen Woken und Querdenkern«, Interview mit Juli Zeh und Simon Urban, *Neue Zürcher Zeitung*, 21. 01. 2023, https://tinyurl.com/3dbsxm2f.

16 Mathias Albert/Klaus Hurrelmann/Gudrun Quenzel: *Jugend 2010. 16. Shell Jugendstudie*, Frankfurt a. M., S. Fischer 2010.

17 »Generation Dauerkrise? Neue Trendstudie Jugend in Deutschland veröffentlicht«, Hertie School, https://tinyurl.com/27aywuuf.

18 Zitiert nach Laura Schindler: »Was die Krisen mit jungen Menschen machen«, Tagesschau, 21. 11. 2022, https://tinyurl.com/y9p2b6tb.

19 Gespräch mit dem Autor, 30. 01. 2023.

20 Svenja Flaßpöhler: »Hartmut Rosa: ›Ich will den Modus unseres In-der-Welt-Seins ändern«, Interview mit Hartmut Rosa, *Philosophie Magazin*, Juni/Juli 2019, https://tinyurl.com/43xzavmn.

21 Gespräch mit dem Autor, 17. 04. 2023.

22 Gespräch mit dem Autor, 28. 10. 2022.

23 Jannik Läkamp: »Richter kontert Klimaaktivistin: ›Der Mensch wird sowieso aussterben‹«, t-online, 17. 02. 2023, https://tinyurl.com/mpjtkneb.

Kapitel 2 – Von Ewigkeit zu Ewigkeit:
Wie die Menschheit auf das Ende wartet, seit es sie gibt

1 Offenbarung 12,16,

2 Offenbarung 15,1.

3 Offenbarung 16,18.

4 Offenbarung 16,20.

5 Offenbarung 16,8–9.

6 Offenbarung 14,11.

7 Offenbarung 18.14.

8 Martin Bauer: »Wie sich die Angst vor dem Weltuntergang verändert hat«, Humanistischer Pressedienst, 04. 12. 2014, https://tinyurl.com/2838y466.

9 Genesis 1,26.

10 Genesis 2,15.

11 Jeremia 4,22, 4,11.

12 Friedrich Bernack: »›Macht euch die Erde Untertan‹?«, Domberg Akademie, https://tinyurl.com/2c4aya2y.

13 Michael Miersch: Café Endzeit, Salonkommunisten, 10. 02. 2019, https://tinyurl.com/36w8sk7e.

14 Arno Frank: »Er kam und kam nicht. Der Weltuntergang der Maya«, *taz*, 21. 12. 2012, https://tinyurl.com/23te4tcu.

15 https://tinyurl.com/8wayahxy.

16 Martin Bauer: »Wie sich die Angst vor dem Weltuntergang verändert hat«, Humanistischer Pressedienst, 04. 12. 2014, https://tinyurl.com/2838y466.

17 Gespräch mit dem Autor, 06. 03. 2023.

18 Svante Thunberg/Greta Thunberg/Malena Ernman/Beata Ernman: *Szenen aus dem Herzen. Unser Leben für das Klima*, aus dem Schwedischen von Ulla Ackermann/Gesa Kunter/Stefan Pluschkat. Frankfurt a. M., S. Fischer 2019, S. 45.

19 Burkhard Ewert/Stefan Lüddemann: »Wie einst Jeanne d'Arc? Greta Thunberg belebt den Typus der jungen Frau als Lichtgestalt«, *Neue Osnabrücker Zeitung*, 08. 03. 2019, https://tinyurl.com/4x6y38bf.

20 Gespräch mit dem Autor, 07. 12. 2022.

21 Alex Kasprak: »Did Greta Thunberg Delete Tweet Claiming Climate Change Will Wipe Out Humanity by 2023?«, Snopes, 17. 03. 2023, https://tinyurl.com/35hvs7jm.

22 Gespräch mit dem Autor, 07. 12 2022.

23 Gespräch mit dem Autor, 07. 12. 2022.

24 Moritz M. Steinbacher: »1000 Euro Zwangsgeld wegen Sekundenkleber in der Tasche«, BR 24, 22. 03. 2023, https://tinyurl.com/3h27enyy.

25 Max Bauer: »Warum Bayerns Präventivhaft strittig ist«, Tagesschau, 17. 11. 2022, https://tinyurl.com/mr2jsp5a.

26 Ruben Zimmermann: »Jesus und die ›letzte Generation‹. Ein exegetisch und kirchen-politisch ›inkorrekter‹ Zwischenruf«, Zeitzeichen, https://tinyurl.com/4w8aw343.

27 Rolf Löchel: »Die Zukunft der Aufklärung. Lucian Hölschers Geschichte der Zukunft«, Literaturkritik.de, o. D., https://tinyurl.com/yckx7rdu.

28 »Prinz Harry hält Corona für Strafe der Natur wegen des Klimawandels«, *Die Welt*, 03. 12. 2020, https://tinyurl.com/3w6f9np9.

29 Benno Schirrmeister: »Apokalyptische Rede stellt eine Chiffre der Dringlichkeit dar«, Interview mit Alexander-Kenneth Nagel, *taz*, 06. 02. 2023, https://tinyurl.com/58hdswwm.

30 Aimée B. A. Slangen/Matthew D. Palmer/Carolina M. L. Camargo et al.: »The evolution of 21st century sea-level projections from IPCC AR5 to AR6 and beyond«, Cambridge University Press, 12. 12. 2022, https://tinyurl.com/5xtyvj45.

31 Bauer: »Wie sich die Angst vor dem Weltuntergang verändert hat«.

32 Gruppe Nevermore: »Wider das Spektakel *des* Untergangs. Die *apokalyptischen* Tendenzen der neuen Umweltbewegung«, *Jungle World*, 10. 12. 2020, https://tinyurl.com/5343y62s.

33 Christop Türcke: »Apokalypse. Religionswende: Eine Dogmatik in Bruchstücken« (1995), in: Gruppe Nevermore, *Mein Freund, der Untergang. Elemente und Ursprünge des apokalyptischen Bewusstseins der Klimabewegung. Eine Textsammlung*, Leipzig, Februar 2020, S. 33, https://tinyurl.com/2ynxp7h3.

34 Ebd., S. 34.

35 Bauer: »Wie sich die Angst vor dem Weltuntergang verändert hat«.

36 Gespräch mit dem Autor, 06. 03. 2023.

37 Bernd Ulrich, Twitter, 04. 03. 2023, https://tinyurl.com/5x5uhrps.

38 Gespräch mit dem Autor, 25. 03. 2023.

39 Jörg Scheller: »Das Coronavirus hat leider nichts von einer Apokalypse: Es regt die Phantasie nicht an, sondern lähmt bloss die Betriebe«, *Neue Zürcher Zeitung*, 07. 04. 2020 https://tinyurl.com/4es5wfku.

40 Srećko Horvat: »Die Apokalypse ist politisch«, *taz*, 04. 10. 2020, https://tinyurl.com/5n7y2rzj.

41 Gespräch mit dem Autor, 07. 12. 2022.

Kapitel 3 – Schützen, was dem Untergang geweiht ist?
Die Apokalypse und die Umweltbewegung

1 Anton Metternich: *Die Wüste droht. Die gefährdete Nahrungsgrundlage der menschlichen Gesellschaft*, Bremen, Verlag Friedrich Trüjen 1947.

2 Franz J. Dreyhaupt: »Ein früher Prophet der Klima-Katastrophe«, in: *Kölner Stadtanzeiger*, 04. 10. 2007, https://tinyurl.com/3bscuf4z.

3 Zitiert nach: Kai Hünemörder: *Die Frühgeschichte der globalen Umweltkrise und die Formierung der deutschen Umweltpolitik*, Franz Steiner Verlag 2004.

4 »The End of Civilization Feared by Biochemist«, *The New York Times*, 19. 11. 1970, https://tinyurl.com/mcdef7rv.

5 Bernhard Grzimek: »Ist es bereits zu spät?«, *Der Spiegel*, 18. 04. 1971, https://tinyurl.com/yx3dk29r.

6 Frank Biess: *Republik der Angst*, Hamburg, Rowohlt 2019, S. 362.

7 Dennis Meadows/Donella Meadows/Jørgen Randers/William W. Behrens: *The Limits to Growth. A Report for the Club of Rome's Project on the Predicament of Mankind*, Washington DC, Potomac Associates 1972, https://tinyurl.com/mr3wmx4r.

8 Uwe Jean Heuser: »Dürfen wir weiter wachsen?«, *Die Zeit*, 06. 03. 2022, https://tinyurl.com/muwvvc58.

9 Dennis Meadows/Donella Meadows/Jørgen Randers/William W. Behrens: *Die Grenzen des Wachstums*, Übersetzung von Hans-Dieter Heck, 14. Aufl., Deutsche Verlags-Anstalt 1987, S. 17.

10 Ebd. S. 172; Heuser: »Dürfen wir weiter wachsen?«.

11 Bernhard Ulrich: »Die Wälder Mitteleuropas. Meßergebnisse ihrer Umweltbelastung, Theorie ihrer Gefährdung, Prognose ihrer Entwicklung«, in: *Allgemeine Forstzeitschrift* 35 (44), 1980, S. 1198–1202, zitiert nach: https://tinyurl.com/2wxfkaus.

12 Biess: *Republik der Angst*, S. 368.

13 Zitiert nach Michael Miersch: »Die grüne Unschuld?«, *Cicero*, o. D., https://tinyurl.com/c5kmeen7.

14 »Wir stehen vor einem ökologischen Hiroschima«, *Der Spiegel*, 7/1983, https://tinyurl.com/5n8ab9a4.

15 *Süddeutsche Zeitung*, 23. 12. 1982, zitiert nach »Untergänge, die untergingen«, *Cicero*, o. D., https://tinyurl.com/2fmxa9jy.

16 Biess: *Republik der Angst*, S 374.

17 Ebd., S. 152.

18 Ebd., S. 354.

19 »Morgen kam gestern«, *Der Spiegel* 41/1970, https://tinyurl.com/5b38tdhv.

20 Biess: *Republik der Angst*, S. 354.

21 Wolfgang Petersen: Smog, https://tinyurl.com/2msy8jjb.

22 Lukas Heinser: »Als das Fernsehen Umwelt-Katastrophenalarm in den Wohnzimmern auslöste«, Über Medien, 12. 04. 2023, https://tinyurl.com/muett53m.

23 Biess, Republik der Angst, S. 355.

24 »Deutschlands Luft wird besser«, *Der Spiegel*, 24. 09. 2012, https://tinyurl.com/r6n7emfy.

25 Marc von Lüpke: »Wie deutsche Flüsse wieder sauber wurden«, Deutsche Welle, 08. 08. 2013, https://tinyurl.com/4ccft272.

26 »Waldsterben«, Planet Wissen, https://tinyurl.com/26s6pmkt.

27 Jungk, Robert: *Der Atom-Staat. Vom Fortschritt in die Unmenschlichkeit*, Rowohlt 1977, S. 9.

28 Ebd. S. 10.

29 Christian Jakob: »›Kein Ende der Welt in Sicht‹«, Interview mit Zeke Hausfather, *taz*, 18. 12. 2022, https://tinyurl.com/3aehfb38.

30 Joachim Radkau: *Die Ära der Ökologie: eine Weltgeschichte*. C. H. Beck, 2011, S. 34.

31 Decca Aitkenhead: »James Lovelock: ›Enjoy life while you can: in 20 years global warming will hit the fan‹«, *The Guardian*, 01. 03. 2008, https://tinyurl.com/22dxk95n.

32 »Es bleiben nur noch 13 Jahre, um unsere Erde zu retten!«, *Bild*, 22. 02. 2007, https://tinyurl.com/h58px5rc.

33 William Cummings: »›The world is going to end in 12 years if we don't address climate change‹, Ocasio-Cortez says«, *USA Today*, https://tinyurl.com/k8hy92vj.

34 Klaus Dörre/Frank Ettrich/Karin Lohr/Harmut Rosa/Benjamin Seyd: »Zwischen den Stühlen. Das Berliner Journal für Soziologie in der gesell-

schaftlichen Transformation und Refiguration«, *Berliner Journal für Soziologie* 31 (2021), S. 145–157, https://tinyurl.com/2s42bf6t.

35 Schirrmeister:»Apokalyptische Rede stellt eine Chiffre der Dringlichkeit dar«.

36 Josefson:»Rundschau: Die Natur schlägt zurück«, *Der Standard*, 18. 07. 2020, www.derstandard.de/story/2000118506779/rundschau-die-natur-schlaegt-zurueck; vgl auch David Wallace-Wells:»Der Planet schlägt zurück«, *Der Freitag*, 29/2017, https://tinyurl.com/mv5acbxp.

37 Arnold Schölzel:»Von der Kritik zur Esoterik – Rudolf Bahro«, *Utopie kreativ*, H. 88 (Februar) 1998, S. 76, https://tinyurl.com/f23zbbjn.

38 Guntolf Herzberg/Kurt Seifert: *Rudolf Bahro – Glaube an das Veränderbare. Eine Biografie*, Ch. Links Verlag 2002, S. 407.

39 Radkau, *Ära der Ökologie*, S. 255.

40 Irene Poczka: *Die Regierung der Gesundheit. Fragmente einer Genealogie liberaler Gouvernementalität*, Bielefeld, transcript 2017, S. 205, https://tinyurl.com/bdd3xhff.

41 Friedrich Engels: *Die Lage der arbeitenden Klasse in England* (1845), https://tinyurl.com/34bxkfy2.

42 Oliver Geden: *Rechte Ökologie. Umweltschutz zwischen Emanzipation und Faschismus*, Espresso Verlag 1999.

43 Paul R. Ehrlich, *The Population Bomb*, New York, Ballantine Books 1968.

44 Jonathan DuHamel:»A Review of Environmental and Climate Predictions«, *Arizona Daily Independent*, 23. 03. 2019, https://tinyurl.com/yck56wtm.

45 Grzimek:»Ist es bereits zu spät?«.

46 Verlagstext zu Stephen Emmott: *Zehn Milliarden*, https://tinyurl.com/b37zkhv3.

47 Zitiert nach Johannes Kaiser:»Ein Manifest gegen die Gleichgültigkeit«, Deutschlandfunk Kultur, 16. 02. 2014, https://tinyurl.com/bdh4ehey.

48 Gail G. Harrison/M. Christina Tirado/Osman M. Galal: Backsliding Against Malnutrition, *Asia-Pacific Journal of Public Health*, Supplement to 22(3), https://tinyurl.com/425h28pp.

49 »1970 World Population Estimated at 3.6 Billion«, *The New York* Times, 21. 12. 1969, https://tinyurl.com/mv47zrtc.

50 »122 million more people pushed into hunger since 2019 due to multiple crises, reveals UN Report: Global hunger numbers rose to as many as 828 million in 2021«, Food And Agriculture Organisation of the United Nations, 07. 06. 2022, https://tinyurl.com/3y8z3kr3.

51 »World population«, Statistics Times, 30. 10. 2021, https://tinyurl.com/2pa3hjh4.

52 Barbara Celis: »Hunger, famine and starvation: 750,000 people are in the front line, UN study says«, World Food Programme, 06. 06. 2022, https://tinyurl.com/3sm9ct7c.

53 »Entwicklung der weltweit zur Verfügung stehenden Kalorien nach dem Dietary Energy Supply-Indikator in den Jahren 2000 bis 2021«, Statista Research Department, 09. 09. 2022, https://tinyurl.com/2zpbn97v.

54 »World Population Prospects 2022«, United Nations, Department of Economic and Social Affairs, Population Division, https://tinyurl.com/mt7y 6cnc.

55 Jutta Ditfurth: »Umwelt gut – Mensch böse«. *nd*, 03. 04. 2020, https://tiny url.com/yf6rammt.

56 Gespräch mit dem Autor, 15. 03. 2023.

57 Michael Liebreich, Twitter, 12. 10. 2019, https://tinyurl.com/ykvn2frj.

58 »Luisa Neubauer kritisiert ›Extinction Rebellion‹-Mitbegründer scharf«, Watson, 21. 11. 2019, https://tinyurl.com/bdf2bxhw.

59 »Ullstein zieht Buch von Roger Hallam zurück«, *Buchreport*, 21. 11. 2019, https://tinyurl.com/2p8urnv4.

60 »Editorial: Tomorrow never comes«, in: Gruppe Nevermore, Mein Freund, der Untergang, S. 4, https://tinyurl.com/4htp8wvw.

61 »Thesen zum Verhältnis von Wahnsinn und Realität«, ebd., S. 7–11.

62 Jakob Zerbes: »Klimakrise: 100 Konzerne verursachen 70 % aller CO_2-Emissionen«, Kontrast.at., 07. 06. 2021, https://tinyurl.com/4pwt5n32.

63 Eva von Redecker: »Revolution für das Leben«, *Pro Zukunft*, 2021,1, https://tinyurl.com/57c8epmj.

Kapitel 4 – Plötzlich existenziell:
Die Klimakrise

1 Ingwar Perowanowitsch, Twitter, 08. 06. 2023, https://tinyurl.com/3nc5 kztw.

2 Fourier: *Remarques Générales Sur Les Températures, in: Du Globe Terrestre Et Des Espaces Planétaires.* In: Burgess (Hrsg.): *Annales de Chimie et de Physique.* Band 27, 1824, S. 136–167.

3 Shannon Hall: »Exxon Knew about Climate Change almost 40 years ago«, *Scientific American*, 26. 10. 2015, https://tinyurl.com/cs67bydc.

4 Andreas Sanders: »Klimawissen systematisch ignoriert«, *taz*, 24. 04. 2023, https://tinyurl.com/p3xbecj8.

5 Zitiert nach Jonas Schaible: »Was, wenn die besten Jahre vorbei sind?«, *Der Spiegel*, 26. 12. 2022, https://tinyurl.com/4x28dnd2.

6 Christian Jakob/Friedrich Schorb: *Soziale Säuberung. Wie New Orleans nach der Flut seine Unterschicht vertrieb*, Münster, Unrast Verlag 2008.

7 Wallace-Wells: »The Uninhabitable Earth«.

8 Jem Bendell: »Deep adaptation. A map for navigating climate tragedy«. University of Cumbria, 2018, https://tinyurl.com/tj9ssjpd.

9 Jonathan Franzen: *Wann hören wir auf, uns etwas vorzumachen?*, Hamburg, Rowohlt Taschenbuch 2020, S. 50.

10 »Aufstand gegen das Aussterben«, 07.10.2019, https://tinyurl.com/mwsc2awc.

11 David Spratt/Ian Dunlop: »Existential climate-related security risk. A scenario approach«, Analysis & Policy Observatory, 22.05.2019, https://tinyurl.com/3cbcryz9.

12 »IAN DUNLOP. Former Chair of the Australian Coal Association«, Australian Security Leaders Climate Group, o. D., https://tinyurl.com/2a9wrb78.

13 Gaub et al.: *Global Trends to 2030*.

14 Aurel Mertz, Twitter, 22.08.2022, https://tinyurl.com/34x3hdw8.

15 Sibylle Berg, »Warum wir strengere Regeln brauchen«, *Der Spiegel*, 22.09.2019, https://tinyurl.com/ytrhya8n.

16 »Damals Sommer, heute Hitze-Panik? Erinnerungen trügen«, *Die Zeit*, 29.07.2022, https://tinyurl.com/2s3j7uv7.

17 Flightradar 24, Twitter, 25.07.2019, https://tinyurl.com/4bahwt7v.

18 Jens Scholz, Twitter, 25.07.2019, https://tinyurl.com/2jpba94h.

19 »Schäuble fordert Verzicht: ›Klimaschutz nicht zum Nulltarif‹«, 24.12.2019, https://tinyurl.com/twv7nyks.

20 Joel Werner/Suzannah Lyons: »The size of Australia's bushfire crisis captured in five big numbers«, ABC, 04.03.2020, https://tinyurl.com/4jycyv97.

21 Mariselja, Twitter, 24.12.2019, https://tinyurl.com/yeyupevr.

22 Keywan Riahi/Shilpa Rao/Volker Krey, et al.: »RCP 8.5-A scenario of comparatively high greenhouse gas emissions«, *Climatic Change* 109, 33 (2011), https://tinyurl.com/y2wyjb3e.

23 Germán Bersalli/Tim Tröndle/Johan Lilliestam: »Most industrialised countries have peaked carbon dioxide emissions during economic crises through strengthened structural change«, *Commun Earth Environ 4*, 44 (2023), https://tinyurl.com/2asvkxeh.

24 »Die Klima-Nische wird kleiner«, Tagesschau, 22.05.2023, https://tinyurl.com/2k4esw2t.

25 Wallace-Wells: »Beyond Catastrophe«.

26 Susanne Schwarz: »›Exxon hat hinters Licht geführt‹« Interview mit Stefan Rahmstorf, taz, 03.03.2023, https://tinyurl.com/yhbcx3kp.

27 »Actionable Climate Science for Policymakers«, Berkeley Earth, o. D., https://tinyurl.com/2p99dbd3.

28 Tanja Traxler: »Warum Geologen ein neues Erdzeitalter einführen wollen«, *Der Standard*, 22. 07. 2020, https://tinyurl.com/2dvtjdj2.

29 »Schock-Bilder aus Amerika – ›Wir treten ein ins Zeitalter des Feuers‹«, *Focus*, 09. 06. 2023, https://tinyurl.com/y4bbndu3.

30 Potsdam-Institut, Twitter, 31. 03. 2023, https://tinyurl.com/22zu6ryh.

31 MDR aktuell, Twitter, 18. 03. 2023, https://tinyurl.com/5ypvf8zr.

32 »Climate emergency declarations in 2,335 jurisdictions and local governments cover 1 billion citizens«, Climate Emergency Declaration, 24. 05. 2023, https://tinyurl.com/48h99nvu.

33 »Biodiversitätskrise: ›Wir stehen vor dem Kollaps‹«, BUND, o. D., https://tinyurl.com/5d3adzup.

34 »Es geht ums Überleben«, *Jacobin*, 06. 11. 2020, https://tinyurl.com/bdn7zjku.

35 Eva von Redecker: »Alle Zeit der Welt«, *Der Freitag* 52/2020, https://tinyurl.com/bdxnr4ux.

36 Zitiert nach TheRealTom, Twitter, 14. 05. 2023, https://tinyurl.com/5fbzf6ww.

37 Seaver Wang/Adrianna Foster/Elizabeth A. Lenz/John D. Kessler/Julienne C. Stroeve/ Liana O. Anderson/Zeke Hausfather et al.: »Mechanisms and impacts of Earth system tipping elements«, Reviews of Geophysics 61 (2023), https://tinyurl.com/43tbtttn.

38 Gespräch mit dem Autor, 19. 10. 2022.

39 Vgl. »Die Treibhausgase«, Umweltbundesamt, 14. 11. 2022, https://tinyurl.com/24wvtvme.

40 »Jochem Marotzke«, AD Scientific Index, o. D., https://tinyurl.com/bdety3e8.

41 Zitiert nach Francesco Collini/Johann Grolle/Thomas Milz: »Wo das Klima kippt – und wo wir noch eine Chance haben«, *Der Spiegel* 32,2021, https://tinyurl.com/5n6pkzhv.

42 Michael E. Mann/Susan Joy Hassol: »Op-Ed: Glasgow's hope at a critical moment in the climate battle«, *Los Angeles Times*, 31. 11. 2021, https://tinyurl.com/8tnd47ud.

43 »Momentum on global coal phase-out«, Mercator Research Institute on Global Commons and Climate Change (MCC), 13. 11. 2021, https://tinyurl.com/2uvj9r53.

44 Johan Rockström, Twitter, 13. 11. 2021, https://tinyurl.com/ezsffd3h.

45 »›Blah blah blah‹: Greta Thunberg's verdict after COP26 Glasgow summit to address climate change«, *Hindustan Times*, YouTube, o. D., https://tiny url.com/2s3ewc8d.

46 Malte Kreutzfeldt, Twitter, 15. 11. 2021, https://tinyurl.com/3r3jdsz4.

47 Shannon Osaka: »Why climate ›doomers‹ are replacing climate ›deniers‹«, *The Washington Post*, 24. 03. 2023, https://tinyurl.com/5n73am8b.

48 Gespräch mit dem Autor, 19. 10. 2022.

49 Zeke Hausfather, Twitter, 06. 06. 2022, https://tinyurl.com/ys76m4yz.

Kapitel 5 – »Die nächste Welle ist eine Wand«:
Das Zeitalter der Pandemien

1 Florian Schmid: »Wie Corona, nur krasser«, *Der Freitag*, 05/2020, https:// tinyurl.com/562p3z67.

2 Mike Davis: »Das Monster steht vor der Tür«, Friedrich-Ebert-Stiftung, 30. 09. 2020, https://tinyurl.com/36hp9dfm.

3 Jürgen Elsässer: »1000 Jahre Einsamkeit«, in: *Compact Aktuell: Corona-Diktatur. Wie unsere Freiheit stirbt*, 15. 03. 2021.

4 Mathias Döpfner:»Es geht darum, das Leben zu spüren‹«, Interview mit Elon Musk, *Die Welt*, 05. 12. 2020, https://tinyurl.com/36f76f7b.

5 Pressekonferenz von Kanzlerin Merkel nach der G7-Videokonferenz, 19. 02. 2021, https://tinyurl.com/2sdyzh84.

6 Erklärung des Krefelder Forums vom 15./16. November 1980, https:// tinyurl.com/5n8ecev4.

7 Profil: Weltbund zum Schutze des Lebens BRD e. V. (WSL), https://tinyurl. com/56pan99y.

8 Den Kriegstreibern in den Arm fallen. Neuer »Krefelder Appell«, November 2021, https://tinyurl.com/394cs6kv.

9 Markus Krall: *Freiheit oder Untergang. Warum Deutschland jetzt vor der Entscheidung steht*, München, Langen Müller Verlag 2021, S. 17.

10 Ebd., S. 210.

11 Ebd., S. 214.

12 Lennart Pfahler/Anette Dowideit/Erin Banco/Ashleigh Furlong: »Die Machtmaschine des Bill Gates«, *Die Welt*, 17. 09. 2022, https://tinyurl.com/ yck2st7z.

13 Cathrin Gilbert/Holger Stark: »Aber das ist dennoch die einzige Chance, um den endgültigen Niedergang des Landes zu vermeiden‹«, *Die Zeit* 16/2023, https://tinyurl.com/mw4pvvbn.

14 »Söder: ›Wenn zehn die Apokalypse ist, sind wir bei neun‹«, t-online, 16. 11. 2021, https://tinyurl.com/2d2mykah.

15 »Classification of Omicron (B.1.1.529): SARS-CoV-2 Variant of Concern«, WHO, 26. 11. 2021, https://tinyurl.com/22mub7fe.

16 Jakob Simmank, Twitter, 16. 12. 2021, https://tinyurl.com/587ydxx8.

17 »Tracking Coronavirus in Germany: Latest Map and Case Count«, *The New York Times*, aktualisiert am 10. 03. 2023, https://tinyurl.com/48df5wyj.

18 »Todesfälle nach Sterbedatum«, RKI, 15. 6. 2023, https://tinyurl.com/yusr4nh4.

19 Susanne Wieseler, Twitter, 13. 01. 2022, https://tinyurl.com/5cpyxp8v.

20 Florian Kuhnke, Twitter, 13. 01. 2022, https://tinyurl.com/4krud7ey.

21 Giorgio Agamben: »Die Erfindung einer Epidemie«, Rubikon, 21. 03. 2020, https://tinyurl.com/43rn8cym.

22 Gespräch mit dem Autor, 09. 03. 2023.

23 Antonio Negri/Michael Hardt: *Empire. Die neue Weltordnung*, Frankfurt a. M., Campus 2002, alle Zitate S. 147–149.

24 Lynsey Barber: »Tube travel with an Ebola patient? This scientist says it's fine«, City A. M., 31. 07. 2014, https://tinyurl.com/34wh4hsk.

25 »Ebola. Die entfesselte Seuche«, *Der Spiegel* 39, 21. 09. 2014, https://tinyurl.com/nhd8m57b.

26 Ebola Situation Report, WHO, 16. 03. 2016, https://tinyurl.com/mrj6s7pb.

27 Christian Lindmeier: »Tuberculosis mortality nearly halved since 1990«, WHO, 28. 10. 2015, https://tinyurl.com/yhda72yc.

28 Malaria Surveillance – United States 2015, CDC, Mai 2018, https://tinyurl.com/yxk83b63.

29 Barber: »Tube travel with an Ebola patient?«

30 https://tinyurl.com/3tewtrch.

31 »Prinz Harry sieht in Corona Strafe der Natur«, *Bild*, 03. 12. 2020, https://tinyurl.com/4texcd95.

32 Elisabeth von Thadden: »»Es ist berauschend, die Probleme abzustreifen, in denen wir leben««, Interview mit Eva von Redecker, *Die Zeit*, 05. 12. 2020, https://tinyurl.com/5h6h35v5.

33 Gespräch mit dem Autor, 28. 03. 2023 und und DFG-Forschungsprojekt: Dialectics of a Pandemic: From Authoritarianism to Utopia?, https://tinyurl.com/mtw23nr9.

34 Meisterhans, Nadja 2019: Wider dem Tod der feministischen Utopie – Zum emanzipatorischen Potential radikalfeministischer und postkolonialer Ansätze in Zeiten des autoritären Backlashs, in: *Femina Politica – Zeitschrift für feministische Politikwissenschaft*, 2019, S. 72–84.

35 Gespräch mit dem Autor, 28. 03. 2023.

Kapitel 6 – Eine Welt auf der Flucht?
Die Zukunft des Globalen Südens

1 Ulrich Beck: *Risikogesellschaft. Auf dem Weg in eine andere Moderne.* Frankfurt a. M., Suhrkamp 1986, S. 48.

2 »›Ihre Dörfer wurden überflutet, ihre Ernten vertrockneten‹«, *Süddeutsche Zeitung* JETZT, 23. 04. 2023, https://tinyurl.com/49ektxw5.

3 Gespräch mit dem Autor, 17. 04. 2023.

4 »Hungerkrise in Ostafrika: Wo bleiben die internationalen Hilfen?«, Science Media Center Deutschland, 20. 01. 2023, https://tinyurl.com/2rxe6ty7.

5 »Human-induced climate change increased drought severity in Horn of Africa«, World Weather Attribution, 27. 03. 2023, https://tinyurl.com/bdcs4nds.

6 Olaf Bernau: *Brennpunkt Westafrika. Die Fluchtursachen und was Europa tun sollte*, München, C. H. Beck 2022.

7 Ebd., S. 55.

8 Gruppe Nevermore, Mein Freund, der Untergang, S. 10, https://tinyurl.com/47jtwzef.

9 Ulrich Brand/Markus Wissen: »Die Regulation der ökologischen Krise«, *Österreichische Zeitschrift für Soziologie*, 2/2022, S. 12–34, https://tinyurl.com/y6bx2hj5.

10 Oliver Buschek: »›Es sterben vor allem Schwarze Menschen, Indigene, historisch diskriminierte Gruppen sowie Arme‹«, Interview mit Matthias Quent, Bayern 2, 14. 09. 2022, https://tinyurl.com/ytbx5dez.

11 Matthias Quent/Christoph Richter/Axel Salheiser: *Klimarassismus. Der Kampf der Rechten gegen die ökologische Wende.* München, Piper 2022.

12 Parag Khanna: »The World 4 Degrees Warmer«, https://tinyurl.com/295sjvsa.

13 Dorothea Ranft: »Hitzestress gefährdet immer mehr Menschen weltweit«, *Medical Tribune*, 13. 04. 2020, https://tinyurl.com/4tyzbtph.

14 Timothy M. Lenton/Chi Xu/Jesse F. Abrams et al.: »Quantifying the human cost of global warming«. Nat Sustain 2023, https://tinyurl.com/ks7hp29j.

15 Zitiert nach Ajit Niranjan: »Die Klimakrise – das Ende der Zivilisation?«, Deutsche Welle, 10. 05. 2021, https://tinyurl.com/murndb2n.

16 Petra Schellen: »Klimakrise begünstigt Genozide«, Interview mit Jürgen Zimmerer, *taz*, 22. 04. 2021, https://tinyurl.com/2jrhkfhc.

17 Gespräch mit dem Autor, 07. 12. 2023.

18 IPCC: Climate Change 2014 Synthesis Report, 2015, https://tinyurl.com/4wp2sxyd.

19 IPCC: Climate Change 2022: Impacts, Adaptation and Vulnerability, Working Group II, 2022, https://tinyurl.com/2uxvun9d.

20 IDMC: Global Report on Internal Displacement 2022, https://tinyurl.com/2vzzyc2f.

21 Sachverständigenrat für Integration und Migration: *Jahresgutachten 2023. Klimawandel und Migration: Was wir über den Zusammenhang wissen und welche Handlungsoptionen es gibt*, Mai 2023, https://tinyurl.com/mtufv7e3.

22 Melita Sunjic: »Top UNHCR official warns about displacement from climate change«, UNHCR, 09. 12. 2008, https://tinyurl.com/5n84zm8d.

23 Olaf Preuß: »›Wie soll Europa erst mit 200 Millionen Klimaflüchtlingen aus Afrika umgehen?‹«, *Die Welt*, 15. 10. 2017, https://tinyurl.com/2p9xr3dt.

24 »Weltbank: Über 200 Millionen Klimaflüchtlinge bis 2050«, *Die Zeit*, 14. 09. 2021, https://tinyurl.com/5usa9a97.

25 Todd Miller/Nick Buxton/Mark Akkerman: »Global Climate Wall. How the world's wealthiest nations prioritise borders over climate action«, Transnational Institute, 25. 10. 2021, https://tinyurl.com/tfxe8ax6.

26 Gespräch mit dem Autor, 17. 04. 2023.

27 Alex Steffen: »The Transapocalyptic Now. It's not the end of the world, but it is the end of the world as we've known it«, The Snap Forward, 04. 01. 2021, https://tinyurl.com/2p8d6r7s.

Kapitel 7 – Noch 60 Ernten bis zum Ende?
Die Angst vor der Agrar-Apokalypse

1 Florian Schwinn: *Rettet den Boden! Warum wir um das Leben unter unseren Füßen kämpfen müssen*, Frankfurt am Main, Westend Verlag 2019, S. 8.

2 Ebd., S. 10.

3 Chris Arsenault: »Only 60 years of farming left if soil degradation continues«, Reuters, 05. 12. 2014, https://tinyurl.com/yc5y8frc.

4 Ders.: »Only 60 Years of Farming Left If Soil Degradation Continues«, *Scientific American*, 05. 12. 2014, https://tinyurl.com/2czf2vfz.

5 E-Mail FAO an den Autor, 11. 04. 2023.

6 E-Mail Chris Arsenault an den Autor, 11. 04. 2023.

7 E-Mail FAO an den Autor, 11. 04. 2023.

8 »Nothing dirty here: FAO kicks off International Year of Soils 2015«, FAO, 04. 12. 2014, https://tinyurl.com/2s96mj72.

9 European Environment Agency: »Population trends 1950–2100: globally and within Europe«, https://tinyurl.com/29zrwpzw.

10 United Nations: »World population projected to reach 9.8 billion in 2050, and 11.2 billion in 2100«, https://tinyurl.com/ymftut56.

11 Extinction Rebellion Philadelphia, Twitter, 16. 03. 2019, https://tinyurl. com/mtph4j58; XR South West Britain, Twitter, 26. 09. 2019, https://tiny url.com/mry7efax.

12 Amelia Cerling Hennes, Twitter, 25. 06. 2019, https://tinyurl.com/yxyw hf6f.

13 Fiona Harvey: »UK farmers to be given first ever targets on soil health«, *The Guardian*, 13. 03. 2018, https://tinyurl.com/yu9fazee.

14 Larger US, Twitter, 24. 01. 2019, https://tinyurl.com/4m2c9r6f.

15 Verlagstext zu Philip Lymbery: *Sixty Harvests Left. How to Reach a Nature-Friendly Future*, https://tinyurl.com/4p6ved7x.

16 Sarah Wiener, Twitter, 13. 10. 2022, https://tinyurl.com/bdhevtrw.

17 Willi Kremer-Schillings: »60 Jahre bis zum Ende – eine Zahl ohne Fakten«, Bauer Willi, 23. 10. 2022, https://tinyurl.com/234hxdxx.

18 »Studie: Böden werden immer schlechter – nur noch 60 Ernten möglich«, BUND, 05. 12. 2018, https://tinyurl.com/yurna5wu.

19 »Boden-Burnout« 3sat Nano, 05. 12. 2018, https://tinyurl.com/sn97vab3.

20 Dirk Steffens: »›Sind unsere Äcker noch zu retten, Andrea Beste?‹« Terra X – Der Podcast, 08. 10. 2021, https://tinyurl.com/2cjruhs2.

21 Dirk Steffens: »Die Welt ist todkrank, aber wir haben die Pille zur Heilung«, Riverboat, 22. 04. 2022, https://tinyurl.com/5fhcs4je (Min. 10:33).

22 Anita Idel/Andrea Beste: *Technikgläubigkeit und Big-Data. Vom Mythos der klimasmarten Landwirtschaft – oder warum weniger vom Schlechten nicht gut ist. Im Auftrag von Martin Häusling*, Mdep, S. 59, https://tinyurl.com/4ru 9zk8z.

23 Hans-Werner Bunz/Martin Reuss: »Ökologisch alleine reicht nicht. Noch 60 Ernten. Ist dann Schluss?« *Slow Food* 2017–4, S. 6 f., https://tinyurl. com/5c7x7v3f.

24 Matthias-Jacob Mühlbacher: *Versuch einer Literaturzusammenstellung umweltrelevanter Konfliktfelder im Kontext landwirtschaftlicher Praxis*, August 2019, https://tinyurl.com/y7y5bm3y.

25 »›Save Soil‹ oder ›Rettet den Boden‹. Sadhguru besucht den Römerberg«, *Frankfurter Wochenblatt*, 27. 04. 2022, https://tinyurl.com/43tkh3xs.

26 »›Noch 60 Ernten, dann ist Schluss!‹ Eine Vorstellung des Projekts ›Hof Lebensberg‹ in der Nordpfalz«, https://tinyurl.com/47z5xvr9.

27 Hannah Ritchie: »Do we only have 60 harvests left?«, Our World in Data, 14. 01. 2021, https://tinyurl.com/52uvwk52.

28 FAO: *Status of the World's Soil Resources*, 2015, https://tinyurl.com/4dy7rycc.

29 Gespräch mit dem Autor, 03. 04. 2023.

Kapitel 8 – »Doch, das würde er«:
Der Krieg in der Ukraine und die Wiederkehr der Atomangst

1 »Vater aus Elbvororten ersticht Sohn auf Campingplatz«, *Hamburger Abendblatt*, 27.09.2022, https://tinyurl.com/ubk3rnwn.

2 John Mecklin:»A time of unprecedented danger. It is 90 seconds to midnight«, *Bulletin of the Atomic Scientists*, 24.01.2023, https://tinyurl.com/5fexuwu4.

3 Gayle Spinazze:»Doomsday Clock set at 90 seconds to midnight«, *Bulletin of the Atomic Scientists*, 24.01.2023, https://tinyurl.com/39vt5s8x.

4 Ebd.

5 Sonja Schlacht:»Was bedeutet ›Atomstreitkräfte in Alarmbereitschaft‹?«, *Handelsblatt*, 28.02.2033, https://tinyurl.com/58hxrz29.

6 »Putin versetzt Atomstreitkräfte in Alarmbereitschaft«, *Der Spiegel*, 27.02.2022, https://tinyurl.com/5er6x7k3.

7 »›Dies ist kein Bluff‹: Putins Rede zur Teilmobilmachung im Wortlaut«, *Der Tagesspiegel*, 22.09.2022, https://tinyurl.com/2ycvzzwy.

8 Maura Reynolds:»›Yes, He Would‹: Fiona Hill on Putin and Nukes«, *Politico*, 28.02.2022, https://tinyurl.com/2muve2bu.

9 Richard C. Schneider, Twitter, 03.03.2022, https://tinyurl.com/y4fj6s2p.

10 Ebd.

11 Barbara Beer:»Die Angst vor dem Weltuntergang ist auch nicht ganz neu«, Interview mit Frank Bösch, *Kurier*, 03.04.2022, https://tinyurl.com/53pwp897.

12 »Atomwaffenbesitz 1945 bis 2016«, Bundeszentrale für politische Bildung, https://tinyurl.com/22kwtjbu.

13 »Mehrfachvernichtungskapazität«, Atomwaffen A–Z, https://tinyurl.com/3tmvmnpe.

14 »Jährlicher Stand der Weltbevölkerung 1950 bis 2100«, Proportionen der Weltbevölkerung, https://tinyurl.com/yaanjbsb.

15 Florian Zandt:»Die Nukleararsenale der Welt«, Statista, 17.06.2022, https://tinyurl.com/nh9mjfz4.

16 Biess: *Republik der Angst*, S.362.

17 Thomas Seibert: *Zur Ökologie der Existenz. Freiheit, Gleichheit, Umwelt*, Hamburg, LAIKA Verlag 2017, S.12.

18 Vgl. Biess: *Republik der Angst*. S.362.

19 Jürgen Leinemann: *Die Angst der Deutschen*, Rowohlt 1982, S.148 ff.

20 Sven Reichardt: *Authentizität und Gemeinschaft. Linksalternatives Leben in den siebziger und frühen achtziger Jahren*, Suhrkamp 2014, S.164.

21 Biess: *Republik der Angst*, S. 362.

22 Jakob Simmank/Johannes Schneider: »Die aktuelle Angst ist retro, weil sie vom Bösewicht Putin ausgeht«, Interview mit Frank Biess, *Die Zeit*, 29. 03. 2022, https://tinyurl.com/29w89pym.

23 Ebd.

24 Gespräch mit dem Autor, 09. 03. 2023.

25 Hendrik Wieduwilt: »Herr Scholz ist mein Hirte, mir wird's an nichts mangeln«, ntv, 27. 01. 2023, https://tinyurl.com/2xzds8e8.

26 Thorsten Gromes: »Die Ostermärsche 2023 und der Überfall auf die Ukraine: Nur wenige Aufrufe fordern Russlands Rückzug«, Prif Blog, 05. 04. 2023, https://tinyurl.com/2p9h7bnt.

27 Christian Jakob: »Kein Frieden in der Bewegung«, *taz*, 07. 04. 2023, https://tinyurl.com/p4cu7pe5.

28 Timothy Snyder: »Der atomare Bluff«, *Der Standard*, 22. 02. 2023, https://tinyurl.com/bd5p7kje.

29 »Das bedeutet die Atombereitschaft der Russen!«, RTL News, 01. 03. 2022, https://tinyurl.com/4mtzp54p.

30 Gespräch mit dem Autor, 29. 04. 2023.

Kapitel 9 – »Wenn wir Glück haben, behalten sie uns als Haustiere«: Die dunkle Seite der Künstlichen Intelligenz

1 Anic T. Wae: »Die Zukunft gehört den Maschinen. Kolumne einer künstlichen Intelligenz«, *taz*, 26. 11. 2022, https://tinyurl.com/32hhwyf3.

2 Ashley Couto: »ChatGPT: Mit diesen konkreten Tipps spare ich acht Stunden Arbeit pro Woche«, *Business Insider*, 15. 04. 2023, https://tinyurl.com/ht6udkmx.

3 Deborah Yaffe: »Lives: Marvin Minsky*54«, *Princeton Alumnis Weekly*, 08. 02. 2017, https://tinyurl.com/4wjwpbyf.

4 »If We're Lucky, Robots Might Decide To Keep Us as Pets«. Quote Investigator, https://tinyurl.com/bdfdr8td.

5 Christian Jakob: »Unfair geht vor«, *taz*, 19. 06. 2006, https://tinyurl.com/48ruwrpe.

6 Patrick Beuth: »›Die Menschheit ist nicht vorbereitet auf das, was durch KI auf sie zukommt‹«, Interview mit Daniel Privitera, *Der Spiegel*, 06. 04. 2023, https://tinyurl.com/yy78scar.

7 Misalignment Museum, https://tinyurl.com/y55s59pe.

8 »KI hat Menschheit zerstört, sagt achselzuckend ›Sorry‹«, Euronews, 13. 03. 2023, https://tinyurl.com/mryrkh8f.

9 Cade Metz: »›The Godfather of A. I.‹ Leaves Google and Warns of Danger Ahead«. *The New York Times*, 01. 05. 2023, https://tinyurl.com/d3yx9zyy.

10 Eliezer Yudkowsky: »Pausing AI Developments Isn't Enough. We Need to Shut it All Down«, *Time Magazine*, 29. 03. 2023, https://tinyurl.com/4ywy hds6.

11 ANTHONY CUTHBERTSON: »Google's ›Big Red Button‹ Could Save the World«, *Newsweek*, 08. 06. 2016, https://tinyurl.com/3ha338wr.

12 Alexander Brentler: »Die künstliche Intelligenz löst Probleme, die wir nicht haben«, *Jacobin*, 27. 04. 2023, https://tinyurl.com/ykcfzy3b.

13 Rowan Cheung, Twitter, 12. 05. 2023, https://tinyurl.com/24daj3zp.

14 CUTHBERTSON: »Google's ›Big Red Button‹ Could Save the World«.

15 »Safely Interruptible Agents«, MIRI – Machine Intelligence Research Institute, Juni 2016, https://tinyurl.com/4msdz2ed.

16 »Pause giant AI Experiment: An open Letter«, Future of Life, 22. 03. 2023, https://tinyurl.com/yc2mhxa3.

17 Toby Ord/Angus Mercer/Sophie Dannreuther et al.: *Future Proof. The Opportunity to Transform the Uk's Resilience to Extreme Risks*, The Center for Long-Term Resilience, Juni 2021, https://tinyurl.com/bdeda7d7.

18 Patrick Beuth/Simon Book: »Jobs zu schützen wäre ökonomischer Wahnsinn«, Interview mit Andrew McAffee, *Der Spiegel*, 04. 03. 2023, https://tinyurl.com/yc22tssf.

19 Brentler: »Die künstliche Intelligenz löst Probleme, die wir nicht haben«.

20 »OpenAI warnt die Europäische Union«, Tagesschau, 25. 05. 2023, https://tinyurl.com/mrkhpdej.

21 Armin Grunwald: »Künstliche Intelligenz ist keine Zauberei und hat ihre Grenzen«, 06. 05. 23, https://tinyurl.com/8eud2pum.

22 Kevin Rittberger/Nicolas Mortimer: »AMLO. Wie die sozialistische Kybernetik der DDR half, den Marxismus-Leninismus zu verlernen«, *Berliner Gazette*, 29. 03. 2021, https://tinyurl.com/ytuj8fvf.

Kapitel 10 – »Hochkomplexe Systeme«:
Erst die Katastrophen, dann der Kollaps?

1 Jana Mestmäcker, Twitter, 13. 12. 2022, https://tinyurl.com/35fwj54r.

2 Gespräch mit dem Autor, 28. 10. 2022.

3 Pablo Servigne, Raphaël Stevens: *Wie alles zusammenbrechen kann. Handbuch der Kollapsologie*, aus dem Französischen von Lou Marin, Wien, Berlin, Mandelbaum kritik & utopie 2022, S. 9.

4 Nouriel Roubini: *Megathreats. 10 Bedrohungen unserer Zukunft – und wie wir sie überleben*, München, Ariston Verlag 2022, S. 11.

5 Gespräch mit dem Autor, 17. 04. 2023.

6 Georg Schäfer/Rupert Martin/Ingrid Moeslein-Teising (Hg.): Zeitdiagnosen!?, Gießen, Psychosozialverlag 2022, S. 163–185.

7 Gespräch mit dem Autor, 25. 03. 2023.

8 Anaïs Kaluza/Alexander Kauschanski:»Von fossiler Energie abhängig zu sein, ist unsere größte Schwachstelle«, Interview mit Joseph Tainter, *Der Spiegel*, 26. 03. 2023, https://tinyurl.com/yhwy26x5.

9 Gespräch mit dem Autor, 06. 03. 2023.

10 Christian Jakob:»Konkurrenz um humanitäre Hilfe«, *taz*, 26. 02. 2023, https://tinyurl.com/4u7u526x.

11 Veröffentlichte Lieferengpassmeldungen, PharmaNet. Bund, https://tiny url.com/9vmmpbhy.

12 Mathias Brand:»Neuer Negativrekord bei Arzneimittelversorgung«, Statista, 20. 12. 2022, https://tinyurl.com/yf44buep.

Kapitel 11 – Medienproduktion:
Zebrahirsche, Melancholie und glühende Schienen

1 »Zicksee trocknet aus. Fische wurden tonnenweise umgesiedelt«, *Kurier*, 19. 07. 2022, https://tinyurl.com/3yjrvynx.

2 »Zicksee verwandelt sich in Sandwüste«, ORF, 07. 04. 2023, https://tinyurl. com/bddunn56.

3 Lorenz Matzat, Twitter, 21. 03. 2023, https://tinyurl.com/32hcsc4s.

4 Netzwerk Klimajournalismus, https://tinyurl.com/3zxcdbzu.

5 Lorenz Matzat, Twitter, 21. 03. 2023, https://tinyurl.com/32hcsc4s.

6 Ruth Lang Fuentes:»Veränderung durch Unterbrechung«, Interview mit Raphael Thelen, *taz*, 16. 03. 2023, https://tinyurl.com/5eydmawz.

7 Brand/Wissen:»Die Regulation der ökologischen Krise«.

8 Gespräch mit dem Autor, 31. 03. 2023.

9 Friedemann Karig, Twitter, 20. 04. 2023, https://tinyurl.com/ckmn56ku.

10 Alexander Kühn/Anton Rainer:»Die ossis werden nie Demokraten«, *Der Spiegel*, 13. 04. 2023, https://tinyurl.com/27n9ej3n.

11 PERITIA:»Public perceptions on climate change«, Datenerhebung 04.– 19. 01. 2022, https://tinyurl.com/2p8r8d7j.

12 Klima vor acht, FAQ-Liste, https://klimavoracht.de/faq.

13 »Extinction Rebellion färbt Rur ›giftgrün‹«, *Aachener Zeitung*, 12. 06. 2020, https://tinyurl.com/mr28xvwb.

14 Gespräch mit dem Autor, 16. 03. 2023.

15 Robin Tschötschel/Norman Schumann/Rahel Roloff/Michael Brügge-

mann: »Der Klimawandel im öffentlich-rechtlichen Fernsehen«, Media Perspektiven 12/2022, https://tinyurl.com/5n6dz7z9.

16 »Das Klima im öffentlich-rechtlichen Fernsehen. Kleine Schritte zu mehr Relevanz«, Universität Hamburg, 09. 01. 2023, https://tinyurl.com/s2f7 tesz.

17 Simon Haas: »›Tagesschau‹ wird zur Klimaschau: wie die ARD die Sorgen der Deutschen ignoriert«, *Neue Zürcher Zeitung*, 27. 03. 2023, https:// tinyurl.com/23fp6wfx.

18 Wir können auch anders, ARD Mediathek, https://tinyurl.com/yvyupspd.

19 »›So stell‹ ich es mir vor, wenn man das Wahlprogramm der Grünen verfilmen würde‹«, Die Welt am Mittag, 24. 03. 2023, https://tinyurl.com/3n4b 88y6.

20 »15. Juni 2022, Wetterverlauf in Bordeaux«, Weather Spark, https://tinyurl.com/2p897bcy.

21 »In Bordeaux sind die Schienen 53 Grad heiß«, *Der Spiegel*, 16. 06. 2022, https://tinyurl.com/37wwfhdm.

22 Z B. Jayashree Nandi: »Surface temperature tops 60 °C in parts of north India, satellite images show«, *Hindustan Times*, 01. 05. 2022, https://tiny url.com/4yufue7n; Yash Negi, Twitter, 19. 09. 2022, https://tinyurl.com/ 2p9e5v8w.

23 »25. Mai 2022, Wetterverlauf in Neu-Delhi«, Weather Sparks, https://tiny url.com/5b8ms67v.

24 »Özdemir: ›Apokalyptische Zustände‹ nach Hitze in Indien«, *Die Zeit*, 24. 05. 2022, https://tinyurl.com/yuntt5ua.

25 »Weltmeere so warm wie nie zuvor«, MDR, 16. 01. 2020, https://tinyurl.com/3f3jzpf2.

26 Ozeane erhitzen, als würde man jede Sekunde fünf Hiroshimabomben darin versenken, *Der Standard*, 14. 01. 2020, https://tinyurl.com/26zmr49j.

27 Nick Reimer: »3,6 Milliarden Atombomben ins Meer«, *taz*, 13. 5. 2023, https://tinyurl.com/5yfdcjut.

28 Michael Odenwald: »Ozeane so warm wie nie zuvor – den Ökosystemen drohen jetzt Todeszonen« *Focus*, 16. 01. 2020, https://tinyurl.com/7eyh5t3y.

29 Ivana Kottasová: »Oceans are warming at the same rate as if five Hiroshima bombs were dropped in every second«, CNN, 13. 01. 2020, https://tinyurl.com/nhhufm4k.

30 Lijing Cheng, John Abraham, Jiang Zhu et al.: »Record-Setting Ocean Warmth Continued in 2019«, *Advanced Atmospheric Sciences* 37 (2020), S. 137–142, https://tinyurl.com/2p9xj4t8.

31   Hackenbroich, Veronika: »Es gibt ungefähr 35 Arten, an Hitze zu sterben«, *Der Spiegel*, 26. 06. 2023, https://tinyurl.com/4ak75edy.

32   Bernhard Pötter:«»Alarmismus vermeiden«, Interview mit Torsten Grothmann, *taz*, 10. 12. 2019, https://tinyurl.com/yvttwar6.

33   Philipp Bovermann: »Lasst alle Hoffnung fahren!«, *Süddeutsche Zeitung*, 21. 05. 2019, https://tinyurl.com/mry7sf9p.

34   »Journalist wechselt zur Letzten Generation«, t-online, 05. 01. 2023, https://tinyurl.com/mtkbetct.

35   Sherry Ricchiardi: »Covering climate change's effects on our mental health«, International Journalists' Network, 08. 01. 2021, https://tinyurl.com/yku4pcj5.

36   Alex Rühle: »Das Ende des Frühlings«, *Süddeutsche Zeitung*, 03. 07. 2020, https://tinyurl.com/ycxyajw6.

37   Jannis Holl: »Die Zebrahirsche kommen«, *taz*, 29. 01. 2023, https://tinyurl.com/2ucp36fp.

38   Lilly Bittner/Martin Franke: »Fünf Tipps, um klimaschonend zu kühlen«, *Frankfurter Allgemeine Zeitung*, 26. 05. 2023, https://tinyurl.com/2p9d56ds.

39   Damian Carrington: »World close to ›irreversible‹ climate breakdown, warn major studies«, *The Guardian*, 27. 10. 2022, https://tinyurl.com/2vm4rmyv.

40   Greenhouse Gas Bulletin, https://tinyurl.com/mw8vm4k8.

41   World Energy Outlook 2022, International Energy Agency, Oktober 2022, https://tinyurl.com/4cszx3xw.

42   Zeke Hausfather, Twitter, 27. 10. 2023, https://tinyurl.com/4bmbcrhu; https://tinyurl.com/4d24en8r.

43   Samira El Ouassil: »Angst vor der Angstmache«, Über Medien, 03. 11. 2021, https://tinyurl.com/3c9dhf85.

44   Christopher Schrader: *Über Klima sprechen. Das Handbuch*, »15. Meide Katastrophismus«, München, oekom 2022, https://tinyurl.com/32ckkp3d.

45   Jan Kixmüller: »Der ›Doomsday-Gletscher‹ in der Antarktis droht zu kollabieren«, *Der Tagesspiegel*, 07. 09. 2022, https://tinyurl.com/y4m4jzfx.

46   »Gletscher ›hält sich nur noch mit Fingernägeln fest‹«, ntv, 08. 09. 2022, https://tinyurl.com/bdheauxv.

47   »»Wir sollten alle sehr besorgt sein‹«, t-online, 17. 02. 2023 https://tinyurl.com/3unhkmd3.

48   Gespräch mit dem Autor, 10. 03. 2023.

49   Hubert Gude/Wolf Wiedmann-Schmidt: »1000 Euro – schon klappte das Asylverfahren«, *Der Spiegel*, 18. 05. 2018, https://tinyurl.com/2p65vh9s.

50   »Auch Terrorverdächtige sollen Schutzstatus erhalten haben«, *Frankfurter Allgemeine Zeitung*, 14. 05. 2018, https://tinyurl.com/t2uh85hn.

51 »Bamf-Zentrale wusste seit Jahren Bescheid«, ntv, 02.06.2018, https://tinyurl.com/4yeymhsm.

52 Stefan Simon: »›Bamf-Skandal‹ schrumpft weiter«, *taz*, 24.04.2019, https://tinyurl.com/4acj9c23.

53 »›Holland ist überall‹«, *Frankfurter Allgemeine Zeitung*, 14.11.2004, https://tinyurl.com/uc6r4zbp.

54 Dirk Reelfs: »Skandalisierung und Drama haben sehr stark zugenommen«, Interview mit Lutz Hagen, SMK-Blog, 14.03.2019, https://tinyurl.com/2kcrnkrh.

55 Lutz Hagen: »Nachrichtenjournalismus in der Vertrauenskrise«, *Communicatio Socialis*, 48.Jg.2015, H.2, S.152–163, https://tinyurl.com/5n6vntr5.

56 Gespräch mit dem Autor, 28.10.2023.

57 »Gesamtschutzquote: Anteil der als Flüchtling oder asylberechtigt anerkannten Asylbewerber in Deutschland von 2005 bis 2023«, Statista Research Department, 09.05.2023, https://tinyurl.com/2p98p733.

58 »Abschiebungen und ›freiwillige Ausreisen‹«, Mediendienst Integration, o.D., https://tinyurl.com/5x8rc2kc.

59 »War in Yemen«, Council on Foreign Relations, 25.04.2023, https://tinyurl.com/49f5uhne.

60 Ebd.

61 »Levels & Trends in Child Mortality: Report 2022«, Reliefweb, 09.01.2023, https://tinyurl.com/mrywtubm.

62 »Tuberculosis«, WHO, 21.04.2023, https://tinyurl.com/3kauccj3.

63 Marc von Lüpke: »›Der Kollaps ist möglich‹«, Interview mit Claus Leggewie t-online, 12.04.2023, https://tinyurl.com/yhshhzb7.

64 Christopher Schrader: *Über Klima sprechen. Das Handbuch*, »15. Meide Katastrophismus«, München, oekom 2022, https://tinyurl.com/32ckkp3d.

65 Ebd.

66 Lars Guenther/Michael Brüggemann/Shorouk Elkobros: »From Global Doom to Sustainable Solutions: International News Magazines' Multimodal Framing of our Future with Climate Change«, *Journalism Studies*, 23:1, S.131–148, https://tinyurl.com/4c9hhshv.

67 Gespräch mit dem Autor, 31.03.2023.

Kapitel 12 – Doom in der Timeline:
Gefangen in einer gefährlichen Welt

1 El Hotzo, Twitter, 31.03.2023, https://tinyurl.com/d62p59ms.

2 Kathryn Buchanan/Lara B. Aknin/Shaaba Lotun/Gillian M. Sandstrom: »Brief exposure to social media during the COVID-19 pandemic: Doom-

scrolling has negative emotional consequences, but kindness-scrolling does not« PLoS ONE 16(10), 13. 10. 2021, https://tinyurl.com/4szz7uwb.

3 Klaudia Lagozinski:»Was diese Welt mir liefert«, *taz*, 22. 04. 2023, https://tinyurl.com/5x67ep6b.

4 Gespräch mit dem Autor, 17. 04. 2023.

5 Reelfs:»Skandalisierung und Drama haben sehr stark zugenommen«.

6 Torsten Harmsen:»Schluss mit dem Katastrophismus! Wie man mit Krisen lebt, ohne Kaputtzugehen«, *Berliner Zeitung*, 21. 12. 2022, https://tinyurl.com/57396rkv.

7 Gespräch mit dem Autor, 15. 12. 2022.

8 Bryan McLaughlin/Melissa R. Gotlieb/Devin J. Mills:»Caught in a Dangerous World: Problematic News Consumption and Its Relationship to Mental and Physical Ill-Being«, *Health Communication*, 23. 08. 2022, https://tinyurl.com/ycyahu4b.

9 »Erste Intensivstationen in Europa überlastet«, *Weser Kurier*, 27. 10. 2020, https://tinyurl.com/32cz3z5d.»B117 wohl doch tödlicher: Johnson warnt vor Variante«, Euronews, 23. 01. 2021, https://tinyurl.com/jjtyp9p3; »COVID-19: Auch milde Verläufe können schwere Folgen haben«, Uniklinik Köln, 27. 05. 2021, https://tinyurl.com/mry3cyaj.

10 Gespräch mit dem Autor, 18. 04. 2023.

11 Liane Schalatek:»Wichtig, aber nicht entscheidend. Klimawandel als Faktor in den US-Zwischenwahlen«, Heinrich-Böll-Stiftung, 02. 11. 2022, https://tinyurl.com/3ns7zanp.

12 Christopher Schrader: *Über Klima sprechen. Das Handbuch*,»2. Kenne Dich Selbst – Und Deine Schwächen«, München, oekom 2022, https://tinyurl.com/2s3jw5na.

13 Zitiert nach: ebd.

14 Gespräch mit dem Autor, 18. 04. 2023.

15 Digital News Report 2022, Reuters Institute, https://tinyurl.com/3psuh4dz.

16 Stefan Weigel:»Bin ich borniert, wenn ich keine Nachrichten mehr lesen, hören oder sehen will?«, *Der Spiegel*, 06. 05. 2023, https://tinyurl.com/ynmrrp4j.

17 »Reuters Institute sieht Nachrichtenvermeidung als Hauptsorge für 2023«, *Der Standard*, 10. 01. 2023, https://tinyurl.com/cvafdn7z.

18 Gespräch mit dem Autor, 25. 03. 2023.

Kapitel 13 – »Finanz-Kernschmelze«: Die Angst vor dem finalen Crash

1 Max Otte: Der Crash kommt: Die neue Weltwirtschaftskrise und was Sie jetzt tun können, Berlin, Ullstein 2010.

2 »Bruttoinlandsprodukt (BIP) in Deutschland von 1991 bis 2022«, Statista, April 2023, https://tinyurl.com/yckfmdv9.

3 »Registrierte Arbeitslose und Arbeitslosenquote nach Gebietsstand«, Statistisches Bundesamt, 05. 01. 2023, https://tinyurl.com/5x8d9m49.

4 Inflationsrate in Deutschland von 1950 bis 2022, Statista, Februar 2023, https://tinyurl.com/rkkvmsnj.

5 »Crash-Prophet Otte: ›So überlebt der Euro nur noch zwei Jahre‹«, t-online, 02. 07. 2012, https://tinyurl.com/2ye7eh6h.

6 Max Otte Multiple Opportunities Fund, https://tinyurl.com/yc59452n.

7 Markus Krall: Die bürgerliche Revolution. Wie wir unsere Freiheit und unseren Wohlstand erhalten, München, Langen Müller Verlag 2020.

8 Verlagstext zu Freiheit oder Untergang, München, Langen Müller Verlag 2021, https://tinyurl.com/bt5dh9h8.

9 Christian Fuchs/Martín Steinhagen: »Der Crash-Prophet und die Putschisten«, Die Zeit, 05. 05. 2023, https://tinyurl.com/3f872v49.

10 Stefan Breuer: Die Völkischen in Deutschland. Kaiserreich und Weimarer Republik, Darmstadt, Wissenschaftliche Buchgesellschaft 2012.

11 Harald Freiberger: »Crash-Propheten im Crash-Test«, Süddeutsche Zeitung, 27. 12. 2019, https://tinyurl.com/4fwbxamc.

12 Titus Gebel: »#131 Das Konzept freie Privatstädte«, Chainless Life, o. D., https://tinyurl.com/mmwyn7z3.

13 SOLIT Wertefonds R Fonds, https://tinyurl.com/yckem8pc.

14 DAX 40, https://tinyurl.com/mrxrpztz; Entwicklung des durchschnittlichen Goldpreises in den Jahren von 1900 bis 2022, Statista Research Department, 21. 02. 2023, https://tinyurl.com/47yev2ap.

15 Zitiert nach Christoph Höland: »Der größte Crash aller Zeiten‹: Stiftung Warentest zerpflückt Autorenfonds«, Redaktionsnetzwerk Deutschland, 22. 01. 2020, https://tinyurl.com/4wapth8p.

16 Dirk Müller Premium Aktien Euro Fonds, https://tinyurl.com/5dy3ndmp.

17 Max Otte Vermögensbildungsfonds AMI P(a) Fonds, https://tinyurl.com/2rzbucw6.

18 Max Otte, Weltsystemcrash, München, Kopp Verlag 2019.

19 Gespräch mit dem Autor, 24. 03. 2023.

20 Max Otte, Twitter, 02. 04. 2023, https://tinyurl.com/3tnuecam.

21 Kettner-Edelmetalle (Gold & Silber) YouTube-Kanal, https://tinyurl.com/5dxnrw4r.

22 Krall: *Freiheit oder Untergang*, S. 34.

23 Ebd., S. 37.

24 Ebd.

25 Ebd., S. 38.

26 Ebd., S. 37.

27 Ebd., S. 121.

28 Ebd., S. 12.

29 Ebd., S. 14.

30 Ebd., S. 15.

31 Andreas Kemper: »Analyse von Markus Krall: ›Freiheit oder Untergang‹«, andreaskemper.org, 16./17. 05. 2021, https://tinyurl.com/55v6tyx9.

32 Gespräch mit dem Autor, 24. 03. 2023.

33 Armin Mahler: »Droht tatsächlich der größte Crash aller Zeiten?«, *Der Spiegel* 48/2019, https://tinyurl.com/pc7eebcm.

34 Tim Bartz/Armin Mahler: »Crash oder Quatsch?«, Streitgespräch mit Marc Friedrich und Peter Bofinger, *Der Spiegel* 52/2029, https://tinyurl.com/2p8np9hk.

35 Gespräch mit dem Autor, 19. 01. 2023.

Kapitel 14 – Blackout:
Der große Crash des kleinen Mannes

1 Future Proof, A once-in-a-generation opportunity to transform the UK's resilience to extreme risks«, The Centre for Long-Term Resilience, Juni 2021, https://tinyurl.com/4pha78cy.

2 »Bundesheer macht in nächsten vier Jahren 100 Kasernen autark«, *Der Standard*, 05. 09. 2021, https://tinyurl.com/3yyw8b56.

3 »›Russland ist in unseren Netzen‹«, Tagesschau, 28. 07. 2022, https://tinyurl.com/3nrch37h.

4 Thilo Alexe: »Kretschmer: ›Wir dürfen Weihnachten nicht im Dunkeln sitzen‹«, Sächsische.de, 09. 09. 2022, https://tinyurl.com/4wc5mkem.

5 »Blackout. Kein Strom, kein Gas, kein Frieden!«, Compact 5/2022, https://tinyurl.com/yrj4593f.

6 »Gasspeicher in Deutschland: So hoch ist der Füllstand aktuell«, NDR, 06. 05. 2023, https://tinyurl.com/4p42ujtb.

7 Agorameter, https://tinyurl.com/mwfdwpbd.

8 Lorenz Storch: »Ein Monat Atomausstieg: Der Strom wurde sogar billiger«, BR 24, 17. 05. 2023, https://tinyurl.com/2nva4zce.

9 Ebd.

10 »Strom gesichert auch bei früherem Kohle-Aus«, ZDF, 01. 02. 2023, https://tinyurl.com/4wk7shv8.

11 »Bruttoinlandsprodukt stagniert im 1. Quartal 2023«, Statistisches Bundesamt, Pressemitteilung vom 28. 04. 2023, https://tinyurl.com/smhyejkb.

12 Compact-Spezial 37: Klima-Terroristen. Was sie denken, und wer sie bezahlt.

Kapitel 15 – Letzte Generation vor dem Volkstod: Der »Migrations-Kipppunkt«

1 Hans Hielscher: »›Die weiße Rasse ist in Gefahr‹, Interview mit dem Ku-Klux-Klan-Führer David Duke über seine Bewegung«, *Der Spiegel* 18/1980, https://tinyurl.com/a8wspnpa.

2 David Hohndorf/Anna Orth: »Wolgast: Stadt im Kampf gegen Nazis«, NDR, 13. 11. 2012, https://tinyurl.com/yc49pxce.

3 Marc Brandstetter: »Eklat im Kreistag Vorpommern-Rügen: Demokraten setzen NPD mit fremdenfeindlichem Transparent vor die Tür«, Endstation Rechts, 05. 09. 2012, https://tinyurl.com/2p8k88fn; »AfD-Vize Gauland greift Merkel mit NPD-Spruch an«, *Westdeutsche Zeitung*, 06. 06. 2016, https://tinyurl.com/45mzvbx3.

4 »Ausländeranteil in %«, Statistisches Bundesamt, Stichtag 31. 12. 2021, https://tinyurl.com/5ys9jp29.

5 Interview mit dem Autor, 09. 06. 2016.

6 »Anzahl der Asylanträge (Erstanträge) in Deutschland von 1991 bis 2023«, Statista 2023, https://tinyurl.com/2p9d7fyu.

7 »Lebendgeborene nach der Staatsangehörigkeit der Mutter 2021«, Statistisches Bundesamt, 30. 06. 2022, https://tinyurl.com/yzvzzkyh.

8 »Gut jede vierte Person in Deutschland hatte 2021 einen Migrationshintergrund«, Statistisches Bundesamt, Pressemitteilung vom 12. April 2022, https://tinyurl.com/4y5embk7.

9 William H. Frey: »The US will become ›minority white‹ in 2045, Census projects. Youthful minorities are the engine of future growth«, Brookings, 14. 03. 2018, https://tinyurl.com/y958eet3.

10 Tobias Maydl: »Islamisierung ist keine Frage des Ob, sondern eine Frage des Wann«, Interview mit Laila Mirzo, *Cicero*, 12. September 2018, https://tinyurl.com/2up48jby.

11 Greg Johnson: *The White Nationalist Manifesto*, San Francisco, Counter Currents 2015.

12 Deborah Bolling: »Angst vor einer schwarzen Welt«, Die Zeit, 31. 08. 2016, https://tinyurl.com/67bbhda3.

13 Zitiert nach Aiko Kempen/Marcus Engert: »Verfassungsschutz überprüft Polizeiprofessor«, FragDenStaat, 15. 02. 2023.

14 Alexander Wallasch: »»Nach grün-roter Rassenlehre sind Weiße eine minderwertige Rasse‹«, Interview mit Hans-Georg Maaßen, 16. 01. 2023, https://tinyurl.com/yhbaj3by.

15 Zitiert nach Markus Decker: »Maaßen-Tweet: Antisemitismusbeauftragter sieht Relativierung des Holocaust«, Redaktionsnetzwerk Deutschland, 19. 01. 2023, https://tinyurl.com/3emm5dj7.

16 Jens-Christian Wagner: »Für eine demokratische Partei nicht tragbar«, Jüdische Allgemeine, 17. 01. 2023, https://tinyurl.com/2r39cmkn.

17 Zitiert nach Sebastian Leber: »Julian Reichelt auf Youtube: Das Krawall-Imperium des geschassten ›Bild‹-Chefs«, Der Tagesspiegel, 08. 02. 2023, https://tinyurl.com/2w4tmjdb.

18 Der demographische Wandel in Österreich, Freiheitliche Jugend OÖ, o. D., https://tinyurl.com/mrx56n54.

19 Frederik Paul: »Die wachsende Flüchtlingszahl bringt unsere Gesellschaft an einen Kipppunkt«, Die Welt, 27. 11. 2022, https://tinyurl.com/3etu5w4u.

20 »Ampel macht Migrations-Politik gegen die Mehrheit«, Bild, 19. 12. 2022, https://tinyurl.com/2c8fy6rm.

21 Gespräch mit dem Autor, 06. 03. 2023.

22 Eigene Beobachtungen.

Kapitel 16 – Alles im Angebot für das Ende der Welt: Der Kollaps als Business

1 Douglas Rushkoff: Survival of the richest. Escape fantasies of the tech billionaires, Norton & Company, New York 2022, https://tinyurl.com/36k5r4z7.

2 »Schütze, was wichtig ist«. Oppidum, https://tinyurl.com/yx6vfdkj.

3 Luisa Schwebel: »Luxus-Bunker zu Extrempreisen: Böhmermann zeigt auf, wie sich Superreiche auf die Klimakatastrophe vorbereiten«, Stern, 04. 02. 2023, https://tinyurl.com/33m8yb7b.

4 Oliver Helm, Twitter, 05. 02. 2023, https://tinyurl.com/bdhszmff.

5 »The Backup Plan For Humanity«, Vivos. Global Shelter Networks, https://tinyurl.com/4dm3uy9k.

6 Fortitude Ranch, https://tinyurl.com/3rjtw3e6.

7 »Prepper in den USA: Geschäft mit der Angst«, Deutsche Welle, 09. 07. 2022, https://tinyurl.com/4ccdk25v.

8 Fortitude Ranch – Staff, https://tinyurl.com/4nw3myyb.

9   »Das sind echte Fluchtfahrzeuge«, Netzwelt, o. D., https://tinyurl.com/2p8 dft68.

10 T. C. Boyle, *Hart auf Hart*, München, Carl Hanser Verlag 2015.

11 Andreas Marquart: »›Freie Privatstädte können alles besser‹«, Interview mit Titus Gebel, Ludwig von Mises Institut, 08. 07. 2016, https://tinyurl. com/2sstd73b.

12 Titus Gebel: »Die Privatstadt. Eine Geschäftsidee für den Staatsmarkt«, *Schweizer Monat*, April 2016, https://tinyurl.com/47f6ba7a.

13 Marc Friedrich: »Werden STAATEN in Zukunft abgelöst?«, Interview mit Titus Gebel, Investing.com, 09. 02. 2022, https://tinyurl.com/4rsvr7w6.

14 Olivier Kessler: »Die 8 Reiter der Apokalypse«, LinkedIn, 28. 03. 2023, https://tinyurl.com/yjavptbb.

15 Marie-Kristin Boese/Andreas Kemper/Joana Jäschke: »Privatstädte, Eine Stadt ganz ohne Staat?«, Weltspiegel, 04. 02. 2023, https://tinyurl.com/ 3afw62yk.

16 René Thannhäuser: »Aus Staat wird Stadt«, Interview mit Andreas Kemper, *nd*, 10. 05. 2022, https://tinyurl.com/3d2u2d8c.

17 hib (heute im Bundestag): »AfD setzt sich für Konzept der Charter Cities ein«, Deutscher Bundestag, 06. 05. 2021, https://tinyurl.com/2unw2xus.

18 Steffen: »The Transapocalyptic Now«.

19 Forschungsstelle BAG »Gegen Hass im Netz«: »Vom Volkstod zum Blackout? Rechtsextreme Bedrohungsnarrative im Wandel«, Machine Against the Rage, Nr. 0, Herbst 2022, https://tinyurl.com/5n8mbfrb.

20 Website Kopp Verlag, Krisenvorsorge, https://tinyurl.com/4ta487h5.

21 Website Kopp Verlag, Fluchtrucksack, https://tinyurl.com/y9kbss6x.

22 Website Kopp Verlag, Blackout, https://tinyurl.com/mds3xbpp.

23 Robert Wagner: »Ares Verlag und Leopold Stocker Verlag«, Belltower, 13. 10. 2018, https://tinyurl.com/h9enphbf; Konarek im Stocker-Verlag: https://tinyurl.com/yubk6kep.

24 Kira Ayyadi: »Vorbereitung auf ›Tag X‹«, Belltower, 14. Dezember 2022, https://tinyurl.com/mrv57ym5.

25 Matthias Quent: *Deutschland rechts außen. Wie die Rechten nach der Macht greifen und wie wir sie stoppen können.* München, Piper 2021, S. 219.

26 Matthias Schwarzer: »Geschäfte mit dem Weltuntergang: Der tiefe Fall der Eva Herman« Redaktionsnetzwerk Deutschland, 01. 08. 2020, https:// tinyurl.com/2yt396up.

27 Antje Passenheim: »Cape Breton fürchtet um sein Ansehen«, Tagesschau, 26. 07. 2020, https://tinyurl.com/5744f6hu.

28 Stefan Schubert: »Prepper: Sie haben recht behalten!«, Kopp Report, 18. 03. 2020, https://tinyurl.com/5n7rx4nk.

29 Lucius Teidelbaum: »Der Kopp-Verlag. Das rechte Geschäft mit der Angst«, Antifaschistisches Infoblatt, 20. 11. 2021, https://tinyurl.com/2nvsyk5u.

30 Hielscher: »›Die weiße Rasse ist in Gefahr‹«, Interview mit dem Ku-Klux-Klan-Führer David Duke.

31 »Zwei Todesopfer nach Explosion in Ratingen: Haftbefehl wegen versuchten Mordes erlassen – Verdächtiger soll Prepper-Szene angehören«, Der Tagesspiegel, 12. 05. 2023, https://tinyurl.com/ftye4dfw.

32 Zitiert nach Viktoria Kirner: »Krisengewinner Prepping-Industrie. Das Geschäft mit der Unsicherheit«, Der Standard, 28. 09. 2022, https://tinyurl.com/2nw2cwxk.

Kapitel 17 – Die autoritäre Versuchung: Selbstermächtigung, Ausnahmezustand und Verschwörungsglaube

1 Jonas Schaible: »›Wer Klimaschutz verhindert, schafft die grüne RAF‹«, Interview mit Tadzio Müller, Der Spiegel, 21. 11. 2021, https://tinyurl.com/2rhfmr6m.

2 Mandy Kynast: »Anschlags-Pakt! Klima-Chaoten verbünden sich mit Linksextremen«, Bild, 28. 04. 2023, https://tinyurl.com/4mzv79c5; Roland Tichy: »Deutschland am Kipppunkt – oder: die Folgen totalitärer Ideologie«, Tichys Einblick, 19. 03. 2023, https://tinyurl.com/4pf3hpp5; Patrick, Twitter, 06. 05. 2023, https://tinyurl.com/mrv6x982; Rupert Pritzl/Fritz Söllner: »Grüne Klimapolitik. Moralismus, Ideologie und Dirigismus«, Austrian Institute, 03. 08. 2023, https://tinyurl.com/yc58rckk; Woeller: »Die Wärmepumpe als letzte Entfremdung des Menschen vom Feuer«.

3 Ruben Zimmermann: »Jesus und die ›letzte Generation‹«.

4 Helge Peukert: »Wie radikal müsste es sein?«, Oxi, 04. 05. 2023, https://tinyurl.com/ye24km6b.

5 »Diese radikalen Klima-Maßnahmen fordert ein Professor«, Junge Freiheit, 08. 05. 2023, https://tinyurl.com/58j559n5.

6 Steffen Greiner: »Hurra – Die Welt geht unter!«, Deutschlandfunk Kultur, 07. 06. 2023, https://tinyurl.com/3cj3zf4z.

7 Niko Paech: »Geplatzte Seifenblase«, taz, 28. 07. 2029, https://tinyurl.com/mknamet8.

8 »Das Ende der Demokratie – Gesellschaftsrat Klima (2)«, Bosetti will reden, ZDF, 03. 05. 2023, https://tinyurl.com/4ht2ht62.

9 Alexander Wendt: »Bei ARD und ZDF ist sogar der Wetterbericht manipuliert«, Tichys Einblick, 26. 05. 2023, https://tinyurl.com/4d3zrmyn.

10 Zitiert nach Hasso Hofmann:»»SOUVERÄN IST, WER ÜBER DEN AUS-
     NAHMEZUSTAND ENTSCHEIDET‹«, Der Staat, Bd. 44, Nr. 2 (2005),
     S. 171–186, https://tinyurl.com/2dz3nx55.

11 »Aus der Haft zum Protest: Aktivistin Krumpeck kontert ›Klima-Idiot‹«,
     Puls 24, 09. 05. 2023, https://tinyurl.com/3zsw4z8k.

12 »Klima-Aktivisten legen Wien ab heute täglich mit Störaktionen lahm«,
     Vienna.at, 09. 01. 2023, https://tinyurl.com/5n7zwhvj.

13 vgl. Alexander Spöri:»Immer mehr Ungereimtheiten«, t-online, 25. 05. 2023,
     https://tinyurl.com/2fpx2rzy; »Italien: Antiterror-Einheit gegen Klimaakti-
     visten« Deutsche Welle, 16. 04. 2023, https://tinyurl.com/3fwhax76; Daniela
     Kittner:»»Eine Form von Terror‹: FPÖ will Klimaaktivisten ›engmaschig
     überwachen‹«, Kurier, 13. 11. 2022, https://tinyurl.com/36a2cby8.

14 Richard Meusers v. W., Twitter, 26. 05. 2023, https://tinyurl.com/ys46v6fa.

15 Compact-Spezial 37: Klima-Terroristen.

16 Julius Betschka:»Selbstjustiz gegen ›Letzte Generation‹. Rechtsbrecher
     könnten sich von Berlins Innensenatorin ermutigt fühlen«, Der Tagesspie-
     gel, 20. 04. 2023, https://tinyurl.com/yk7mwuvh.

17 Carl Schmitt: Positionen und Begriffe. Im Kampf mit Weimar – Genf – Ver-
     sailles 1923–1939, Duncker & Humblot 2014, S. 200.

18 Ders.: Der Begriff des Politischen, Duncker & Humblot 2009, S. 49.

19 Christian Thomas:»Ausnahmezustand für Deutschland«, Frankfurter
     Rundschau, 11. 01. 2019, https://tinyurl.com/2avujy6r.

20 »»Sie, Herr Habeck, wollen den Untergang Deutschlands! Wir nicht.‹«,
     YouTube, AfD TV, o. D., https://tinyurl.com/46ep3ap8; Compact Magazin:
     https://tinyurl.com/bdz9axma; https://tinyurl.com/mtvnuvhf; https://
     tinyurl.com/vjnh6mbb.

21 Gunnar Schupelius:»Die Bundesregierung hat die Klima-Kleber ganz ein-
     deutig aufgewertet«, BZ, 03. 05. 2023, https://tinyurl.com/yvhacs65.

22 Krall, Markus: Freiheit oder Untergang. LVM Verlag, 2021, S. 199.

23 Ebd., S. 201.

24 Andreas Kemper:»Die sich aufpotenzierende Krisendynamik für Björn
     Höcke«, andreaskemper.org, 17. 04. 2016, https://tinyurl.com/57vzy546.

25 Frederik Schindler:»Was in den radikalen Chats der AfD-Bundestagsfrak-
     tion steht«, Die Welt, 20. 05. 2022, https://tinyurl.com/44bw4h7h.

26 Forschungsstelle BAG Gegen Hass im Netz:»Vom Volkstod zum Blackout?
     Rechtsextreme Bedrohungsnarrative im Wandel«, in: Machine Against the
     Rage, Nr. 0, Herbst 2022, https://tinyurl.com/5n8mbfrb.

27 Johannes Pennekamp/Patrick Bernau:»Die Angstindustrie«, Frankfurter
     Allgemeine Zeitung, 17. 01. 2015, https://tinyurl.com/vm9f9twf.

28 Brittany Bernstein:»›The Swamp Protects Its Own‹: DeSantis Takes on GOP Establishment in New Book«, *National Review*, 27. 02. 2023, https://tinyurl.com/4zr9ezv8.

29 »Umfrage zu politischen Institutionen: Vertrauen in Bundesregierung sinkt um 22 Prozent«, *Der Tagesspiegel*, 03. 01. 2023, https://tinyurl.com/adcucdb2.

30 Gespräch mit dem Autor, 26. 11. 2022.

31 Rost:»Die Apokalypse aus psychologischer Sicht«.

32 Gespräch mit dem Autor, 25. 03. 2023.

33 Gespräch mit dem Autor, 06. 03. 2023.

Kapitel 18 – Eine unzumutbare Welt?
Apokalypse und Elternschaft

1 Michael Bloss, Twitter, 20. 03. 2023, https://tinyurl.com/4ndy77hw.

2 Gespräch mit dem Autor, 19. 10. 2022.

3 Katharine Dow/Heather McMullen:»›Too afraid to have kids‹ – how Birth-Strike for Climate lost control of its political message«, The Conversation, 15. 09. 2022, https://tinyurl.com/573z753v.

4 »Heute noch Kinder kriegen – ja oder nein?«, 2050, o. D., https://tinyurl.com/yv3z2s4u.

5 »To Breed or Not to Breed?«, *The New York Times*, 20. 11. 2021, https://tinyurl.com/4uz4v73k.

6 Matthew Schneider-Mayerson/Leong Kit Ling:»Eco-reproductive concerns in the age of climate change«, Springer Link, 17. 11. 2020, https://tinyurl.com/bde7k2xv.

7 »The four lifestyle choices that most reduce your carbon footprint«, Lund University, 12. 07. 2017, https://tinyurl.com/2p94222s.

8 »Klimakiller Nummer 1: Ein Kind schadet dem Klima mehr als 24 Autos«, in Franken, 12. 02. 2020, https://tinyurl.com/359x4nvr; Gernot Kramper: »20 BMW schädigen das Klima weniger als ein Baby«, 16. 07. 2017, *Stern*, https://tinyurl.com/yc3dasdd.

9 Dino Ganić:»Umweltschädling Kind? Das Interview mit Buchautorin Verena Brunschweiger«, Radio Fantasy, 26. 09. 2022, https://tinyurl.com/ybme6pvb.

10 Cora Wucherer:»Kinder kriegst du ja nicht mehr weg«, *Die Zeit* 15/2023, https://tinyurl.com/4y7nxtab.

11 »Sterilisiert, um CO_2 zu sparen – dafür gibt's jetzt Steak und Kurzstrecken-flüge«, *Focus*, 30. 04. 2023, https://tinyurl.com/mdtt4yzp.

12 Verena Kessler: *Eva*, Berlin, Hanser Berlin 2023, S. 8–9.

13 Karl Marx: *Das Kapital*, Hamburg, Verlag Otto Meissner 1867, S. 141, https://tinyurl.com/bdh8d8xv.

14 Hania Imran: »›Plötzlich hatte ich ständig Nasenbluten‹«, Protokoll von Leonie Fößel, jetzt.de, 26. 03. 2023, https://tinyurl.com/3huzk4w9.

15 Theodor Ziemßen: »›Viel Spaß beim Weltuntergang, Hase!‹«, *Der Spiegel*, 20. 04. 2019, https://tinyurl.com/zrtdvbz9.

16 Müller: »Coming out Nr. 6«.

17 Frederik Schindler: »Wenn der Klimawandel zur ›viel größeren Katastrophe‹ als der NS-Staat erklärt wird«, *Die Welt*, 14. 03. 2023, https://tinyurl.com/4xxa4pju.

18 Ziemßen: »›Viel Spaß beim Weltuntergang, Hase!‹«

19 Ezra Klein: »Your kids are not doomed«, *The New York Times*, 05. 06. 2022, https://tinyurl.com/4u6e3ejm.

20 Ebd.

21 »›Zick, Zack, Zukunft‹: Youtube-Serie erweitert Kinderangebote des Futuriums«, Presseportal, 03. 02. 2023, https://tinyurl.com/49698z3y.

Kapitel 19 – Meersalzbatterien und Sonnenschilder im All: Wer hofft auf den Technofix?

1 Robert L. Mitchell: »Y2K: The good, the bad and the crazy«, *Computerworld*, 28. 12. 2009, https://tinyurl.com/2p88dfsu.

2 Francine Uenuma: »20 Years Later, the Y2K Bug Seems Like a Joke-Because Those Behind the Scenes Took It Seriously«, *Time*, 30. 12. 2019, https://tinyurl.com/5n7hs5r2.

3 Umweltbundesamt: *Klimawirkungs- und Risikoanalyse 2021 für Deutschland*, https://tinyurl.com/3y7u7ku5.

4 Jürgen Hendrichs: »Brilon richtet Kanalisation auf Klimawandel ein«, *Westfalenpost*, 26. 02. 2022, https://tinyurl.com/e9e56zbf; »Angepasstes Wald- und Feuermanagement im Klimawandel«, Waldbrand, Klima, Resilienz, o. D. https://tinyurl.com/wyd2c4pp; Annika Joeres: »Keinen Tropfen mehr zu verschenken««, Interview mit Mariana Mazzucato, *Die Zeit*, 17. 03. 2023, https://tinyurl.com/4jv388jd.

5 Maike Sippel: Zwölf Ideen, um die Welt zu ändern, *taz*, 01. 01. 2023, https://tinyurl.com/ycyn5hwf.

6 »›Letzte Generation‹: Wie weit darf Protest gehen?«, Markus Lanz, 09. 11. 2022, https://tinyurl.com/mv985ezx.

7 Axel Bojanowski: »Das Lanz-Lamento«, Klimawandel-Hintergründe, 13. 11. 2022, https://tinyurl.com/26ke5han.

8 Axel Bojanowski: »Die gravierendste Folge des Klimawandels hat kaum

jemand auf der Rechnung«, *Die Welt*, 24. 03. 2023, https://tinyurl.com/yn8bbn28.

9 Bojanowski: »Das Lanz-Lamento«.

10 Rheinhochwasser 1993, https://tinyurl.com/4z6wzcrk.

11 Das Weihnachtshochwasser 1993, Informationsplattform Undine, https://tinyurl.com/2sw2h4xw.

12 bonn.de, Facebook, 30. 01. 2020, https://tinyurl.com/8ntz8nnb.

13 »Dienstag, 31. 01. 1995: Starkes Winterhochwasser. Fluten erreichen viele Städte«, Unwetter im Rückblick, Wetter online, o. D., https://tinyurl.com/4ex3bnd3.

14 »Rheinhochwasser 1995: Stadt baute seither Beueler Hochwasserschutz aus«, Bundesstadt Bonn, 21. 01. 2020 https://tinyurl.com/2kexz9wc.

15 Daniel Nohrstedt/Maurizio Mazzoleni/Charles F. Parker/Giuliano Di Baldassarre: »Exposure to natural hazard events unassociated with policy change for improved disaster risk reduction«, *Nature*, 08. 01. 2021, https://tinyurl.com/3ew5299h.

16 Christian von Burg: »Kann ein riesiger Damm die Niederlande retten?«, SRF, 25. 03. 2023, https://tinyurl.com/3wby3rm9.

17 Hans-Christian Rössler: »Olivenbauern warnen vor einer ›katastrophalen‹ Saison«, *Frankfurter Allgemeine Zeitung*, 28. 04. 2023, https://tinyurl.com/sn4jzsdx.

18 Wolfgang Blau, Twitter, 10. 11. 2022, https://tinyurl.com/2p8p5sdu.

19 »Wie Deutschland sich gegen die Klimarisiken wappnen sollte«, *Der Spiegel*, 14. 06. 2021, https://tinyurl.com/499425mp.

20 »Renewable Power Generation Costs in 2021«, International Renewable Energy Agency, Juli 2022, https://tinyurl.com/5n773m36.

21 Malte Kreutzfeldt, Twitter, 07. 05. 2023, https://tinyurl.com/bp976c5v.

22 Charlotte Elton: »›Bedeutender Durchbruch‹: Diese Meersalz-Batterie hält 4 Mal länger und ist noch dazu günstiger«, Euronews, 15. 12. 2022, https://tinyurl.com/yy2t8rjm.

23 Stefan Hajek: »Sind Elektroautos bald günstiger als ein gebrauchter Polo?« *Wirtschaftswoche*, 19. 03. 2023, https://tinyurl.com/2bbs9vk7.

24 Raimund Schesswendter: »CATL: Neue Superbatterie soll E-Flugzeuge antreiben – dank doppelter Energiedichte«, t3n, 23. 04. 2023, https://tinyurl.com/mtty2jv8.

25 »Durchbruch auf dem Weg zur biologischen Solarzelle«, Ruhr-Universität Bochum, Pressemitteilung, 23. 03. 2023, https://tinyurl.com/53ek772w.

26 Eric Hendrich: »Mauretanien: Milliarden für grünen Wasserstoff«, rohstoff.net, 08. 03. 2023, https://tinyurl.com/ycywyr22.

27 Daniel Bleakley: »Legacy auto faces disaster in China with unsellable cars as pollution crunch looms«, The Driven, 30. 03. 2023, https://tinyurl.com/fprn7v9m.

28 Marcus Woeller: »Die Wärmepumpe als letzte Entfremdung des Menschen vom Feuer«, *Die Welt*, 13. 04. 2023, https://tinyurl.com/4j4v2r64.

29 Jonas Schaible, Twitter, 11. 04. 2023, https://tinyurl.com/yeyvxb6z.

30 Ralf Fücks: »Auf in den Ökokapitalismus!«, *Die Zeit*, 28/2007, https://tinyurl.com/2atf74cy.

31 Ders., Twitter, 22. 01. 2023, https://tinyurl.com/y8x6d7k8.

32 Petra Schaper-Rinkel: »Andere Zukünfte: Politik der Utopien«, PROKLA. *Zeitschrift für kritische Sozialwissenschaft*, Heft 141, 35. Jg., 2005, Nr. 4, S. 551–568, https://tinyurl.com/4d84s7uk.

33 Ebd.

34 »Save the Date: Konferenz: Tech[no]fixes – Zivilgesellschaftliche Perspektiven im Umgang mit Technologien«, FIAN Deutschland, 01. 06. 2023, https://tinyurl.com/mrtp32dy.

35 Stephan Kaufmann/Tadzio Müller: *Grüner Kapitalismus: Krise, Klimawandel und kein Ende des Wachstums*, Karl Dietz Verlag, Berlin 2009, https://tinyurl.com/3c6uw3wu.

36 Ulrike Herrmann: »Grünes Schrumpfen ist angesagt«, *taz*, 18. 02. 2023, https://tinyurl.com/4eu4yysy.

37 Nancy Fraser: *Der Allesfresser. Wie der Kapitalismus seine eigenen Grundlagen verschlingt*, aus dem Englischen von Andreas Wirthensohn, Berlin, Suhrkamp 2023.

38 Gespräch mit dem Autor, 17. 04. 2023.

39 Gespräch mit dem Autor, 25. 03. 2023.

40 Gespräch mit dem Autor, 06. 03. 2023.

41 I. Mose, 1,28.

42 CDU-Parteitag: Bewerbungsrede von Friedrich Merz, Phoenix vor Ort, https://tinyurl.com/5xdrdk5x.

43 Daniela Vates/Andreas Niesmann: »›Ich setze auf Sieg, nicht auf Platz‹«, Interview mit Friedrich Merz, Redaktionsnetzwerk Deutschland, https://tinyurl.com/bdcp6red.

44 Gespräch mit dem Autor, 06. 03. 2023.

45 Jürgen Habermas: »Die Neue Unübersichtlichkeit. Die Krise des Wohlfahrtsstaates und die Erschöpfung utopischer Energien«, *Merkur*, Nr. 431, Januar 1985, https://tinyurl.com/yc7b3brb.

46 Brand/Wissen: »Die Regulation der ökologischen Krise«.

47 Gespräch mit dem Autor, 26. 02. 2022.

48 Gespräch mit dem Autor, 26. 10. 2022.

49 Volker Quaschning/Bernhard Siegel:»Klimakiller Kohlendioxid«, November 2022, https://tinyurl.com/bdhpnfnt.

50 George Soros:»Ansprache anlässlich der Münchner Sicherheitskonferenz 2023«, Februar 16, 2023 https://tinyurl.com/yw6pwen.

51 Geo-Engineering. Wirksamer Klimaschutz oder Größenwahn?, Umweltbundesamt 2011, S. 7, https://tinyurl.com/3m7d6uvx.

52 DFG-Graduiertenkolleg 1919:»Vorsorge, Voraussicht, Vorhersage. Kontingenzbewältigung durch Zukunftshandeln«, https://tinyurl.com/2xv4uxvd.

53 Gespräch mit dem Autor, 06. 03. 2023.

Kapitel 20 – Das Mögliche nicht verpassen: Endzeitangst und die Psychologie

1 Chris Cameron:»Climate Activist Dies After Setting Himself on Fire at Supreme Court«, *The New York Times*, 24. 04. 2022, https://tinyurl.com/mr3sb7bu.

2 Zitiert nach»Klimakommunikation soll uns aus Scham und Lähmung befreien«.

3 Anna Belova/Caitlin A. Gould/Kate Munson et al.:»Projecting the Suicide Burden of Climate Change in the United States«, *GeoHealth*, Bd. 6,5, Mai 2022, https://tinyurl.com/bd9phdts.

4 Zitiert nach Carla Baum/Anaïs Kaluza:»Keine Panik«, *Die Zeit*, 02. 01. 2020, https://tinyurl.com/4kmpayud.

5 Olivia Box:»Young People and Eco-Anxiety«, JSTOR Daily, 12. 05. 2022, https://tinyurl.com/ahcdzk9s.

6 Gabriela Graber/Christiane Binder/Deborah Gonzalez:»›Ich habe keine Lust, mich um Lebensmittel zu prügeln‹«, https://tinyurl.com/5n6hmk6v.

7 »Klimaangst. Anmerkungen zu einem aktuellen Schlagwort der Klimakrise«, Psychologists for Future, o. D., https://tinyurl.com/4vzv7d2x.

8 Janne Kieselbach:»Warum ›Klimahysterie‹ gewonnen hat«, *Der Spiegel*, 14. 01. 2020, https://tinyurl.com/4tm7dc39.

9 »Climate Change Anxiety Scale«, emerge, o. D., https://tinyurl.com/y4aw9b93.

10 Marlis C. Wullenkord/Josephine Tröger/Karen R. S. Hamann et al.:»Anxiety and climate change. A validation of the Climate Anxiety Scale in a German-speaking quota sample and an investigation of psychological correlates. Climatic Change 168, 20 (2021), https://tinyurl.com/mvp5wr4k.

11 »Wie verbreitet ist Klima-Angst?« Ergebnisse der BARMER SINUS-Jugendumfrage 2022/2023, https://tinyurl.com/3fejmymu.

12 Daniel Swain, Twitter, 07. 02. 2022, https://tinyurl.com/24577wdf.

13 Nils Minkmar:»Dieses schnelle Jahr«, Der Siebte Tag, 14. 05. 2023, https://tinyurl.com/yacpcc4n.

14 Astrid Dähn:»Der Weltuntergang naht – oder vielleicht auch nicht«, Klimareporter, 25. 02. 2022, https://tinyurl.com/5n7za33z.

15 Zitiert nach: Christoph Türcke:»Falsche Trennung, falsche Verbrüderung«, Die Zeit 45/1989, https://tinyurl.com/3sc9x5nd.

16 Nevermore: Mein Freund, der Untergang, S. 34.

17 Elisabeth von Thadden:»Es ist berauschend, die Probleme abzustreifen, in denen wir leben«, Interview mit Eva von Redecker, Die Zeit, 05. 12. 2022, https://tinyurl.com/y8yw2hab.

18 Ebd.

19 Zitiert nach Georg Fahrion:»Greta Thunbergs radikale Geschwister«, Der Spiegel, 19. 08. 2019, https://tinyurl.com/33ndep2j.

20 Gespräch mit dem Autor, 26. 11. 2022.

21 Bernhard Pötter:»Alarmismus vermeiden‹«, Interview mit Torsten Grothmann, taz, 10. 12. 2019, https://tinyurl.com/yvttwar6.

22 Jakob Simmank/Johannes Schneider:»Die aktuelle Angst ist retro, weil sie vom Bösewicht Putin ausgeht‹«, Interview mit Frank Biess, Die Zeit, 29. 03. 2023, https://tinyurl.com/29w89pym.

23 Ebd.

24 Zitiert nach Eva Tenzer:»Wie wird die Seele krisenfest?«, Psychologie heute, 01. 04. 2016, https://tinyurl.com/2k2mskv3.

Kapitel 21 – Verdrängung, Angstlust, Rache:
Die Apokalypse und das Unbewusste

1 Christian Stöcker:»Die Kinder sind längst noch nicht wütend genug«, Der Spiegel, 31. 03. 2019, https://tinyurl.com/3ksnwcus.

2 »Klimawandel ist die größte Bedrohung für die Menschheit«, Die Zeit, 15. 01. 2020, https://tinyurl.com/m5h5asdp; Kathrin Hondl:»›Größte Gefahr in diesem Jahrhundert‹«, Tagesschau, 18. 05. 2022, https://tinyurl.com/nhfu8y62; https://tinyurl.com/2hau2j5x; »›Wir sind auf dem Highway zur Klimahölle‹«, ZDF, 07. 08. 2022, https://tinyurl.com/2p8t9jy9.

3 »Klimawandel verursacht größte Sorgen«, Frankfurter Allgemeine Zeitung, 25. 11. 2022, https://tinyurl.com/28y93hph; »Umfrage: Klimawandel verursacht größte Sorgen«, Yahoo, 25. 11. 2022, https://tinyurl.com/bdejc6d4.

4 Heike Holdinghausen:»Nervöse Mittelschicht«, taz, 15. 05. 2023, https://tinyurl.com/5yukyrry.

5 Zitiert nach »Klimawandel – Klimakommunikation soll uns aus Scham

und Lähmung befreien«, Pressemitteilung der DGPM, 08.06.2021, https://tinyurl.com/32fmbua5.

6 Tadzio Müller:»Wie gewinnen wir?«, Friedliche Sabotage, 17.11.2022, https://tinyurl.com/37ejw9az.

7 Zitiert nach Lilly Meller:»Darum kann die Klimakrise gut verdrängt werden«, SWR 2, 17.01.2023, https://tinyurl.com/4dk8rvp6

8 Zitiert nach»Klimawandel – Klimakommunikation soll uns aus Scham und Lähmung befreien«.

9 Gespräch mit dem Autor, 26.11.2022.

10 Gruppe Nevermore, *Mein Freund, der Untergang*.

11 Ebd., S.23.

12 Ulrich Brand: Schillernd und technokratisch.»Grüner New Deal als magic bullet in der Krise des neoliberal-imperialen Kapitalismus«, PROKLA. *Zeitschrift für Kritische Sozialwissenschaft*, 39(156), S.475–481, https://tinyurl.com/5n6vvjec.

13 Damon Centola/Joshua Becker/Devon Brackbill/Andrea Baronchelli:»Experimental evidence for tipping points in social convention«, *Science*, 08.06.2018, 8;360(6393), S.1116–1119. https://tinyurl.com/24n6prjt.

14 Luise Rau:»Soziale Kipppunkte. Das steckt hinter dem Begriff«, Utopia, 19.02.2023, https://tinyurl.com/ynvndfxd.

15 *Über Klima sprechen*,»2. Kenne Dich Selbst – Und Deine Schwächen«.

16 Ebd.

17 Motivated Reasoning / Motiviertes Denken, Psylex, o.D., https://tinyurl.com/3h26ujmj.

18 »Donots-Sänger Knollmann hält die Menschheit für ›strunzdumm‹«, *Die Zeit*, 31.01.2023, https://tinyurl.com/mrxnxuyc.

19 Matthew Beaumont:»Imagining the end times. Ideology, the contemporary disaster movie, contagion« S.79–89, in: Matthew Flisfeder/Louis-Paul Willis, (Hrsg): *Žižek and Media Studies*. New York, Palgrave Macmillan 2014, https://tinyurl.com/mvpas843.

20 Gespräch mit dem Autor, 26.11.2022.

21 Rost:»Die Apokalypse aus psychologischer Sicht«.

22 Gespräch mit dem Autor, 07.12.2023.

23 Melencolia I, Wikipedia, https://tinyurl.com/yc39b3d2.

Kapitel 22 – Leben als Diskontinuität.
Worauf wir uns einstellen müssen

1 Greta Thunberg, Twitter, 21.06.2018, gelöscht, rekonstruiert mit waybackmachine, https://tinyurl.com/fhtv3ex3.

2 Sophia Tulp: »Posts distort 2018 Greta Thunberg tweet on climate danger«, AP, 17. 03. 2023, https://tinyurl.com/23yje4e8; Jeff McMahon: »›We Have Five Years To Save Ourselves From Climate Change‹, Harvard Scientist Says«, Forbes, 15. 01. 2018, https://tinyurl.com/29yferfb.

3 Bjorn Lomborg, Twitter, 20. 03. 2023, https://tinyurl.com/2p945rt5.

4 »Global temperatures on track for 3–5 degree rise by 2100: U. N.«, Reuters, 29. 11. 2018, https://tinyurl.com/4hxvsscx; Katharina Wecker: »Domino effect could heat Earth 5 degrees«, Deutsche Welle, 08. 06. 2018, https://tinyurl.com/2edc3pyx.

5 »›We have 18 months to save world‹, Prince Charles warns Commonwealth leaders«, The Telegraph, 11. 07. 2019, https://tinyurl.com/528wswsu.

6 Wallace-Wells: »The Uninhabitable Earth«.

7 David Wallace-Wells, Twitter, 27. 10. 2022, https://tinyurl.com/5b5suvya.

8 Gespräch mit dem Autor, 19. 10. 2023.

9 Steffen: »The Transapocalyptic Now«.

Kapitel 23 – Eine Welt zu gewinnen:
Wer mündig bleiben will, glaubt an seine Zukunft

1 »Mean annual rainfall (mm) in various regions in Israel and the Palestinian Authority from 1981 to 2010«, ResearchGate, o. D., https://tinyurl.com/yp33ex5p.

2 Bernd Schröder: »Israel. Landwirtschaft im Trockenklima«, Telepolis, 11. 08. 2018, https://tinyurl.com/yn5pbd82.

3 Hans-Christian Rössler: »Weltmarktführer aus der Wüste Negev«, Frankfurter Allgemeine Zeitung, 29. 09. 2011, https://tinyurl.com/ynr7wuyw.

4 Gil Yaron: »Jojobaöl soll die Kosmetikindustrie verändern«, Die Welt, 04. 06. 2019, https://tinyurl.com/y7kwa57b.

5 Gruppe Nevermore, Mein Freund, der Untergang, S. 32.

6 Karl Marx/Friedrich Engels: Manifest der Kommunistischen Partei, London 1948, S. 23, https://tinyurl.com/y283wd8u.

7 Max Roser/Esteban Ortiz-Ospina/Hannah Ritchie: »Life Expectancy«, Our World in Data 2013, https://tinyurl.com/4rscsc5b.

8 »World Life Expectancy 1950–2023«, Macrotrends, o. D., https://tinyurl.com/224uyxrk.

9 Joe Hasell/Max Roser/Esteban Ortiz-Ospina/Pablo Arriagada: »Poverty«, Our World in Data 2022, https://tinyurl.com/m9erwr4p; https://tinyurl.com/3ahe769t.

10 Statistisches Bundesamt: »Anteil der Ausgaben der privaten Haushalte in Deutschland für Nahrungsmittel, Getränke und Tabakwaren an den Kon-

sumausgaben in den Jahren 1850 bis 2022«, März 2023, zitiert nach https://tinyurl.com/2md4jfnk.

11 »Bezahlter Erholungsurlaub – früher Privileg, heute Selbstverständlichkeit«, Landwirtschaftskammer Niedersachsen, o. D., https://tinyurl.com/bdftru2x.

12 Genommene Urlaubstage, Statistisches Bundesamt, 2023, https://tinyurl.com/4bf4dsah.

13 Friedrich Weißbach: »Die Dialektik der Zukunft – 50 Jahre ›Die Grenzen des Wachstums‹«, Philosophie Magazin, 02. 03. 2022, https://tinyurl.com/2ebzuhkt.

14 Zeitordnungen der Neuen Linken. Erwartungen, Erfahrungen und Enttäuschungen, 1978 bis 2001, Hamburger Institut für Sozialforschung, Projektstart: Mai 2019, https://tinyurl.com/2hd4xtck.

15 Christoph Beisler, Twitter, 11. 06. 2023, https://tinyurl.com/mr2k4pny.

16 Kathrin Witsch: »Solarbranche rechnet 2023 trotz Rezession mit exponentiellem Wachstum«, Handelsblatt, 14. 06. 2023, https://tinyurl.com/4ncpe458.

17 »Internationale Energieagentur erwartet Rekordausbau von Ökoenergie«, Der Spiegel, 01. 06. 2023, https://tinyurl.com/yukmj84j.

18 Christian Stöcker: »Diese guten Nachrichten werden Mathias Döpfner nicht gefallen«, Der Spiegel, 16. 04. 2023, https://tinyurl.com/mrx39wym.

19 Tanja Banner: »Forschung meldet Durchbruch bei erneuerbaren Energien: Sauberer Strom aus der Luft«, Frankfurter Rundschau, 16. 06. 2023, https://tinyurl.com/3vmt9wpy.

20 Paulina Fröhlich, Florian Ranft, Erik Vollmann: »Mir reichts Bürger. Eine Analyse der Montagsdemonstrationen in Chemnitz und Gera im Winter 2022/2023«, Das progressive Zentrum, 01. 03. 2023, https://tinyurl.com/2m8u4tk4.

21 Daniel Keil: »Wagenknecht und Schwarzer: Charakter eines nationalistischen Projekts«, nd, 23. 03. 2023, https://tinyurl.com/danielkeil.

22 Stiftung Medico, »kosmopolitismus von unten – annäherungen an globale demokratie«, 01.–03. 10. 2022, https://tinyurl.com/y452ryhb.

23 Bert Rebhandl: »Wir sind ja keine Prepper‹«, Interview mit Eva von Redecker, Der Standard, 05. 01. 2021, https://tinyurl.com/mvhatff8.

24 Ulrich Brand: Gegen-Hegemonie. Perspektiven globalisierungskritischer Strategien, Hamburg, VSA-Verlag 2005, S. 196, https://tinyurl.com/25uhhj7f.

25 Zitiert nach »#21 Sich ehrlich machen. Greenwashing und Museen«, Museums for Future Deutschland, 30. 05. 2023, https://tinyurl.com/mr2b9hcf.

Ich danke

Liv
für Unterstützung und Geduld

den Lektor:innen Stephan Pauli und Nora Samhouri
für Interesse, Ruhe und Genauigkeit

meinen Kolleg:innen Malene Gürgen und Jean-Philipp Baeck von der taz
*sowie Olaf Bernau, Philipp Gessler, Malte Kreutzfeldt, Florian Kriener,
Roman Herre und Godehard Baeck*
für Feedback

Axel Bojanowski, Welt, Berlin
Stefan Brakensiek, Universität Duisburg
Kathryn Buchanan, Universität Essex
Jutta Ditfurth, Frankfurt am Main
Carsten Felgentreff, Universität Osnabrück
Robert Folger, Philipp Schrögel und Rolf Scheuermann, Käte Hamburger
Centre for Apocalyptic and Post-Apocalyptic Studies, Heidelberg
Delaram Habibi-Kohlen, Psychologists for Future, Bergisch-Gladbach
Zeke Hausfather, Berkeley Earth Project
Marco Fuchs, OHB, Bremen
Anne Jung, medico, Frankfurt am Main
Andreas Kemper, Münster
Gabriela Keller, Correctiv, Berlin
Dirk van Laak, Universität Leipzig
Jochem Marotzke, Max-Planck-Institut für Meteorologie, Hamburg
Nadja Meisterhans, Universität Karlsruhe
Luca Montanarello, European Soil Data Center, Rom
Oliver Nachtwey, Universität Basel
Luisa Nübling, Letzte Generation, Hamburg
Corinna Oschatz, Universität Amsterdam

Jürgen Renn, Max-Planck-Institut für Wissenschaftsgeschichte, Berlin
Werner Schiffauer, Viadrina Universität Frankfurt (Oder)
Simone Schlindwein, Kampala
Simon Schnetzer, Kempten
Norman Schumann, Initiative Klima vor acht, Hamburg
Sandra Schurmann, Netzwerk Klimajournalismus, Berlin
Joachim Weber, Universität Bonn und Kiel
Veronika Wieser und Christian Zolles, Österreichische Akademie
der Wissenschaften
für die Gespräche

Christian Lerch und Felicitas Ott vom SWR
für die Zusammenarbeit bei dem Feature »Endzeit – Warum uns die
Apokalypse nicht loslässt« (2023), das diesem Buch zugrunde liegt

Karolina Kuszyk

In den Häusern der anderen

Spuren deutscher Vergangenheit
in Westpolen

Aus dem Polnischen
von Bernhard Hartmann
400 Seiten, 7 Fotos
Festeinband mit Schutzumschlag
ISBN 978-3-96289-146-6
25,00 € (D); 25,70 € (A)

Poniemieckie heißt in Polen das *ehemals Deutsche:* Orte, Gebäude, Gegenstände, die von Millionen Deutschen zurückgelassen wurden, als sie am Ende des Zweiten Weltkriegs gen Westen flüchteten. Die neuen Besitzer waren Polen, oft selbst Vertriebene oder Umgesiedelte. Was den einen Verlust der Heimat, war den anderen Neubeginn im Fremden. Zwei Enden einer Geschichte, die zeigt, wie Biografien und Dinge über Zeiträume, Landesgrenzen und Generationen hinweg bis heute miteinander verwoben sind. Wer das Verhältnis von Polen und Deutschen in der jüngeren Geschichte verstehen will, dem hilft dieses Buch: tiefgründig recherchiert, sensibel und klug.

Ch.Links

www.aufbau-verlage/ch-links-verlag

Felix Lee

China, mein Vater und ich

Über den Aufstieg einer Supermacht
und was Familie Lee aus Wolfsburg
damit zu tun hat

256 Seiten, 22 Fotos
Festeinband mit Schutzumschlag
ISBN 978-3-96289-169-5
22,00 € (D), 22,70 € (A)

Am 17. April 1978 ist Wenpo Lee Anfang vierzig und Leiter der Forschungsabteilung bei Volkswagen in Wolfsburg. Hinter ihm liegt ein langer Weg: Als Kind floh er aus China nach Taiwan, lebte dort auf der Straße, bis ihn ein Lehrerehepaar aufnahm und er schließlich zum Studium nach Deutschland ging. Mit China hatte er abgeschlossen – bis zu dem Tag, an dem eine chinesische Delegation vor dem VW-Werk steht. In der Folge wird Wenpo Lee zu einem der Architekten des China-Geschäfts von VW und trägt damit maßgeblich zum Aufstieg des Landes zur Wirtschaftsmacht bei.

Anhand der Geschichte seiner Familie erzählt Felix Lee die rasante Entwicklung Chinas noch einmal neu: pointiert, facettenreich, voller Anekdoten – und mit dem kritischen Blick eines Wirtschaftsjournalisten.

Ch.Links

www.aufbau-verlage/ch-links-verlag

Simone Schlindwein

Der grüne Krieg

Wie in Afrika die Natur auf Kosten
der Menschen geschützt wird –
und was der Westen damit zu tun hat

256 Seiten, Klappenbroschur
ISBN 978-3-96289-188-6
18,00 € (D), 18,50 € (A)

Weltweit werden immer mehr Naturräume unter Schutz gestellt. Das klingt nach einem wichtigen Beitrag zur Rettung des Planeten. Doch in diesen Gebieten leben Millionen Menschen. Im Globalen Süden wird den Ärmsten ein Großteil ihres fruchtbaren Ackerlandes weggenommen. Geht Artenvielfalt auf Kosten von Menschenrechten? Simone Schlindwein hat mehr als ein Jahr im Kongo und in Uganda recherchiert. Sie berichtet davon, wie Nationalparks zu Festungen ausgebaut werden und hochgerüstete Wildhüter immer häufiger Gewalt gegen Indigene und örtliche Bauern anwenden. Als Geldgeber sind darin westliche Länder wie Deutschland verstrickt, deren Rüstungskonzerne zugleich von der Militarisierung des Naturschutzes profitieren. Dabei gäbe es zu westlichen Schutzkonzepten durchaus afrikanische Alternativen. Ein aufrüttelndes Buch.

www.aufbau-verlage/ch-links-verlag